困境与突围

企业重整与可持续发展指南

KUNJING YU TUWEI

QIYE CHONGZHENG

YU

KECHIXU FAZHAN ZHINAN

包君生——主编

法律出版社 LAW PRESS · CHINA

北京

图书在版编目(CIP)数据

困境与突围：企业重整与可持续发展指南 / 包君生主编. -- 北京：法律出版社，2022
ISBN 978-7-5197-6628-3

Ⅰ. ①困… Ⅱ. ①包… Ⅲ. ①企业法-研究-中国
Ⅳ. ①D922.291.914

中国版本图书馆 CIP 数据核字(2022)第058746号

困境与突围：企业重整与可持续发展指南
KUNJING YU TUWEI: QIYE CHONGZHENG YU KECHIXU FAZHAN ZHINAN

包君生　主编

策划编辑　朱海波
责任编辑　朱海波
装帧设计　汪奇峰

出版发行　法律出版社
编辑统筹　法律应用出版分社
责任校对　邢艳萍
责任印制　刘晓伟
经　　销　新华书店

开本　710毫米×1000毫米　1/16
印张　23.5　　**字数**　400千
版本　2022年5月第1版
印次　2022年5月第1次印刷
印刷　固安华明印业有限公司

地址：北京市丰台区莲花池西里7号(100073)
网址：www.lawpress.com.cn
投稿邮箱：info@lawpress.com.cn
举报盗版邮箱：jbwq@lawpress.com.cn
销售电话：010-83938349
客服电话：010-83938350
咨询电话：010-63939796

书号：ISBN 978-7-5197-6628-3
定价：88.00元
凡购买本社图书，如有印装错误，我社负责退换。电话：010-83938349

编委会

主　编：包君生

副主编：关振海　刘宇坤　周剑峰

编　委：李　虻　张雪莹　侯晓宇

刘延俊　李亚辉　曲子越

序　一

推动可持续发展，打造百年企业

推动可持续发展，是联合国向全球发出的命题。贫富鸿沟、环境退化、金融危机、贸易摩擦、新冠疫情以及全球化同本地化间的矛盾，正在影响政治、经济稳定与凝聚力的基础，使全球社会面对日益增长的对可持续性的挑战。

实体企业是社会经济的主体。追求和实现企业的可持续发展目标，是保护国民经济的根基，应该成为国家和企业发展的主旋律。

联合国和平大学“领导力与可持续发展”学位制博士班第一期学员包君生将其《困境与突围：企业重整与可持续发展指南》的书稿交于我审阅，并希望我能代写序，并交出版社正式出版公开发行。

在本期学员中，包君生是最早完成博士论文的学员。于是，我便欣然地接受并认真地通览了书稿。我特别注意到包君生提出的“行业中位数”思维、洞悉财务杠杆、企业现代化管理权配置、合规经营和纳税环节“五位一体”对企业可持续发展的影响的论断，具有独到的见解，值得引起更多的企业实际控制人深入地思考。我觉得包君生对困境企业的“把脉”，切中了企业时弊。如果企业都能按照“五位一体”的标准考量企业发展的主题,中国的百年企业将会越来越多,陷入困境的企业也将越来越少。

陷入困境的企业如果不能自救成功,就应当借助“外力”,采取系统化的拯救措施,而不是“头痛医头,脚痛医脚”。司法重整仅是企业获得“再生”的手段,实现企业的可持续发展,才是企业纾困后的真正目标。

在新冠疫情的背景下,世界正在经历百年未有之大变局;全球经济增长动能不足、发展失衡等问题突出,单边主义、保护主义愈演愈烈,各行各业都面临着转变与重生,应对日益增长的对企业可持续性发展的挑战。

联合国和平大学的使命是“推动和平发展,实现公平教育,培养国际组织和国际化人才,建设为全人类提供和平教育的高等教育的国际机构”。

联合国和平大学“领导力与可持续发展”博士班旨在为业界精英、中外企业高管提供一个“国际化、多元素、创新型、互动式、不脱产”的学术交流平台。通过优质的系统性的学科教育和企业管理课程,使学员能够与世界著名教授、跨国公司领袖面对面地进行交流与对话,并深入把握全球化背景下经济发展新趋势,全方位汲取世界一流公司经营管理经验,培育更多具有全球视野、战略眼光、创新意识、领导智慧、社会责任的未来行业和公司领袖,助力中国经济和世界经济的可持续发展。

包君生作为“领导力与可持续发展”学位制博士班第一期的学员,在实践中能够学以致用;在其亲历困境企业的拯救过程中,对企业困境的成因有着更为深入的思考。通过司法重整的手段,打造可持续发展的生态圈,重塑企业可持续发展目标,是困境企业转变和重生的途径,值得关注。可持续发展的主题,无论是困境企业,还是非困境企业,都需要探讨百年成长之路。包君生的书稿《困境与突围:企业重整与可持续发展指南》也算是其在联合国和平大学“领导力与可持续发展”博士班学习阶段的一个小结;同时，也是其将知识和智慧的成果分享给读者的“一束鲜花”，“送人玫瑰，手有余香”。期待包君生能够继续关注企业的转变与重生，为企业的可持续发展再续篇章。

联合国和平大学校董

中国国际跨国公司促进会常务副会长

2021 年 12 月 29 日

序 二

公司作为法律拟制的"人",即企业法人,与自然人一样,也会"生老病死";在市场的博弈中,企业会遭遇"创伤"、陷入困境,继而"求医问药"、寻求摆脱困境的途径;经营失败者,也会面临清算出场的结局;如果存在违规经营行为,还会被追究法律责任。

企业陷入困境,是市场竞争的产物,也是市场经济固有的"顽疾"。美国20世纪30年代的经济大萧条时期,大量的债务人陷入困境,为了拯救处于困境的企业,于是就建立了重整制度。困境企业拯救机制经过不断地改进和发展,已经形成了以破产重整为核心的司法拯救机制和以庭外重组为核心的非司法拯救机制,如今已发展为包括预重整制度的多元拯救机制。

重整制度于2006年被引入我国《企业破产法》,但其所具有的拯救功能并未得到充分的挖掘和利用。随着供给侧结构性改革的深入,重整制度作为重新优化配置资源的重要手段被更多地应用。一些具有影响力的困境企业通过重整方式获得拯救,产生了良好的社会效果,引起社会各界广泛的关注。

我们可以通过考察困境企业的表象,追溯企业陷入困境的根源。这里既有宏观层面的风险因素,也有微观层面的操作因素。企业可能无法控制宏观层面的风险因素，但是，了解或者读懂“大势”的趋向，作出“避害趋利”性的选择，还是可以做到的。对于微观层面的操作因素，企业是可以自主选择的，操作得当，不仅可以避免企业陷入困境，还可以使得企业保持长期稳定的发展。

遭遇困境的企业，就像“烂尾工程”，会面临很多现实的问题，不知道从何下手解决为好，其中，既有主观方面的因素，也有非主观方面的因素。

困境企业的拯救，往往“挣扎”在资产权益、控制权益博弈的旋涡中，对企业可持续发展的目标缺乏清晰的认识，对企业潜在的风险及法律责任和后果缺乏足够的认知，或许还会存在一些侥幸的心理，不甘于放弃既得利益。

困境企业的拯救，涉及债务人及实控人、债权人、重整投资人、行业主管部门、政府监管部门等多方相关权益人，需要很好的利益平衡谈判能力、公共资源协调能力以及专业技术系统应用能力，具有很大的挑战性。

对于困境企业的拯救，我们非常重视企业纾困的系统性，而不是“头痛医头，脚痛医脚”。司法重整仅是企业获得“再生”的手段，而不是目标；实现企业的可持续发展，才是企业纾困后的真正目标。

纾困后的企业实现可持续发展的目标，并不需要具有多么高深的专业知识，回归常态逻辑和理性即可做到。我们通过总结企业陷入困境的原因发现，如果从“行业中位数”思维、洞悉财务杠杆、控制权配置、合规经营和纳税环节五个维度把握好尺度，实现企业可持续发展的目标并不是问题。我们将这五个维度归纳为“五位一体”对企业可持续发展的影响。

本书主编专业从事困境企业的拯救，债务重组规模数百亿元，积累了丰富的经验，对企业困境的成因、拯救及可持续发展有着更为深刻的思考和分析。前车之辙，尤为可鉴。我们本着实用主义的原则，结合相关案例，以比较通俗的语言，尽可能准确、完整地表达相关的专业术语和专业观点，为的是让更多的非专业的朋友们能够很好地理解。如此,可能会在专业层面上存在诸多瑕疵,我们愿意倾听和接受来自各方面的批评意见,以利于我们的修正和提高。

包君生

2022 年 2 月 1 日

目 录
Contents

第一编 困 境

第二编 重　　整

第三编 可持续发展

第四编 典型实例与法律法规

第一编

困 境

第一章 企业之困

随着我国经济增速的放缓、供给侧结构性改革的深入、新冠肺炎疫情的暴发和国际形势的风云变幻,企业面临财务危机的现象非常突出。

国内外的理论界和实务界对企业的财务危机现象均有比较详细的研究。美国学者 Gordon 第一次系统完整地论述了财务困境理论,他将财务危机定义为“当公司盈利能力减低到某一水平点时,公司无法支付其债务利息和本金的可能性就会并非微不足道,此时企业就处在财务困境的状态”①。也就是说,当公司经营所赚的钱连支付债务利息和本金都很困难时,那么,我们就可以说企业处于财务危机的状态了。企业陷入困境的原因可能有财务方面的因素,也可能有市场的因素或者管理方面的因素,还可能有违法违规方面的因素。

第一节 困境企业界定

关于困境企业的界定,目前尚无明确的定义和标准。我们从两个角度

① 参见申林平编著:《上市公司破产重整原理与实务》,法律出版社 2020 年版,第 67 页。

对企业的困境状态进行说明:

从财务的角度来衡量,由于企业的现金流严重不足,无力偿还债务;或者是企业的总资产小于总负债,出现资不抵债的情形,此时,就标志着企业陷入了财务危机。陷入财务危机的困境企业,最典型的标志是进入了破产状态。对于上市公司而言,通常情况下,如被冠以ST或*ST标签,多数表明其陷入了财务困境。

从法律的视角来考察,当企业出现全面的违约行为,拖欠或停止支付税款、职工薪资、贸易应付账款,不能清偿到期债务,或者有不能清偿到期债务的可能,就意味着企业陷入了债务危机。

第二节　困境企业外在表现

在这里,有个因果关系的逻辑问题需要澄清:常识告诉我们,病人一定会表现出症状的。对医院来讲,病人有了症状,是医院治病救人的原因;对病人来说,因为有了症状,这是其成为病人的原因。困境企业如同病人一样,一定会有困境的外在表现。对法院来讲,企业因为有了困境的外在表现,这是其进入破产程序进行拯救(或清退)的原因;对企业来讲,因为有了困境的外在表现,这是其成为困境企业的原因。

《企业破产法》第二条的规定[①],既是法院裁定是否受理破产申请案件的法律依据,也是企业进入破产程序的原因。我们可以将进入破产程序的

---

① 《企业破产法》第二条:"企业法人不能清偿到期债务,并且资产不足以清偿全部债务或者明显缺乏清偿能力的,依照本法规定清理债务。企业法人有前款规定情形,或者有明显丧失清偿能力可能的,可以依照本法规定进行重整。"

原因作为企业陷入困境的外在表现，这不仅符合逻辑，也是有依据的。按照《企业破产法》第二条的规定，企业具有以下三种外在表现形式的，可以确定其为困境企业：

第一种形式：企业不能清偿到期债务，且资不抵债；

第二种形式：企业不能清偿到期债务，且明显缺乏清偿能力的；

第三种形式：企业不能清偿到期债务，且有明显丧失清偿能力可能的。

对于"资不抵债"，应该很好理解，企业的资产负债表，或者审计报告、资产评估报告等显示其总资产不足以偿付总负债的，就可以认定为资不抵债。

对于"不能清偿到期债务"和"明显缺乏清偿能力的"的理解，在实践中易于产生分歧和争议。于是，最高人民法院在《关于适用〈中华人民共和国企业破产法〉若干问题的规定（一）》[①]中对"不能清偿到期债务"和"明显缺乏清偿能力的"理解作出了进一步解释：

"不能清偿到期债务"：债权债务关系依法成立，债务履行期限已经届满，债务人未完全清偿债务。

"明显缺乏清偿能力的"：债务人账面资产虽大于负债，但存在下列情形之一的，人民法院应当认定其明显缺乏清偿能力：（1）因资金严重不足或

---

① 《最高人民法院关于适用〈中华人民共和国企业破产法〉若干问题的规定（一）》第二条："下列情形同时存在的，人民法院应当认定债务人不能清偿到期债务：（一）债权债务关系依法成立；（二）债务履行期限已经届满；（三）债务人未完全清偿债务。"第三条："债务人的资产负债表，或者审计报告、资产评估报告等显示其全部资产不足以偿付全部负债的，人民法院应当认定债务人资产不足以清偿全部债务，但有相反证据足以证明债务人资产能够偿付全部负债的除外。"第四条："债务人账面资产虽大于负债，但存在下列情形之一的，人民法院应当认定其明显缺乏清偿能力：（一）因资金严重不足或者财产不能变现等原因，无法清偿债务；（二）法定代表人下落不明且无其他人员负责管理财产，无法清偿债务；（三）经人民法院强制执行，无法清偿债务；（四）长期亏损且经营扭亏困难，无法清偿债务；（五）导致债务人丧失清偿能力的其他情形。"

者财产不能变现等原因，无法清偿债务；(2)法定代表人下落不明且无其他人员负责管理财产，无法清偿债务；(3)经人民法院强制执行，无法清偿债务；(4)长期亏损且经营扭亏困难，无法清偿债务；(5)导致债务人丧失清偿能力的其他情形。

对于“有明显丧失清偿能力可能的”，最高人民法院并没有对其作出相关司法解释。对此，我们认为，“有明显丧失清偿能力可能的”，是指企业的债务即便是没有到期，但是，根据其经营状况、诉讼信息以及财务状况，可以明确地作出判断，预知其已无力履行未来到期的债务，即可认定为“有明显丧失清偿能力可能的”。

陷入困境的上市公司，监管机构给予 ST 或 * ST 的标签，以提示风险。李曙光教授从五个角度对 54 家上市公司重整的原因进行分析。[①] 我们站在困境企业的视角，可以将其归为企业陷入困境时的外在表现。

1. 财务报表失衡。上市公司陷入债务危机时，主要体现在财务报表失衡，即“三大表”(资产负债表、利润表和现金流量表)失衡。财务报表失衡，直观地体现了上市公司陷入困境的状态：财务负担沉重、盈利能力严重不足、融资渠道几乎断绝。

2. 业务危机。业务危机是上市公司产生债务危机和经营危机的原因，实际也是财务报表失衡的原因。业务危机的主要症状体现为：市场份额大幅下滑、市场持续低迷、资金链断裂。

3. 公司治理结构混乱。公司治理结构混乱是间接导致上市公司债务危机和经营危机的因素之一。公司治理结构混乱的主要症状表现为：“一股独大”、董事会独立地位不强、监事会的监督机能缺位、激励机制扭曲、信

---

① 参见李曙光、郑志斌主编：《公司重整法律评论》(上市公司重整专辑)(第五卷)，法律出版社 2019 年版，第 51 页。

息披露失范等。

4. 违法违规。上市公司违法违规的主要表现是违规担保和财务造假。违法违规不是上市公司重整的直接原因，但是，由于违法违规的丑闻，使上市公司潜在的债务危机和经营危机曝光，从而加剧了危机。

5. 退市危机。按照证券交易所的股票上市规则，如果存在退市与风险警示的情形，基于“保壳”的需要，进入重整程序，是资本市场常用的手法之一。

上述五种情形，几乎是困境企业的“通病”。到底是因为企业得了“通病”而成为困境企业呢，还是因为是困境企业才有了这些“症状”呢？对于其中的因果逻辑，我们在这里就不去细究“何谓因”“何谓果”了。

第三节　企业困境成因分析

对于企业困境形成过程的原因，国内外的学者进行了大量的研究分析。我们可以从微观和宏观两个视角进行阐述。

一、微观视角分析

武汉科技大学的李秉成教授在其《企业财务困境形成过程研究》一文中从微观视角详细介绍并阐述了企业困境形成的原因、征兆和特征。[①]

企业困境形成过程的主要原因可以划分为三个层级：

第一层次原因是企业的经营管理能力欠缺，而且是主要原因、根本

① 参见李秉成：《企业财务困境形成过程研究》，载《当代财经》2004 年第 1 期。

原因。

第二层次原因是企业的财务结构恶化、不良债务增多、经营严重亏损、市场销量减少、产品库存增加等。

第三层次原因是失去支付能力、资产负债率激增。

企业困境形成过程的原因,从逻辑上可以这样讲:由于“企业经营管理能力的欠缺、经营管理不善”(第一层次原因),引起“财务结构恶化、不良债务增多、经营严重亏损、市场销量减少、产品库存增加等”(第二层次原因),最终导致“失去支付能力、资本负债率激增”(第三层次原因),企业陷入财务困境。

企业在陷入困境之前的征兆和特征往往表现在某些财务项目、财务比率不同于非困境企业。实证分析的研究结果表明:困境企业的资产负债率、净资产收益率、总资产收益率、流动比率四个指标的平均值与非困境企业存在较大的差异。也就是说,如果企业的资产负债率、净资产收益率、总资产收益率、流动比率四个指标的平均值出现异常,就表明企业处于困境状态。

二、宏观视角分析

《企业金融债务重组实务》的著者张劲松老师从宏观的视角对企业债务困境进行了分析。[①] 张劲松老师认为,当前企业债务困境产生的原因为:受市场内外部的影响,企业的运行需要大量的运营资金的支持,如果资金调配出现问题,则会导致企业债务问题的出现。在我国,企业债务困境的产生,不仅有企业自身原因,还有企业外部经济环境对企业的影响。

---

① 参见张劲松主编:《企业金融债务重组实务》,中国市场出版社 2016 年版。

（一）企业债务问题的结构性因素

1993 年，我国确立了建立市场经济体制的目标，并根据这个目标对企业进行市场化改革。由此，企业制度本身与市场作为资源配置的基本机制之间产生了矛盾。在企业制度的安排没有得到根本性改变的前提下，我国率先改革了企业资金供应方式。部分企业为了自身发展，通过向金融机构和银行间债券市场大量举债，盲目扩张，从事多元化经营，加之内控机制和风险防控意识较为薄弱，导致企业规模迅速膨胀，但债务风险不断加大。在经济下行的形势下，企业市场竞争能力减弱，亏损额和负债逐渐增加，利润率不断下降，导致资金紧张甚至断裂，引发债务危机。

（二）部分行业产能过剩严重

在发生企业债务兑付危机的高危领域，负债问题在一些拥有产能过剩行业的大型企业尤为突出。我国企业正面临严重的债务危机，四大产能过剩行业（煤炭、钢铁、有色和水泥）的存量有息负债达 5.4 万亿元，其中银行贷款 2.8 万亿元，债券 1.6 万亿元，信托等非标约 1 万亿元。①

统计数字并不能准确地反映我国企业的真实负债情况。其原因在于，企业因各种原因还承担着大量的社会负担，也就是说，企业的资产结构中有大量的非经营性资产，如企业建设的住房、学校、医院、后勤设施等。据粗略统计，非生产性实物资产一般占企业总资产的 15% ~20%，同时用于离退休职工和冗员职工的养老金和失业保险金的支出也属于具有保险金积累性质的资产，在价值上同样不属于生产性资产。如扣除这些非经营性

---

① 姜超、周霞、朱征星、张雯：《四大产能过剩行业负债 5.4 万亿 98 年有什么经验?》，发表于凤凰财经综合。

资产,我国企业的负债率还将大幅提高。除此之外,企业还应承担包括企业对企业的商业负债,也就是所谓的"三角债"。企业的债务问题不仅表现在负债率高,更为严重的是企业偿债能力比较差,存在大量的不良债务。

当前企业过剩产能主要集中在重工业,供给与需求出现期限错配,绝对过剩、结构过剩和周期性过剩相互叠加,过剩产能的化解难度更大。当前机械制造、水运、造船、钢铁等企业多陷于产能严重过剩格局,在近一段时间内很难摆脱增产不增收、增收不增利的困境,少数亏损企业存在困难长期化的风险。

(三)企业自身管理问题

在当前企业整体化管理中,治理结构不合理成为制约企业发展的一个重要因素。首先,在我国实行市场经济改革后,一些企业管理人员对市场经济发展的形势认识存在缺陷,导致企业不合理决策增加,从而对企业发展造成了不利影响。其次,在企业整体管理过程中,存在一些集权管理的现象,没有真正建立现代化的企业治理结构,缺乏相应专业人才进行企业系统化管理。最后,企业资金管理是核心管理部分,但部分企业未按照信贷资金的实际用途使用资金,对资金的使用缺乏有效管理,导致资金的运用出现问题。

(四)企业融资渠道不畅通

企业面临融资难是导致企业陷入债务困境的一个主要因素,主要体现在以下四个方面:一是因为有关部门实施信贷规模管理,导致金融机构发放信贷资金的积极性和主动性受到影响,在一定程度上加剧了企业融资难度;二是因为利率市场化的推进,一些金融机构为了自身的利益和防范风险的需要,对一些较为困难的企业上浮利率,加剧了企业的财务成本和压力;三是企业为了生存和发展,在正规金融机构不能满足融资需求的前提下,被迫通过“影子银行”和民间高利贷的方式获得高成本融资;四是在经济下行背景下,企业经营风险增加,一些银行为了防范自身风险需要,提前采取了抽贷、压贷的措施,特别是个别银行利用信贷优势,虚假承诺,收回贷款后不再续贷。而有的企业是从民间机构手中高利率获取资金用于偿还银行贷款,一旦银行不再继续发放贷款,就会导致企业资金链断裂,甚至破产。

(五)企业缺乏有效的监管约束机制

一些企业高级管理层由监管部门任命,其中有些人员可能自身对企业经营管理缺乏责任意识和担当意识,本身经营管理水平有待提高,特别是对企业的生产、经营缺乏“主人翁意识”,一味追求企业规模,盲目发展,盲目扩张,从中渔利。而企业的监管者有时却不能及时制止企业高管人员的不理性行为,及时进行调整企业,导致一些企业的问题长期得不到有效解决,在一定程度上,积累了企业债务的风险。

第二章 困境企业拯救之路

陷入困境的企业如果能够恢复经营,债权人及其他相关利益主体可以实现比破产清算更为划算的价值。为了避免企业遭遇破产清算,就要采取相应的经济行为和法律行为,通过一整套机制实现拯救困境企业的目的。

第一节 困境企业拯救机制①

困境企业的拯救,经历了从消极拯救到积极拯救、从单一拯救机制到多元拯救机制的历史演变。困境企业拯救机制在不断改进和发展,并且还在继续发展中。困境企业拯救机制的每一次发展,都是在克服原有拯救机制的某种不足或缺陷基础上的前进,也是缘于原有拯救制度已不能满足客观实际需要情况下的拓展,是拯救制度创新的内在需求使然。拯救制度的创新,可以为困境企业提供更多的可供选择的拯救方案。

---

① 相关内容可进一步参考胡利玲:《困境企业拯救的法律机制》,中国政法大学出版社2009年版,第30页。

困境企业拯救机制的核心价值是利益平衡。对于困境企业的拯救,涉及的利益是多方面的,牵涉众多的利益主体。相关利益主体在参与拯救的过程中,必须合理分担拯救的成本,承担拯救中的风险,避免困境企业走向破产清算的境地;通过利益平衡,帮助困境企业渡过危机,重新恢复经营。

根据困境企业的拯救途径或手段,可以将困境企业拯救机制划分为两类:司法拯救机制和非司法拯救机制。

司法拯救机制:根据《企业破产法》的相关规定,进入司法程序,在法院的监督下,运用和解或重整手段,通过制定和解协议或重整计划,帮助困境企业度过财务危机,重新恢复生产经营。

非司法拯救机制:在司法程序以外,根据意思自治原则,由困境企业的相关利益主体自行协商,对资产或债务进行重组,形成各方均认可的拯救方案。

实务中,困境企业在司法拯救和非司法拯救之间如何进行选择,需要考虑的因素很多,包括拯救机制的成本和效率、制度的有效性、债务的结构、信息对称以及复杂的动机等。这些因素将影响选择拯救机制的途径,即选择程序外签订重组协议,还是选择正式的破产程序。

在司法拯救机制中,破产重整相较于破产和解,是困境企业拯救的高级形式。破产重整不仅对企业的债务进行重组,还要对企业的控制权结构、雇员、业务等要素进行重组,并形成新的权益结构均衡。而破产和解仅局限于债务重组的范畴,不涉及控制权结构或其他要素的重组。

非司法拯救机制也被称为庭外债务重组,不受破产程序的约束,具有更大的灵活性。庭外债务重组更多的是按照民事合同的规则进行自愿协商谈判,并最终达成合意。如果遇到缺乏契约精神的相关主体,庭外债务重组可能会功亏一篑。

无论是司法拯救途径还是非司法拯救途径,其核心思想是通过对困境企业的资产、债务进行重组,实现比破产清算更高的价值。

第二节　困境企业重整与营运价值

对于困境企业的拯救,从市场的规则来讲,必须是具有拯救价值的企业。从法律的视角来讲,通过重整的方式拯救困境企业,应当具有重整价值。重整价值的衡量标准是营运价值大于清算价值。

营运价值是指公司作为营运实体的财产价值,或者说是公司在持续营业状态下的价值。只有营运价值大于清算价值的情况下,才会选择通过重整的方式拯救困境企业。如果营运价值小于清算价值,很显然,企业继续营运下去的价值已经没有了,必然选择清算。

为此,最高人民法院在2018年3月4日印发的《全国法院破产审判工作会议纪要》中强调,破产重整的对象应当是具有挽救价值和可能的困境企业。①

多地、多省的法院发布的审理破产重整案件的工作指引或审理规程也以营运价值大于清算价值作为标准来衡量和判断困境企业是否具有重整价值。

2019年3月25日,深圳市中级人民法院发布的《审理企业重整案件的工作指引(试行)》第二十二条对债务人具有重整价值的理解作了比较明确的定义:债务人具有重整价值,是指债务人的继续经营价值大于清算价值。

---

① 《全国法院破产审判工作会议纪要》:"14.重整企业的识别审查。破产重整的对象应当是具有挽救价值和可能的困境企业;对于僵尸企业,应通过破产清算,果断实现市场出清。人民法院在审查重整申请时,根据债务人的资产状况、技术工艺、生产销售、行业前景等因素,能够认定债务人明显不具备重整价值以及拯救可能性的,应裁定不予受理。"

判断债务人的重整价值,应当综合考虑下列因素:(1)债务人的行业地位和行业前景,包括债务人的市场认可度、产能先进性等;(2)债务人的经营情况,包括债务人经营模式的成熟程度、经营团队的稳定性和经营管理的运行情况等;(3)债务人的资质价值,包括债务人的资本价值、特许经营权或者生产资质等;(4)债务人的品牌价值,包括债务人的营销网络、客户关系、品牌效应及其商誉等;(5)债务人的社会公共价值,包括债务人对国计民生及公共利益的重大影响等;(6)能够体现债务人重整价值的其他情形。社会中介机构、预重整管理人出具的报告可以作为判断债务人重整价值的参考。

2019 年 9 月 26 日山东省高级人民法院发布的《企业破产案件审理规范指引(试行)》第一百三十三条对债务人具有重整价值的理解和判断为:债务人具有重整价值是指债务人的继续经营价值大于清算价值。判断债务人是否具有重整价值,应综合考虑债务人的行业地位和行业前景、经营情况、资质价值、品牌价值、社会公共价值,以及能够体现债务人重整价值的其他情形。人民法院对重整价值进行判断时,可以根据案件情况,征询市场监管部门、企业主管部门、行业协会以及行业专家的意见。债务人自行重组重整期间由社会中介机构出具的报告可以作为判断债务人重整价值的参考。

将营运价值大于清算价值作为困境企业重整的依据,在 1977 年美国第 95 届国会关于破产法修订的委员会报告中有非常清晰的阐述:企业重整的前提是被用于其所有设计的工业生产的资产,其价值远远高于同样的资产被零散出售时的价值。重整比清算在经济上更有效率,因为它维持了企业的就业和资产。一般来说,在企业拥有实际资产或者能够由未来营运产生实际利润的情况下,第七章的清算并非最可取的选择。即使清算程序确实是唯一的最后选择,大多数有相当规模的企业经由第十一章,在债务人或者债权人委员会的管理下,通过缓慢而有秩序的债务清偿而得到的利益,将会大于通过第七章的迅速清算而得到的利益。那些与企业有利害关系的人们一般都较为了解待出售的资产的情况,并且更乐意通过第十一章来提高价值回收率。而且,企业的资产在继续营业的情况下,其价值比迅速变价所得要高得多。此外,无形的利益如商誉、可继续享受的税收减免、主要人员和有利可图的待履行合同,都会由依据第七章的强制清算而丧失,而这些无形利益可以通过重整加以保留,这无论对债务人还是对债权人都是有利的。

企业作为市场经济的主体,是资产、权益和交易的集合体,在持续营运状态下,如果可以创造比资产本身更大的价值,说明企业的营运价值就更高。营运价值大于清算价值的情况下,通过重整的方式拯救企业,也有利于债权人获得比清算更为划算的债权清偿,有利于债权人权益的保护。

在多数情况下,困境企业陷入破产状态的原因之一是无力清偿到期债务,不是因为其资产的贬值,而是因为财务上的困难,比如资金链的断裂。这种财务上的困难可能归咎于经营决策上的失误,也可能归因于市场的变化(如原材料价格猛涨,经济萧条造成产品滞销)或者其他不可预料的外部因素(如本国政府的紧缩政策,外国政府的贸易制裁)。这种情况下,陷入困境的企业通过破产重整的方式获得拯救,其在营运状态下,可能是一个营利能力比较好的经济实体。

第三节　困境企业重整与资源优化配置

困境企业重整实际是一次重新优化配置企业资源的机会和手段。

陷入困境的企业,一定说明其资源的配置出现了问题,可以通过破产重整的方式,引入新的投资人,将企业原有的资产、业务、人员等资源与新的投资人提供的业务、技术、管理等资源重新进行优化配置,从而提高企业的生产效率和经济效益,使困境企业可以获得一次“重新开始”的机会。

所谓企业资源,是指企业拥有的人、财、物的总和,即企业所能支配和控制的全部财产和权益。通过一定的方式,将企业的资源进行有效利用,以最少的资源代价,获取最佳的经济效益,是企业要实现的经营目标。

一般来说,企业的资源如果能够得到相对合理的配置,经济效益就会显著提高,企业就能充满活力;否则,经济效益就会明显低下,企业的发展就会受到阻碍。市场经济优胜劣汰的竞争机制,必然会淘汰那些生产效率低、经济效益差的劣势企业,也就是资源配置不合理的企业。

第四节 困境企业重整与供给侧结构性改革①

困境企业重整是落实供给侧结构性改革的重要举措。供给侧结构性改革的核心是“三去、一降、一补”(去产能、去杠杆、去库存,降成本,补短板)。对于产能过剩的问题,不是简单地对产能过剩行业企业的关闭、停产或限产,而是要将产能过剩行业企业的生产要素(土地、劳动力、资本、技术、管理等)转移到合理需求的供给领域,实际也是重新优化配置资源的一个过程。而破产制度是实现市场化的资源优化配置的一种法律形式或手段。在供给侧结构性改革过程中,运用破产制度,充分发挥市场化的资源优化配置的重要作用,是落实供给侧结构性改革的重要举措。

① 相关内容可进一步参考邹海林:《供给侧结构性改革与破产重整制度的适用》,载《法律适用》2017 年第 3 期。

破产制度中的三大程序(清算、重整、和解)都是市场资源优化配置的法律工具,具有相同的功能,只是在完成资源配置时的途径和方法不同,效果上存在差异,应“因案施策”。破产重整制度不仅具有资源优化配置的作用,还可以拯救困境企业获得重生,降低或减少影响社会经济稳定的风险,具有积极的作用和效果。去产能过剩行业中的企业还面临着职工安置、维护社会稳定、政府绩效考核等外在的压力,所以说,落实供给侧结构性改革为破产重整制度的应用创造了条件。

第五节 困境企业重整与破产文化

在中国人的观念中,“破产”一词意味着企业“死亡”、竞争失败,是一种耻辱文化,从来不会有“再生”的思维观念。这一点,回顾历史,1986 年,从中国第一家公有制企业——沈阳市防爆器械厂宣布破产引起的“超过八级的改革地震”,以及催生《企业破产法(试行)》期间引起的争论,可见人们对企业破产的观念普遍是“无地自容”“倒闭”“失败”等耻辱情感。[①]《企业破产法》在 2006 年修订时,借鉴欧美国家的立法经验,引入了重整制度。但是,困境企业通过重整制度可以获得“再生”的思维观念却还未广泛形成于人们的脑海。

重整制度作为引入的法律制度,必须要有与之相适应的法律文化的支持,才能体现出法律制度的生命力。这是因为法律文化反映了这个社会群体化的思想观念、行为趋势、情感倾向、理想人格、行为模式。只有当人们

① 参见中国改革信息库,http://www.reformdata.org/2011/0404/15509.shtml,2021 年 12 月 1 日访问。

的思想观念、情感倾向符合其价值判断时,人们才会依照自己的行为模式自觉地选择、适用和遵守该项法律制度,才能体现出该项法律制度的价值和生命力。

果树种上了,如果土壤不合适,结出的果实也不会好。重整制度有了,但是,与重整制度相适应的破产文化却没有得到建设,就会出现"水土不服"的症状。破产法专家中国政法大学李曙光教授在2016年6月28日做客腾讯思享会夏季论坛时作了题为《中国应构建破产文化,让失败企业有效退出》的主旨发言。[①] 李曙光教授认为,最重要的市场竞争秩序要构建一个破产文化机制,让一些市场失败者能够有比较好的退出市场,这种文化在中国是没有的。在实行工商年检制度的情况下,中国每年大概有80万家企业退出市场,但是,这些退出市场的企业都没有经过破产法程序,而是通过行政手段甚至是赖账方式退出市场,中国没有很好的对待市场失败者的制度。中国每年有接近300万家企业不参加年报,处于"僵尸企业"状态,有相当一部分属于不讲市场规则的失败企业,甚至是欺诈性的企业。产能过剩的大环境下,有很多企业不讲市场退出规则,其中包括部分国有企业已经在市场竞争中失败了,本应退出市场,但是依靠政府补贴或者银行续贷而苟延残喘,继续在市场上误导、诱导其他投资者,甚至欺诈,怎么会有健康、公平的市场竞争?所以,中国应该建立一个良好的破产文化,让市场竞争失败者能够按照规则退出市场。

在市场经济发达的美国,当公司遭遇困境、临近"山穷水尽"之境地时,可以援引《企业破产法》的规定重组业务,争取再度赢利的时间和空间。重组期间,债权人不得强制要求还债,债务人要提出一个破产重组方案,就债

---

① 参见搜狐财经,https://business.sohu.com/20160701/n457231888.shtml,2021年12月1日访问。

务的期限、方式及可能减损某些债权人和股东的利益做出安排。这就是重整的概念,中文翻译过来,也叫破产保护(bankruptcy protection)。

无论是困境企业或实际控制人,还是债权人以及社会环境等,对困境企业重整的价值还存在认识上的不足,参与重整的专业人员缺失,操作重整的技艺水准欠佳。面对困境企业,一筹莫展,无从下手,这就是现状。遭遇困境的企业没有选择重整方式获得"再生",与中国的破产文化构建环境有着极为密切的关系。

第二编

重　整

第三章 重整优势

第一节 重 整 之 义

我们所说的重整是指破产重整，也称为司法重整，属于《企业破产法》中的专业术语。破产重整制度发源于欧美国家。我国在 2006 年对《企业破产法》进行修订时，引入了破产重整制度。

原有的《企业破产法(试行)》是在 1986 年 12 月颁布的。彼时，我国的公司制度尚未确立，《企业破产法(试行)》的适用范围仅局限于全民所有制企业。对于陷入困境的国有企业，按照当时的法律规定(《全民所有制工业企业法》《全民所有制工业企业转换经营机制条例》等)，只能由该企业的上级主管部门提出整顿申请，债务人是不能主动要求整顿的。

时代经济发展进入新的阶段。国有企业作为国民经济的支柱，即便是长期严重亏损的情况下，仍然依靠政府的补贴继续运营。在计划经济的体制下，企业缺乏自负盈亏的概念，企业经营者无须考虑产品的质量、价格是否符合市场需求等问题，国有企业成为职工的“铁饭碗”。为了寻求国有企业改革的突破口，迫切需要建立现代企业制度。1993 年 12 月 29 日，第八届全国人大常委会第五次会议审议通过了《公司法》，自 1994 年 7 月 1 日起正式施行。

国有企业通过改制的方式,按照《公司法》的规定,转变为公司制的组织形式。公司制,其法律属性决定了其天生就没有上级主管部门,公司的权力机关是股东会。当公司成为市场经济条件下的主角时,陷入困境的公司如何进行整顿,成为《企业破产法(试行)》迫切需要进一步完善的课题之一。在"试行"了二十年之后,我国对《企业破产法(试行)》进行了重大修改,增加了许多新的制度,包括引入管理人制度、重整制度,扩大适用范围等。2006 年 8 月 27 日,经第十届全国人大常委会第二十三次会议审议通过,新的《企业破产法》于 2007 年 6 月 1 日起正式施行至今。

重整制度是《企业破产法》的重要内容之一。当陷入困境的企业具备《企业破产法》第二条规定的条件时,债务人或债权人均可以直接向人民法院提出破产重整申请。[①] 如果是债权人对债务人提出破产清算申请的情况下,在人民法院宣告债务人破产前,债务人或出资额占债务人注册资本十分之一以上的出资人(股东),可以向人民法院提出破产重整申请。[②]

《企业破产法》第八章对重整的程序作了专章规定,由重整申请和重整期间、重整计划的制定和批准、重整计划的执行共三个章节、二十四个条款构成。

破产重整制度的核心主题是拯救。破产重整是针对陷入困境的企业,已经具备破产的原因,但又具有重整价值和再生希望,经由利害关系人的

① 《企业破产法》第二条第一款:"企业法人不能清偿到期债务,并且资产不足以清偿全部债务或者明显缺乏清偿能力的,依照本法规定清理债务。"第二款:"企业法人有前款规定情形,或者有明显丧失清偿能力可能的,可以依照本法规定进行重整。"

② 《企业破产法》第七十条第一款:"债务人或者债权人可以依照本法规定,直接向人民法院申请对债务人进行重整。"第二款:"债权人申请对债务人进行破产清算的,在人民法院受理破产申请后、宣告债务人破产前,债务人或者出资额占债务人注册资本十分之一以上的出资人,可以向人民法院申请重整。"

申请，在法院的主持和利害关系人的参与下，对债务人的资产和业务进行重组和债务调整，以帮助债务人摆脱财务困境、恢复营业能力的法律制度。

破产重整是在人民法院的主持下，不对债务人的财产进行立即清算，而是对债务人企业重新进行整顿、调整，制订重整计划，由债务人和债权人达成调整方案，规定在一定期限内按一定方式清偿全部或部分债务，同时，债务人可以继续经营其业务。

在重整期间，管理人可以接管债务人的财产和营业事业；经人民法院批准，也可以在管理人的监督下由债务人自行管理企业。

重整程序终止以后，已接管债务人财产和营业事业的管理人应依法移交其职权，由债务人完全行使企业的各项权利。

破产重整制度已为多数市场经济国家采用。随着我国供给侧结构性改革的深入，破产重整作为破产企业救治的一种法律手段，既是供给侧结构性改革的客观需要，也是提升市场主体竞争力的客观需要。破产重整制度，对于优化资源配置、规范市场秩序具有重要的意义。对符合破产受理条件但仍可能适应市场需要的企业，要运用破产和解、破产重整的方式进行救治，使其能够通过救治重返市场。①

---

① 《最高人民法院关于依法开展破产案件审理积极稳妥推进破产企业救治和清算工作的通知》："深刻认识依法开展破产案件审理、积极稳妥推进破产企业救治和清算工作的重要意义。社会主义市场主体救治和退出机制是否建立，是衡量社会主义市场经济体制完善的标志之一。依法开展破产案件审理、积极稳妥推进破产企业救治和清算工作，既是供给侧结构性改革的客观需要，又是提升市场主体竞争力的客观需要，也是建立完善社会主义市场主体救治和退出机制的客观需要。各级人民法院要深刻认识破产案件审理对优化资源配置、规范市场秩序的重要意义，推动破产案件审理工作常态化、规范化、法治化。对符合破产受理条件但仍可能适应市场需要的企业，要运用破产和解和破产重整的方式进行救治，使其能够通过救治重返市场；对救治无效或者根本不能适应市场需要的企业，要进行破产清算，促进及时退出市场。依法开展破产案件审理，是解决执行难的重要途径。对执行中符合《企业破产法》规定的破产条件的企业，要依法启动破产程序，通过破产和解化解一批、破产重整处置一批、破产清算消除一批，使企业破产制度成为解决执行难的配套制度。"

经济日报记者魏永刚、李万祥跟随全国人大常委会执法检查组到河北和山东进行执法检查时作了一番调研。[①] 调研结果显示:人民法院通过破产重整的方式帮助一大批企业化解了风险、恢复活力。最高人民法院统计,截至2020年年底,有近30家债务总额在百亿元以上的大型企业完成重整,2020年,通过重整盘活资产4708亿元,让532家企业重获新生。

事实证明:重整是一种更为健康的企业纾困方式。通过重整,企业的生产经营得以恢复,现有的劳动力资源得以维持,避免造成失业率的上升,最大限度减少企业破产带来的社会震荡。通过重整,企业重新进行资源的优化和权利的再分配,可以实现提升效益、优化运营、解决短板、重新换发生机的目标。

另外需要说明的是,《企业破产法》第二条第二款规定的破产重整仅适用于企业法人。[②] 非法人企业不适合破产重整的原因是出资人承担无限连带责任。

第二节　重整与清算、和解

重整与清算、和解制度,构成了《企业破产法》的全部。为了便于理解和区别相关的概念,有必要对破产清算和破产和解的含义做一个简单介绍。

破产清算属于我们通常理解的"倒闭""关门"概念,对于那些不能清偿

---

① 参见《破产能成为常态化退出机制吗》,载"破产法实务"微信公众号,2021年8月4日。

② 《企业破产法》第二条第二款:"企业法人有前款规定情形,或者有明显丧失清偿能力可能的,可以依照本法规定进行重整。"

到期债务的债务人宣告“破产”，通过清算程序将其全部财产公平分配给债权人。破产清算的目的是清理和分配企业财产，然后是退出市场，“关门大吉”。

破产和解是由债务人提出申请，与债权人协商，希望能够给予“喘息”的机会，以缓解其债务负担，依照和解程序，达成和解协议。破产和解的参与主体主要是债务人和债权人。

破产和解与破产重整相似，都是为了避免企业遭遇直接破产清算。但是，破产重整的参与主体不限于债权人和债务人，还会涉及企业的出资人（债务人的股东）、新的出资人（重整投资人）、职工、税务部门等权益主体以及政府、证券等监管部门，以更为积极的手段，推动和促进各方权益主体达成一个“多边协议”（重整计划），以期实现拯救企业的目的。

第三节　重整与重组

重整与重组，是两个经常混同使用的名词。对于非专业人士来讲，很难将重整与重组这两个名词作出准确的区分。重整与重组两个名词在定义、模式、程序及司法保护程度等方面存在本质上的重大区别。[①]

一、定义不同

重整是一个法律术语，源于其在《企业破产法》的明文规定，其内涵、程

---

① 参见搜狐：不良资产专注，https://www.sohu.com/a/299406806_479843，2021 年 12 月 1 日访问。

序、效率、后果均由法律明确规定。

重组属于经济学的概念,但不是法律术语。法律从未针对重组作出任何规定。重组一般是指“资产重组”或“债务重组”,即对企业资产或债务重新组合、进行调整而实施的行为。

二、适用范围不同

重整仅适用于企业法人,比如公司这种企业组织形式。当企业法人陷入困境时,只要符合破产法规定的条件,均可采取重整的方式拯救企业。

重组则适用于所有的企业组织形式,也就是说,除企业法人之外,独资企业或者合伙企业在发生财务困难时,也可以采取重组的方式渡过难关。

三、自主性不同

重整属于法庭内的行为,由法院主导,受到法律框架的约束,比如,债权人的清偿顺序,重整时间等必须按照法律规定执行。

重组属于法庭外的行为,遵照意思自治原则,由股东、债权人进行协商,没有任何强制行为,比如,谈判的时间、债权人的清偿率等,均是由相关利益主体自由确定的,没有法定约束。

四、司法保护程度不同

对于重整,法律提供了一定的司法保护,比如,阻止司法冻结和法院执行、阻止担保权人行使担保权、限制取回权人行使取回权,限制企业股东行使股权等。

对于重组,没有法律程序规制,不存在司法保护的情形,比如,无法有效阻止司法冻结和法院执行。

五、成本不同

破产重整程序属于法律程序的一种,必然存在一定的法律成本。

重组则无须履行法律程序,不存在法律成本,但有时间成本或其他成本。

六、对企业经营现状的影响不同

重整,由破产管理人按照《企业破产法》赋予的职责对企业的经营管理、财务账册、印章证照等行使职权。

重组完全属于自愿,即使没有达成一致意见,对各方当事人的权利义务也没有任何影响。

七、计划/方案的通过条件不同

重整计划并不需要所有的权益人同意,根据《企业破产法》的规定,只需要“由出席会议的有表决权的债权人过半数同意,并且其所代表的债权额占无财产担保债权总额的三分之二以上”即可。在符合法定的条件下,即使重整计划未能取得三分之二以上债权人同意的情况下,法院仍可以强行批准重整计划。

重组方案完全属于自愿行为,必须取得所有债权人的同意,否则,重组方案对不同意的债权人无效。

八、时间效率不同

重整的期限,《企业破产法》第七十九条明确规定,法院裁定重整之日起六个月内提交重整计划草案,否则终止重整程序,并宣告债务人破产。未获债权人通过或法院批准的重整计划,就会面临破产清算的后果。所以,各方当事人均会认真对待,加大谈判诚意,减少不必要的扯皮,从而提高了效率。

重组的期限,由当事人的自由意志决定,没有实质的限制。

我们将重整与重组的区别简而概括之:

重整属于司法程序的范畴,也有称之为"庭内重整""司法重整",拯救遭遇困境的企业,主要是在司法程序场景内使用这个名词。

重组属于非司法程序的范畴,也有称之为"庭外重组",拯救遭遇困境的企业,主要是在司法程序场景外使用这个名词。

第四节　上市公司重整优势

上市公司通常是行业或地方区域的龙头企业,其规模相对较大,对区域经济的影响力较大。如果上市公司陷入困境,一旦进入破产清算状态,将会对社会经济、金融系统、社会稳定等方面产生重大的消极影响。与之相关的职工再就业、资金呆坏账、税收等问题随之发生。

破产重整作为一种司法保护的手段,拯救陷入困境中的上市公司,已被更多的有识之士认可和重视,并付诸实践。

一、预防企业破产

陷入困境的上市公司如进行破产清算,上市公司自有的资源将会流失,上市的资格等无形资产将会化为乌有。通过破产重整的方式预防上市公司破产,可以避免公司失去未来获取收益的机会,对上市公司的资源加以优化配置,在继续运营的基础上进行债权清偿,实现利益主体多赢的目的。

二、保住“壳”资源

上市公司的“壳”是指上市的资格及对应的权利,具有较大的市场价值和利益。依照目前的上市制度来看,等候排队上市的公司依然众多,上市的资格成为一种稀缺资源,具有特殊性。因此,陷入困境的上市公司即便是为了这个“壳”资源,也会“挣扎”一下,努力保住这个“壳”资源。破产重整的拯救功能,具有保住上市公司“壳”资源的优势。那些排队等待上市的公司或战略投资人也非常青睐这个“壳”资源,渴望通过破产重整的路径进入这个“壳”里,以此达到“借壳上市”的目的。

三、维护社会利益

上市公司在地方区域经济的发展中占有举足轻重的地位。当其陷入困境时,资金短缺,无力清偿债务,不仅会对地方政府的财政税收产生影响,还会由此引发就业安置、社会稳定及社会救济等问题。出于维护社会整体利益的需要,政府、法院、证券等监管部门对上市公司的破产重整更加重视,积极参与和配合。

上市公司重整完成以后,不仅主体资格继续保留,资产负债结构获得改善,营商环境得到优化,职工安置和社会稳定的效果明显。

第四章 重整模式

重整作为拯救困境企业的一种手段,在司法实践中归纳总结,并升华和提炼出来一套核心知识体系,我们称之为重整模式。

什么叫模式呢?模式是指从生产经验和生活经验中经过抽象和升华提炼出来的核心知识体系,是解决某一类问题的方法论。把解决某类问题的方法总结归纳到理论高度,这就是模式。模式具有指导意义。在一个良好模式的指导下,有助于你完成任务,有助于你作出一个优良的设计方案,达到事半功倍的效果,而且会得到解决问题的最佳办法。

重整模式就是解决在重整过程中遇到各种问题的方法论。

根据重整的特征,我们可以将重整模式归纳为:存续型重整模式、清算式重整模式、出售式重整模式、反向出售式重整模式四种类型。

第一节 存续型重整模式

一、概述

存续型重整模式是指困境企业经过重整以后,继续保留困境企业原有的法人资格。存续型重整模式是通过对公司治理结构进行调整以及对债权债务的调整、经营方案的调整等，实现化解公司债务危机、恢复公司正常经营的目的。

存续型重整模式属于传统的、标准型的重整模式，已被《企业破产法》的重整制度所确认。司法实践中，很多困境企业采用了存续型重整模式进行破产重整。

上市公司庞大集团的破产重整案就是采用了存续型重整模式。通过引入深商控股和国民运力作为联合重整投资人，由深商控股提供偿债资源、国民运力提供业务资源，对庞大集团原有的经营方案进行了调整，公司的治理结构进行了优化，并制定了债权调整和清偿方案及出资人权益调整方案，庞大集团的上市资格得以保留，企业得以存续经营。重整计划执行完毕之后，庞大集团顺利化解了债务危机，并恢复了正常经营状态。

困境企业能够获得拯救，引入重整投资人是确保重整获得成功的关键所在。重整投资人可以为困境企业提供偿债资源、业务资源、技术资源和管理资源等支持并参与重整。但困境企业的实际控制人要承担一定的对价，包括让渡控制权。因此，制定出资人权益调整方案是重整阶段非常重要的工作。同时，困境企业的债务将通过债权调整和清偿方案予以消化，并辅以经营调整方案、公司治理结构调整等措施，达到企业法人资格继续存在、企业恢复正常经营之目的。

二、实证案例：上市公司庞大集团破产重整案

庞大汽贸集团股份有限公司（以下简称庞大集团），主营汽车销售和维修养护。2011 年 4 月 28 日，庞大集团股票在上海证券交易所上市，股票代码 601258。

庞大集团2018年度出现巨额亏损，且因资金严重不足、财产不能变现等原因，无法清偿到期债务，有明显丧失清偿能力可能。

2019年5月13日，债权人北京冀东丰汽车销售服务有限公司向唐山市中级人民法院提出对庞大集团进行重整申请。唐山市中级人民法院依法作出裁定，受理了庞大集团重整一案，并于同日指定庞大集团清算组担任管理人。

管理人向债权人会议提交的重整计划草案显示：

庞大集团本部账面资产总额为302.08亿元，其中流动资产182.74亿元，非流动资产119.33亿元。债务方面，经过法院裁定确认的债权总额为169.71亿元，经管理人审查后尚需裁定确认债权5.06亿元，职工债权0.56亿元，包含暂缓确认及未申报债权在内的预计负债97.47亿元，以上合计272.8亿元。

虽然从账面上来看，庞大集团资产大于负债，但从资产评估结果来看，公司已严重资不抵债。评估结果显示，公司账面资产按市场法评估值为97.66亿元，按照清算法评估为50.17亿元。

根据评估机构出具的《偿债能力分析报告》，如庞大集团进行破产清算，按照先后顺序清偿相关债务，普通债权人受偿率约为11.20%，实际清偿率或更低。

对于债权人和股东来说，破产清算显然不是最好的选择。如何找到各方的利益平衡点，成为这份重整计划的关键。为避免庞大集团破产清算，保障债权人和股东利益最大化，需要各方共同承担重整成本。

庞大集团的控股股东和实际控制人应为公司当前困境承担主要责任，为此庞庆华和其关联自然人无偿让渡其持有的21.06亿股公司股票，重整投资人及其关联方将有条件受让。

重整投资人为深商控股、元维资管及国民运力组成的联合体。重整投资人承诺,2020～2022年,庞大集团归母净利润分别不低于7亿元、11亿元和17亿元,或3年合计不低于35亿元,未达标准则向公司现金补偿。

管理人对庞大集团制定了"调整优化存量业务""引进发展增量业务"的经营方案。

债权人会议分组表决重整计划草案。有财产担保债权组和普通债权组均表决通过了重整计划草案,出资人组表决通过了重整计划草案之出资人权益调整方案。

2019年12月9日,根据《企业破产法》的相关规定,管理人向法院提交了裁定批准《庞大汽贸集团股份有限公司重整计划》申请。唐山市中级人民法院裁定,批准重整计划,并终止庞大集团重整程序。

重整计划实施后,重整投资人引入民生银行为公司提供不超过10亿元共益债务融资,用于补充公司流动资金。同时,公司将提高资金使用效率,通过出租、出售或合作开发等形式,盘活闲置存量资产。对于公司目前的汽车销售业务将进行调整,裁掉没有发展前景的品牌,聚焦具有盈利能力的核心品牌。面对传统汽车经销业务的实际困难,庞大集团计划依托重整投资人的优势,进入城市公共交通运营、充电服务商业化以及智慧城市建设等业务。

经过重整,庞大集团摆脱债务负担,将负债率降至正常水平,同时获得流动资金,恢复正常经营。

三、适用特点

存续型重整模式适合于继续保留困境企业的法人资格,债务人及股东、债权人、重整投资人均有通过重整方式拯救困境企业的意愿,不存在不可化解的利害冲突和矛盾。

第二节　清算式重整模式

一、概述

清算式重整的本质依然是重整，而不是清算，应适用重整程序。对企业的部分资产进行剥离，剥离的资产将参照清算程序进行评估、变现和分配，制订清算计划，用以清偿债务。重整投资人提供的投资可作为清算计划的一个组成部分。作为对价，存续企业由重整投资人继续经营。

清算式重整模式在《企业破产法》中并无明文规定；按照“法无禁止皆可为”的私法原则，依据学理分析，在破产重整的司法实践中被归纳总结出来，具有一定的指导意义。

清算式重整在美国、日本的立法和实践中被采纳。在我国的司法实践中，对于清算式重整模式是否可以单独成为一种模式是有争议的。①

破产法专家王欣新认为，清算式重整模式中的清算计划相当于破产财产变价与分配方案，在法律性质上与和解协议类似。就我国的情况而言，单独将其作为一种重整模式尚无必要。但在多起破产重整案例中，对破产财产进行清算式评估、变现与分配，所制定的清算方案作为重整计划的组成部分，故将此种方式归纳为清算式重整模式。

清算式重整兼顾了效率原则和拯救功能。清算式重整在一定程度上可以减少重整投资人的负担，免去了债务人与债权人之间“讨价还价”、耗

① 参见李冠颖：《“清算式”破产重整相关问题的思考与探索》，载中国法院网，https://www.sohu.com/a/218813244_99999909，2021年12月1日访问。

时费力的过程，便于清偿债权人的债权。重整投资人通过清算式重整模式获取了企业的“壳”资源，企业法人资格依然存在，可以达到“腾笼换鸟”的效果。

将清算式重整模式单独作为一种模式存在，在司法实践中可以发挥一定的指导作用，通过不断地探索、归纳、总结、提炼、升华清算式重整模式的特征，能进一步明晰清算式重整模式的概念和内涵，有助于在探索中完善破产制度，其存在显然具有意义和价值。

二、实证案例：宇丰公司破产重整案[①]

徐州市铜山区人民法院审理的徐州市宇丰粮食贸易有限公司（以下简称宇丰公司）破产重整一案即采用了清算式重整模式。宇丰公司特许经营的项目为粮食收购销售，一般经营项目为库房租赁、普通货物仓储、装卸服务等。由于经营不善以及牵涉民间借贷、资金链断裂，公司经营陷入困难。2015 年 9 月 8 日，法院裁定受理宇丰公司破产清算案，并指定了管理人。

宇丰公司的经营许可具有独特的优势。粮食收购、销售和仓储属于特许经营权，具有一定的经济价值和市场价值。主要体现在三个方面：一是公司具有行业特许经营许可资质，获得该行政许可需要一定资金及时间成本。二是公司具有一定的行业资源。宇丰公司一直和中央储备粮徐州直属库长期合作，进行粮食仓储和托市粮收购，公司仓库还存有 2 万余吨的国家托市粮。公司还可提供粮食装卸、运输服务机会，可解决当地剩余劳动力就业问题，增加当地农民的收入。三是公司地理位置优越，毗邻徐济

---

① 李冠颖：《“清算式”破产重整相关问题的思考与探索》，载中国法院网，https://www.sohu.com/a/218813244_99999909，2021 年 12 月 1 日访问。

高速，南邻322省道，交通便利，与丰县、沛县两个产粮大县相邻，农业面积种植广泛，粮源充足，粮食质量优越，经营粮食收购、仓储等业务具有得天独后的优势。在案件审理过程中，债务人及部分债权人向法院提出破产重整申请。为判定重整的可行性，法院于2015年10月27日召开听证会，听取了破产企业、债权人、管理人对于企业重整的意见，同年10月30日组织第一次债权人会议，裁定进入重整程序。

进入重整程序后，债务人首先选择的是存续型重整路径。在沟通谈判中，债权人表现出对债权调整、延期清偿有较高要求，与债务人自身实力相去较远。因非现金清偿、清偿比例过低等原因，提交的重整计划草案在2016年7月19日召开的债权人会议预备会上未获通过。如果转入清算程序，即面临着社会资源浪费的问题，单纯的资产变卖并不能获得最大价值，因此，债权人仍倾向于继续给予企业重整机会。在此情形下，宇丰公司破产重整方向又调整至出售式重整模式的思路。法院指导债务人、管理人多方联系投资主体，进行协商洽谈，但因债务人负债过多、债权人清偿期待值高等原因未能最终确定。

在重整过程中，管理人确定了清算式重整模式。通过公开招募重整投资人的方式确定了宇丰公司的重整投资人。重整投资人的出价作为重整投资，取得宇丰公司的房产、土地使用权、经营资质等有形资产和无形资产，并以零对价受让宇丰公司的100%股权（因企业资不抵债，股权价值为零）。债务人以重整投资资金和企业的其他破产财产为限，按照清算方式一次性清偿债务；存续企业的未来收益与债权人无关。该重整计划草案最终实现了均衡、公平、共赢的目的；经第三次债权人会议表决通过。目前案件圆满审结，存续公司的经营步入正轨。

三、适用特点

具有如下特点的困境企业可以考虑选择清算式重整模式进行重整:

1. 具有某种特许经营权或行业资质。获得特许经营权或行业资质通常需要具备特定的条件,需要一定的时间周期,在政策规定上不允许通过转让方式转让或取得,但却具有无形价值。

2. 债权人对以清算方式清偿债权比较认可;对债权调整和延期清偿的条件要求较高,无法达成统一意见。

第三节　出售式重整模式

一、概述

出售式重整模式,就是将有继续经营价值的资产、业务予以剥离,出让给其他主体,使得该部分资产、业务得以盘活,保留可以继续经营的事业;出售所得对价及剩余的破产财产用于清偿债权,原经营主体即债务人可注销。

出售式重整模式源于美国的《破产法典》;著名的克莱斯勒破产案和通用公司破产案即采用了出售式重整模式,实现了优质资产和债务的剥离,安然度过了危机。

我国在司法实践中有多起案例,如山东淄博钜创破产重整案、渤钢系破产重整案即采用了出售式重整模式,并获得了成功,受到业界的关注。

出售式重整在进入重整程序之后,出售资产、业务的操作路径通常采取直接出售或间接出售两种方式。直接出售是直将优质资产、业务直接出售给其他主体。间接出售是指原主体新设全资子公司主体，将拟定出售的优质资产、业务转移至新设子公司主体，再将新设子公司的股权出售给其他主体。至于何种方式或路径更为合适，取决于税务成本或重整成本的高低。

二、实证案例一：克莱斯勒破产案[①]

克莱斯勒是美国著名的汽车公司，在2009年4月30日，宣布进入破产保护程序。按照美国的法律规定，可以有30～45天的破产保护执行期，即如在2009年6月15日前未能就资产处置形成方案，这家公司只能破产清算。

意大利著名的汽车制造商菲亚特与克莱斯勒于2009年6月12日发表联合声明，设立一家新的克莱斯勒公司，由菲亚特持股35%，全美汽车工人联合会旗下的工会退休员工医疗保健基金持股55%，美国政府和加拿大政府分别持股8%和2%。原克莱斯勒将包括工厂、商标、某些零售商以及营销网络等在内的所有营运资产打包出售给新克莱斯勒公司；新克莱斯勒公司向原克莱斯勒公司支付20亿美元；向汽车工人联合会支付46亿美元且给予其55%的股权，以换取联合会免除对原克莱斯勒100亿美元的债权。交易结束后，菲亚特跻身车企“老六”。克莱斯勒在新的股权架构下得以继续运营。

---

① 参见《出售式重整模式的适用及案例简析(下)》，载 https://www.sohu.com/a/330095532_100010904，2021年12月26日访问。

三、实证案例二:山东淄博钜创破产重整案

山东淄博钜创破产重整案是国内较早采用出售式重整模式的司法案例,引起业内的广泛关注。

淄博钜创纺织品有限公司(以下简称钜创公司)是一家生产并销售高档花式弹力牛仔布、服装,从事棉花、棉纱、坯布的进出口和批发业务的外商独资企业。自2013年以来,企业流动资金严重匮乏,生产经营出现困难。截至2013年10月,企业债务总额近5.8亿元,资产总额不到3亿元,已严重资不抵债,濒临破产境地。2013年12月30日,淄博市中级人民法院受理了钜创公司破产重整一案。

钜创公司破产重整期间遭遇三大障碍:一是企业严重资不抵债,股权价值为零,战略投资人不同意以购买股权的方式参与重整;二是企业原股东及经营管理层出境以后拒不履行管理职责;三是企业还存在诸多隐形债务,若保留原企业法人资格,重整后的企业面临债务增加的风险。因此,传统的存续型重整模式在该案中面临现实的障碍,淄博市中级人民法院便积极考虑寻找、探索新的重整模式。

在学术界,中国人民大学的破产法专家王欣新教授提出了"出售式重整模式"。[①] 这种模式主要是将债务人有活力的营业事业之全部或主要部分出售让与他人,使之在新的企业中得以继续经营存续;债务人以转让的对价及剩余未转让的资产清偿给债权人;在营业事业转让之后,债务人企业清算注销。其标志性特点是,营业事业重整是以在原企业之外继续经营的方式进行。

---

① 王欣新:《重整制度理论与实务新论》,载《法律适用》2012年第11期。

同时，考察美国历史上的第四大破产案件——通用公司重整一案，其重整计划规定设立一家新的通用汽车公司，老通用公司将其优质资产出售给新的通用公司，所得价款用于还债，老通用公司则进行破产清算。这一重整模式完成以后，新的通用公司发展良好，不到一年半的时间就发行股票，成为上市公司。

基于上述思考，淄博市中级人民法院决定将钜创公司破产重整案采用出售式重整模式进行重整：战略投资人以评估价全盘承接钜创公司主营业务相关的担保资产及对应的债务、职工，并以溢价收购钜创公司的未担保财产；管理人再以出售所得价款清偿债权人，债务人企业则进行破产清算，予以注销。

由于债务人的股东及管理层拒不履行职责，法院指定的破产管理人又不具备纺织行业的经营管理经验，难以对债务人企业的运营事务实施有效管理，无法确保企业资产的维护和保值，决定招募具有主观意愿和行业管理经验的淄博高青如意公司作为战略投资人参与重整，并将公司资产整体托管给淄博高青如意公司。

托管期间，在法院和管理人的监督下，高青如意公司负责生产、销售业务以及资产的维护、保值等具体的经营管理等事务；员工继续上岗，高青如意公司负责发放薪资并缴纳社会保险，化解员工上访的风险，减轻社会稳定的压力，达到了生产不停、队伍不散、市场不丢的预期效果，为重整工作的顺利推进奠定了坚实的基础。

因债务人将主营业务资产设定了抵押担保，金融机构对债务人享有债权约为 3.8 亿元，而抵押资产评估值约 2.6 亿元。如该债权不能得到清偿，金融机构的不良贷款剧增，将会形成潜在的地方金融风险。根据法律规定，通过出售方式将资产的所有权变现给战略投资人，必须获得金融机构债权人的同意。

为了解决债务人、战略投资人、抵押担保物权人三方之间债务承担、抵押权设定和抵押物权属变更的难题，经过多次研究、讨论，设计了一个“金融资产不良债权立体承接方案”，该方案的核心内容如下：

1. 金融机构债权人与战略投资人签订承债协议，金融机构向战略投资人提供一笔贷款，补充解决部分偿债资金问题；

2. 战略投资人向债务人支付出售资产对价、承接债务，并代债务人向金融机构债权人清偿债权；

3. 金融机构债权获得清偿之后，相应的抵押权释放，排除资产所有权转移的法律障碍；

4. 抵押权释放之后的主营业务资产所有权转移给战略投资人；

5. 战略投资人再将原抵押物抵押给金融机构，二次获得金融机构信贷支持，并实现债务置换的目的。

该方案作为重整计划的核心内容，获得了债权人会议表决通过，出售式重整模式获得成功，实现了多方共赢的目的：战略投资人获得了金融信贷支持，金融机构化解了不良贷款风险，主营事业得以延续，职工和其他债权人的利益得到保障。实践证明：如果没有对主要债权银行的协议承债，高青如意公司则不能获得主要债权银行的信贷支持；如果没有信贷支持，高青如意公司则不能溢价收购未抵押部分的资产，也不能实现职工债权的保障和普通债权较高比例的清偿。

四、适用特点

出售式重整模式本质上依然是重整，适用重整程序，其核心特征是通过剥离优质资产和业务的方式而保留可继续经营的事业。对于原有的经营主体是否予以保留，并不特别关注。

出售式重整模式比较适合于因资金链断裂、盲目扩张、成本上升等因素而非因资产贬值的困境企业。可继续经营的事业相对比较完整，不仅包含土地、厂房、设备等资产，也包括商标、著作、专利及技术等知识产权，甚至还包括特许经营权以及上下游原材料采购渠道和产品销售市场等具有市场价值的资源。

第四节　反向出售式重整模式

一、概述

与出售式重整模式相反，战略投资人不仅想延续困境企业的营业事业，也想保留企业的主体资格，将优质资产与企业的"壳"资源继续保留，而将其他资产予以剥离，出售、变现资产所得对价用于清偿全部的债务，此种方式被学者称为反向出售式重整。

二、实证案例：温州中城建设集团破产重整案[①]

温州中城建设集团是温州市唯一一家建筑施工总承包特级资质企业、中国民营企业500强之一。由于盲目追求规模扩张，内部管理和成本管理失控，加上温州民企互保危机爆发的诱因，导致企业的资金链断裂，这家令温州人骄傲的民营企业最终走向了破产重整的命运。

---

① 参见肖薇：《反向出售式重整或有债务的风险隔离及相关配套制度的思考与立法建议》，载 https://www.sohu.com/a/416539553_100015913，2021年12月1日访问。

2014 年 3 月 8 日,温州中城建设集团以资产不足以清偿全部债务为由向温州市中级人民法院提出破产重整申请。2014 年 3 月 14 日,浙江省高级人民法院批准温州市中级人民法院将该破产重整案交由瓯海区人民法院审理。

温州中城建设集团成立于 1997 年 11 月 7 日,公司注册资本 30,680 万元人民币,经营范围为房屋建筑工程施工总承包(特级)等,设有分公司(项目部)共 55 家,对外长期股权投资公司 9 家,公司还存在委托他人代持股的情形。至破产重整申请日,其承包的尚处于施工阶段和保修期的建设工程项目共计 132 个,其中在建工程 54 个,在建工程量金额 100 亿元以上。处于保修期的建筑工程项目 78 个。经法院裁定确认的各类债务(含待定债务)共计约为 26 亿元。公司账面资产约为 22 亿元,管理人审计确认资产约为 10 亿元,可分配资产视债权回收情况而定。

温州中城建设集团破产重整案如果按照传统的模式进行重整,最终可能会因无法解决的问题而被迫转入清算程序。"如果在破产清算情况下,与主体不可分离的无形资产包括股权转让所得将不复存在,处理在建工程等未履行完毕的合同将付出巨大成本,资产还将严重贬损,责任负担还将不断增加,清偿率将是非常低微,普通债权清偿率基本为零,并且还将损害相关方面包括建设业主等各方利益,造成连环性社会影响。"

温州中城建设集团破产重整案在推进过程中遇到的困难主要表现在以下几个方面:

1. 因债务众多,债务人已被列入失信名单,无法正常地参与招投标等生产经营活动,采购原材料市场行为受到限制,特级资质失去了实用价值。

2. 因在建工程金额超百亿元,处于施工阶段和保修期的工程项目多达 132 个,不仅涉及承包合同关系的认定和处理问题,还事关施工合同是否继续履行或解除、施工管理及款项拨付、材料供应商等问题;如果数万民工工资无法得到保障，将会引发巨大的社会问题。

3. 债务人的不良信用记录严重制约了重整后企业的发展；在征信系统制度不健全的情况下，企业信用修复需要投入大量的精力协调不同的部门和执行。

4. 因债务人的债务规模多达数十亿元，战略投资人无法接受温州中城建设集团的全部资产和债权债务。

上述几个问题严重制约了温州中城建设集团破产重整的进行。

《企业破产法》确立了债权人利益至上的基本原则。《企业破产法》第一条规定："公平清理债权债务，保护债权人和债务人的合法权益。"第六十一条规定："债权人会议行使下列职权：……（六）通过重整计划；（七）通过和解协议；（八）通过债务人财产的管理方案；（九）通过破产财产的变价方案；（十）通过破产财产的分配方案。"

债权人利益至上的基本原则主要表现为债权人公平受偿、破产债权保障和债权人意思自治三个方面。

管理人经过再三研究，按照"法无禁止皆可为"的法理原则，遵照《企业破产法》债权人利益至上的基本原则，首次提出采取"清算＋剥离"式的重整方式，即采用存续式经营与资产债务剥离清算相结合的方式进行重整。

具体做法：温州中城建设集团是特级资质建筑企业，其品牌和资质是具有很高商业价值的无形资产，保留原公司，主要考虑可利用资源与主体不可分离，避免造成新的损失及债务负担，避免造成其他社会不利影响。

保留原公司，利用债务人原有的优质资源，实现利益最大化，引入战略投资者"救场"。破产管理人及时征选合适意向战略投资人，温州中城集团100%股权以起拍价4216万元向社会公开拍卖。2015年1月25日，经过12次加价，兰州市第一建设股份有限公司及周某（化名）以5800万元联合竞得，高出起拍价1584万元。

为了不妨碍后续经营，在不损害各方利益的基础上，实行剥离处理，原有资产、债权、债务进行整体平移。“整体平移”的具体做法是，温州中城建设集团原有股东权益（含可能应收）、资产（含已确定及未发现之各项应收款）、负债（含已确认及应确认之全部债务），除存留清单列明之外，全部整体性移转至由中城建设集团全资设立，较低注册资本的子公司，由温州中城建设集团委派管理人员，建立治理机构，以清算债权债务为主要任务。新公司的运行，由债权人会议参与决定，债权人委员会、管理人监督。

经债权人会议各表决组均表决通过了重整计划，破产管理人于2015年2月25日向瓯海区人民法院申请批准温州中城建设集团的重整计划。瓯海区人民法院认为，债权人会议表决通过的重整计划符合法院规定且合理可行，依照《企业破产法》第八十六条第二款的规定，裁定批准重整计划，终结重整程序。

三、适用特点

反向出售式重整模式在建筑企业破产重整案件中被更多地选择。这是因为，建筑企业破产案件的特点是“输不起”，比较契合反向出售式重整模式保留债务人主体资格的价值取向。①

1. 建筑企业的“壳”资源“输不起”

根据《建筑法》的规定，建筑企业从事建筑活动，必须具有建筑资质。获取建筑资质的前提条件不仅与注册资本、专业技术人员、技术装备有关，而且还与建筑工程的业绩有关。建筑工程的业绩需要更长的时间周期积

---

① 参见李乐敏：《反向出售式重整模式在建筑企业破产程序中的运营》，载 https://www.sohu.com/a/347744932_100015913，2021年12月1日访问。

累，尤其是资质等级越高的建筑企业，需要更多的建筑工程业绩、更高级的专业技术人员。因此，高等级资质的建筑资质，尤其是一级或特级建筑资质，成为比较稀缺的市场资源。这也是建筑企业多采用挂靠承揽项目或内部承包进行施工的原因之一。如果建筑企业采取破产清算方式清理债权债务，在清理完毕之后，主体资格将注销，依附于主体资格的建筑资质也随之灭失。对于很多建筑企业来讲，“可望而不及”的“壳”资源灭失以后将是一种资源浪费。

2. 建筑企业的“产品”保修责任“输不起”

建筑企业的“产品”为建设工程。《建筑法》规定对建筑工程实行质量保修制度。《建设工程质量管理条例》①对施工企业的建设工程实行施工质量保修制度，对建设工程的保修范围、保修期限和保修责任作出明确规定。建设工程在保修范围和保修期限内发生质量问题的，施工单位应当履行保修义务，并对造成的损失承担赔偿责任。2014 年 8 月 15 日，住房城乡建设部发布了《建筑工程五方责任主体项目负责人质量终身责任追究暂行办法》。承担建筑工程项目建设的建设单位项目负责人、勘察单位项目负责人、设计单位项目负责人、施工单位项目经理、监理单位总监理工程师对其参与新建、扩建、改建的建筑工程项目负责人按照国家法律法规和有关规

① 《建设工程质量管理条例》第二十六条：“施工单位对建设工程的施工质量负责。”第三十九条：“建设工程实行质量保修制度。建设工程承包单位在向建设单位提交工程竣工验收报告时，应当向建设单位出具质量保修书。质量保修书中应当明确建设工程的保修范围、保修期限和保修责任等。”第四十条：“在正常使用条件下，建设工程的最低保修期限为：(一)基础设施工程、房屋建筑的地基基础工程和主体结构工程，为设计文件规定的该工程的合理使用年限；(二)屋面防水工程、有防水要求的卫生间、房间和外墙面的防渗漏，为 5 年；(三)供热与供冷系统，为 2 个采暖期、供冷期；(四)电气管线、给排水管道、设备安装和装修工程，为 2 年。其他项目的保修期限由发包方与承包方约定。建设工程的保修期，自竣工验收合格之日起计算。”第四十一条：“建设工程在保修范围和保修期限内发生质量问题的，施工单位应当履行保修义务，并对造成的损失承担赔偿责任。”

定,在工程设计使用年限内对工程质量承担相应责任。

如果建筑企业进行破产清算,建筑企业的主体资格将不能得到保留,建设工程的产品保修责任则无法得到落实,将会引发涉及公共利益的建设工程产品质量问题。

3. 建筑企业的上下游企业"输不起"

建筑企业属于建筑行业产业链的重要一环,其与上下游企业已经形成利益攸关共同体。当建筑企业陷入困境以后,我们不仅要着眼于解决其自身的问题,还要考虑其处于上游的业主或发包方的合同权益及处于下游的分包方、供应商的合同权益。如果建筑企业的主体资格在破产清算程序下灭失了,那么,其与上下游企业签订的合同将被迫终止,将会产生更大的违约成本,增加建筑企业的债务负担,同时也将会严重损害供应链中的各个主体的权益。

重整模式的提炼、升华和完善,源于重整实践的探索和创新。在法治的框架内,从不同的维度兼顾利益主体的权益,选择适宜的重整模式,有助于指导我们解决重整过程中遇到的问题。

第五章 重整六要素

遭遇困境的企业如何重整，在具体操作过程中能会遇到各种意想不到的困难。重整，既有法律程序上的规定，也有法律实体上的适用，涉及资产评估、审计、税务、投资、管理等多专业领域的协调与配合，参与的利益主体众多，包括债务人、债权人、员工、税务、出资人、投资人以及政府、金融、证券等监管部门，是一项非常复杂的系统工程。但是，我们认为，只要把握了重整系统工程中最重要的环节，即重整原因、重整启动主体、重整启动模式、重整投资人引入、重整计划制定、债权人会议表决六个要素，就可以轻松地把握重整的脉搏。

第一节 重整原因

困境企业必须具有重整原因、符合一定的条件，才能启动重整程序。对此，《企业破产法》及相关司法解释已经作出规定。我们在这里将重整原因划分为前提条件和附加条件。

一、前提条件

重整的前提条件是指困境企业具有破产法规定的破产原因。不具备这个前提条件的,困境企业将无法启动重整程序。

重整的前提条件在《企业破产法》第二条第一款已经作出规定:企业法人不能清偿到期债务,并且资产不足以清偿全部债务或者明显缺乏清偿能力的,依照本法规定清理债务。第二款规定:企业法人有前款规定情形,或者有明显丧失清偿能力可能的,可以依照本法规定进行重整。

在实务中存在一些争议:一是资不抵债是否可以作为困境企业进入破产重整程序的必要条件?二是衡量资不抵债的标准如何确定?三是仅凭清偿能力缺乏或丧失是否可以作为发起重整的条件?

为了澄清认识上的分歧,最高人民法院在《关于适用〈中华人民共和国企业破产法〉若干问题的规定(一)》第一条、第二条、第三条、第四条对此作出了明确的规定。[①] 根据该司法解释的规定,我们对重整的前提条件的理

---

① 《最高人民法院关于适用〈中华人民共和国企业破产法〉若干问题的规定(一)》第一条:“债务人不能清偿到期债务并且具有下列情形之一的,人民法院应当认定其具备破产原因:(一)资产不足以清偿全部债务;(二)明显缺乏清偿能力。相关当事人以对债务人的债务负有连带责任的人未丧失清偿能力为由,主张债务人不具备破产原因的,人民法院应不予支持。”第二条:“下列情形同时存在的,人民法院应当认定债务人不能清偿到期债务:(一)债权债务关系依法成立;(二)债务履行期限已经届满;(三)债务人未完全清偿债务。”第三条:“债务人的资产负债表,或者审计报告、资产评估报告等显示其全部资产不足以偿付全部负债的,人民法院应当认定债务人资产不足以清偿全部债务,但有相反证据足以证明债务人资产能够偿付全部负债的除外。”第四条:“债务人账面资产虽大于负债,但存在下列情形之一的,人民法院应当认定其明显缺乏清偿能力:(一)因资金严重不足或者财产不能变现等原因,无法清偿债务;(二)法定代表人下落不明且无其他人员负责管理财产,无法清偿债务;(三)经人民法院强制执行,无法清偿债务;(四)长期亏损且经营扭亏困难,无法清偿债务;(五)导致债务人丧失清偿能力的其他情形。”

解和认识为：

1. 在债务人不能清偿到期债务的情况下，或者是资不抵债，或者是明显缺乏清偿能力的，只要是具有二者之一的，就可以认定为具备破产原因，符合启动破产重整、清算、和解的前提条件。

2. 债务人不能清偿到期债务的构成要件必须符合三个条件：(1)债权债务关系依法成立；(2)债务履行期限已经届满；(3)债务人未完全清偿债务。

3. 债务人的资产负债表，或者审计报告、资产评估报告等均可以作为证据认定债务人是否构成资不抵债。

4. 即便是债务人的账面资产大于负债，但只要存在资金严重不足、财产不能变现、高管团队下落不明、长期亏损且扭亏无望、已进入强制执行程序等情形之一的，无法清偿债务，即可认定为明显缺乏清偿能力。

二、附加条件

在困境企业具备重整的前提条件下，在进入司法程序前，法院还将履行重整企业识别审查程序。我们将重整企业识别审查作为重整的附加条件。

最高人民法院在2018年3月4日印发的《全国法院破产审判工作会议纪要》中规定，破产重整的对象应当是具有拯救价值和可能的困境企业。人民法院在审查重整申请时，应进行重整企业的识别审查。①

---

① 《全国法院破产审判工作会议纪要》："14. 重整企业的识别审查。破产重整的对象应当是具有挽救价值和可能的困境企业；对于僵尸企业，应通过破产清算，果断实现市场出清。人民法院在审查重整申请时，根据债务人的资产状况、技术工艺、生产销售、行业前景等因素，能够认定债务人明显不具备重整价值以及拯救可能性的，应裁定不予受理。""15. 重整案件的听证程序。对于债权债务关系复杂、债务规模较大，或者涉及上市公司重整的案件，人民法院在审查重整申请时，可以组织申请人、被申请人听证。债权人、出资人、重整投资人等利害关系人经人民法院准许，也可以参加听证。"

地方法院对识别审查程序会作进一步的规定。例如,深圳市中级人民法院发布的《审理企业重整案件的工作指引(试行)》①规定,立案部门负责重整申请的形式审查;合议庭应当对重整申请进行听证调查,对债务人是否具备重整原因、重整价值、重整可行性和是否存在重整障碍等相关情况进行询问,逐一进行评议,并就是否受理作出裁定。

《企业破产法》第二条第二款规定:"明显丧失清偿能力可能的,可以依照本法规定进行重整。"该条规定说明困境企业在具备失去清偿能力的可能性时,即可以提出破产重整申请。此时,说明困境企业还具有拯救的机会,"尚可救药"。

拟参与重整的战略投资人也需要考察困境企业是否具有重整的价值,其主要目的是要进行投资分析。

在启动重整程序之前,重整启动主体通常要聘请第三方机构制作一份

---

① 《深圳市中级人民法院审理企业重整案件的工作指引(试行)》第十六条:"立案部门负责重整申请的形式审查。申请人提交的材料符合本指引规定的,立案部门依照《深圳市中级人民法院破产案件立案规程》的规定以'破申'字号登记立案。"第十七条:"深圳破产法庭对立案部门移送的重整申请,应当组成合议庭,进行听证调查。组织听证调查的时间不计入重整申请的审查期间。"第十九条:"合议庭应当在听证调查三日前通知下列人员参加:(一)申请人;(二)债务人的法定代表人、财务人员和职工代表;(三)合议庭认为应当参加听证调查的其他人员。债务人的债权人、出资人、重整投资人等利害关系人经合议庭准许,可以参加听证调查。"第二十条:"听证调查按照下列顺序进行:(一)申请人陈述申请的事实和理由,并出示相关证据;(二)债务人有关人员针对重整申请发表意见;(三)合议庭对债务人是否具备重整原因、重整价值、重整可行性和是否存在重整障碍等相关情况进行询问;(四)申请人、被申请人发表最后意见。"第二十一条:"合议庭应当根据听证调查的情况,及时对申请人的主体资格、重整原因、重整价值、重整可行性等逐一进行评议,并就是否受理作出裁定。"第二十二条:"债务人具有重整价值是指,债务人的继续经营价值大于清算价值。"第二十三条:"债务人具有重整可行性是指,债务人的现有资源和条件能够保证重整计划的执行。判断债务人的重整可行性,应当综合考虑下列因素:(一)债务人的重整意愿及其配合程度;(二)主要债权人支持重整的情况;(三)重整方案及重整投资人情况;(四)法律与政策障碍情况;(五)重整与清算模式下的清偿率情况。社会中介机构、预重整管理人出具的报告可以作为判断债务人重整可行性的参考。"第二十四条:"审查重整申请时,合议庭可以根据案件情况,征询市场监管部门、企业主管部门、行业协会以及行业专家的意见。"

《重整价值与可行性分析报告》,并提交法院进行重整企业识别审查。对于重大的重整案件,法院可组织听证,以判断债务人是否具备重整价值以及拯救可能性。否则,困境企业无法进入司法重整程序。

第二节　启动主体

对困境企业进行重整,提出破产重整申请的主体可以是债务人,也可以是债权人。对此,《企业破产法》第七条第一款、第二款[①]已经作出了明确的规定。在实务中,由债权人作为启动主体提出破产重整申请的案例较多。

在提交破产重整申请书时,法院要求债权人提交的证据资料相对较少,除破产重整申请书外,还应提交债权凭据资料及到期未获清偿的证据,以及《重整价值及可行性分析报告》。

如债务人提出破产重整申请的,法院会要求债务人提交财产状况说明、债务清册、债权清册、有关财务会计报告、职工安置预案以及职工工资的支付和社会保险费用的缴纳情况。

债务人的股东(出资人)在一定条件下也可以作为重整的启动主体。

① 《企业破产法》第七条第一款:"债务人有本法第二条规定的情形,可以向人民法院提出重整、和解或者破产清算申请。债务人不能清偿到期债务,债权人可以向人民法院提出对债务人进行重整或者破产清算的申请。企业法人已解散但未清算或者未清算完毕,资产不足以清偿债务的,依法负有清算责任的人应当向人民法院申请破产清算。"

根据《企业破产法》第七十条[1]的规定,当债权人对债务人提出破产清算申请时,在法院决定受理破产清算后、宣告破产前,出资额占注册资本10%以上的债务人的股东(出资人),可以提出重整申请。这一规定,不仅说明了债务人的股东(出资人)提出破产重整申请的条件,也说明了债务人的股东(出资人)提出破产重整申请的时机。同时,也体现了破产清算向破产重整进行程序转换的法律依据。

第三节 启动模式

我们将重整的启动模式分为两种:一种是"预重整+司法确认"模式;另一种是"直接启动"模式。

一、"预重整+司法确认"模式

预重整是介于庭外重组与庭内重整之间的重整制度。在预重整制度获得立法层面认可之前,多地法院已经进行了有益的探索和总结。浙江省高级人民法院于2013年7月5日发布的《关于企业破产案件简易审若干问

---

① 《企业破产法》第七十条第二款:"债务人或者债权人可以依照本法规定,直接向人民法院申请对债务人进行重整。债权人申请对债务人进行破产清算的,在人民法院受理破产申请后、宣告债务人破产前,债务人或者出资额占债务人注册资本十分之一以上的出资人,可以向人民法院申请重整。"

题的纪要》[①]首先提出“企业破产申请预登记”制度，即法院经合理评估后，可以参照《浙江省高级人民法院关于试行诉前登记制度的通知》的要求，进行企业破产申请的预登记。企业破产申请预登记制度实际上是为预重整制度开辟了具体运作的空间。

2015 年 2 月，深圳市中级人民法院发布《破产案件立案规程》[②]，其中提到在受理破产申请前，债权人和债务人可以自行协商和解或提前准备重整方案。该立案规程鼓励债权人、债务人在受理破产申请之前自行协商和解协议或预备重整方案。

2018 年 3 月 4 日，最高人民法院印发《全国法院破产审判工作会议纪要》，提出“探索推行庭外重组与庭内重整制度的衔接。在企业进入重整程序之前，可以先由债权人与债务人、出资人等利害关系人通过庭外商业谈判，拟定重组方案。重整程序启动后，可以重组方案为依据拟定重整计划草案提交人民法院依法审查批准”，首次以司法解释的形式确认了预重整

---

① 《浙江省高级人民法院关于企业破产案件简易审若干问题的纪要》：“八、企业破产申请的预登记，由立案庭接收材料后交商事审判庭在五个工作日内完成，编立‘（××××）×破（预登）字第×号’案号。企业破产申请预登记期间，由占已知债权（含担保债权）总额二分之一以上主要债权人召集，可以比照企业破产法的相关规定建立债权人联络、协商机制并开展相关工作。企业破产申请的预登记和预登记期间的相关工作，应单独装订案卷，录入审判流程管理系统。”“九、预登记期间，法院应向债权人、债务人和相关利害关系人特别提示预登记期间的债务清偿行为不得违反企业破产法第三十一条、第三十二条和第三十三条等规定，必要时引导债权人、债务人和其他利害关系人制定债务人进入企业破产程序的预案。债权人在预登记期间对债务清偿方案所做的不可翻悔的承诺，在债务人进入企业破产和解或重整程序后，相关承诺对承诺方仍然具有拘束力。法院受理企业和解或重整申请后，可以以预登记期间（含集中管辖期间）形成的债务清偿方案或资产重组方案为基础，由债务人或管理人制定和解协议草案或重整计划草案，通过债权人会议予以确认。”

② 《深圳市中级人民法院破产案件立案规程》第二十五条：“本院受理破产申请前，申请人可以请求撤回申请。申请人撤回破产申请的，本院将申请材料及相关证据退回申请人。本院受理破产申请前，债权人和债务人可以自行协商和解或提前准备重整方案，协商和解和准备重整方案的期间不计入本院破产案件立案审查期间。”

制度。①

预重整制度实际是将重整程序中制定重整计划的工作前置,使债务人、股东、债权人等各方在相对自由、平等、客观的状态下对企业资产进行估值,进行合理定价,制定合理的重整方案,从而缩短破产重整程序周期,减少重整期间的时间成本,从而保护企业的权益和价值。

预重整的"预",就是在正式受理破产重整申请之前的阶段。可分为两种预重整模式。

第一种预重整模式,是指有提出破产重整的意图,但未向法院提出破产重整申请,完全处于司法程序之外的状态。此种模式下,在正式提出破产重整申请前,由债权人和债务人、股东等利害关系人自行协商谈判并形成重整方案,之后,携重整方案再向法院提起破产重整申请。在法院受理破产重整申请后,由管理人在重整方案的基础上制定重整计划,经债权人会议表决通过后,法院批准重整计划,进入执行程序并终结破产程序。②

这一模式的典型案例是 2016 年中国第二重型机械集团(以下简称二重集团)与二重集团(德阳)重型装备股份有限公司(以下简称二重重装)重整案。

二重集团与二重重装自 2011 年起多年连续亏损,单金融负债规模就超过 200 亿元,已经陷入严重资不抵债的情形,在向德阳市中级人民法院提起重整前,经各方协调,二重集团及二重重装通过与 30 多家金融债权人组成

① 《全国法院破产审判工作会议纪要》:"22. 探索推行庭外重组与庭内重整制度的衔接。在企业进入重整程序之前,可以先由债权人与债务人、出资人等利害关系人通过庭外商业谈判,拟定重组方案。重整程序启动后,可以重组方案为依据拟定重整计划草案提交人民法院依法审查批准。"

② 参见《浅析预重整制度及在我国的实践运用》,载 https://www.sohu.com/a/257758161_806432,2021 年 12 月 26 日访问。

的金融债权人委员会谈判确定了框架性金融债务重组方案。重整受理后,法院在司法框架内将金融债务重组方案纳入重整计划,使预重整与重整前后衔接,使得该案从受理重整到终止重整程序仅用了 70 天。

第二种预重整模式,是指已经提出破产重整申请,尚未获得法院正式受理的通知之前,处于司法程序“一脚门里、一脚门外”的状态。此种模式下,法院收到重整申请后,先进行预立案,经听证程序作出初步判断,如果认为债务人有重整价值,投资人有足够的重整意愿,则在受理重整申请前先行指定临时管理人,而不同时裁定受理重整。临时管理人在接受指定后发布债权申报公告,把程序内应进行的第一次债权人会议之前的工作全部提前至预重整阶段,由法院主导预重整程序,临时管理人负责具体事务。

第二种预重整模式的典型案例是 2017 年的深圳市福昌电子技术有限公司(以下简称福昌电子)重整案。

2015 年 10 月,福昌电子因管理不善、资金链断裂,突然宣布停产停业。2015 年 11 月 12 日,福昌电子的债权人正式向深圳市中级人民法院申请福昌电子破产重整。在该案中,深圳市中级人民法院决定以“预重整”方式审理该案,即在法院正式立案受理前选定管理人进入企业清理债权、债务,协助展开谈判,研究恢复生产。随后该院确定一级管理人深圳市正源清算事务有限公司担任福昌电子管埋人。管理人进场后,摸清了财务底数,协调劳动和经济主管部门完成了 3510 名员工和 500 余家供货商的核实和安抚工作,积极协助潜在重组方了解企业情况。2016 年 6 月 29 日深圳市中级人民法院裁定受理福昌电子重整案,并批准福昌公司在重整期间继续营业。2016 年 12 月 26 日,福昌电子向法院和债权人会议提交重整计划草案;2017 年 3 月 21 日,福昌电子债权组经二次表决通过了《重整计划草案》;4 月 18 日,深圳市中级人民法院裁定批准福昌电子重整计划。

预重整阶段聘请的资产评估、审计等中介机构在进入司法重整程序之后,一般不予更换,可以继续沿用。

预重整的债权人、债务人、股东等主体均有意愿进行协商,并有望达成重组方案时,适合于采用预重整模式。

此外,另一种观点认为,在法院受理破产清算申请后、宣告债务人破产前,由债权人、债务人及股东进行协商谈判并达成重整方案,然后再另行提出破产重整申请,将受理破产清算后、宣告破产前的协商谈判并达成重整方案的情况称之为第三种预重整模式。[①] 我们认为,此种情况应属于破产清算程序向破产重整程序的转换,不属于预重整的一种模式。理由是,从时间节点看,此时已经进入了司法程序,不符合通常我们对“预”的认识和理解。《企业破产法》第七十条第二款[②]对受理破产清算后、宣告破产前可以提出重整申请,其立法本意是,对由出资人作为申请主体提出重整的条件和时间节点作出了规定,同时也是对程序转换的规定。

二、“直接启动”模式

“直接启动”模式是破产重整通常采用的模式。在提出破产重整申请之前,或许因债权人、债务人、股东等主要重整参与者无法协商等缘故,不能就重整方案的主要内容达成一致意见时,则采取“直接启动”模式,由债权人或债务人作为启动主体,直接向管辖法院提出破产重整申请。

---

① 参见《浅析预重整制度及在我国的实践运用》,载 https://www.sohu.com/a/257758161_806432,2021 年 12 月 26 日访问。

② 《企业破产法》第七十条:“债务人或者债权人可以依照本法规定,直接向人民法院申请对债务人进行重整。债权人申请对债务人进行破产清算的,在人民法院受理破产申请后、宣告债务人破产前,债务人或者出资额占债务人注册资本十分之一以上的出资人,可以向人民法院申请重整。”

在“直接启动”模式的情况下，由法官主导破产重整的进程，对重整参与者实施监督；管理人在法院的指挥和监督下，全面接管破产财产，并负责对其进行保管、清理、估价、处理和分配。

“预重整＋司法确认”模式与“直接启动”模式相比，并无优劣之分，适合就好。重整参与者各自的情况不同，所拥有的谈判筹码、身处境地以及心态、诉求也不同；究竟哪种启动模式合适，需要全面评估、衡量，作出取舍和决断。

第四节　引入重整投资人

重整投资人，也称为战略投资人。引入重整投资人，已经成为困境企业重整的“标配”。重整投资人参与重整，是确保困境企业重整成功的关键所在。此时，困境企业已经失去了“造血”的功能，显然，仅凭其自身的努力无法摆脱困境，必须借助外部的力量，才能使企业恢复正常的运营。

一、重整投资人的作用

重整投资人通常在资金、业务、技术、品牌和管理等方面具有显著的优势。重整投资人参与重整，不仅可以带来资金资源，用以清偿困境企业的债务，还可以匹配适合的业务、技术资源，使困境企业能够尽快恢复生产经营，或赋予品牌资源，进一步扩大市场的影响力。同时，重整投资人通过查找和分析企业陷入困境的根源，对企业的管理进行优化，避免重蹈覆辙，实现企业可持续稳定发展的目标。

二、重整投资人的引入

重整投资人的引入,具有商业属性,只要不违反法律禁止性的规定,可以通过协商谈判的方式确定。在私法领域里,法律尊重民事主体的意思自治原则。因债务人、债权人、重整投资人等主体各自的商业背景、诉求、动机等方面的差异,甚至是很大的差异,也只有通过协商谈判的方式,才可以摸清各自的"底牌",作出各自利益方面的让渡,并逐步达成共识。如各方无法达成共识时,可采取公开招募的方式选任重整投资人。

(一)选任时机

关于选择重整投资人的时机,并无法律之约束。既可以在启动重整程序之前,即预重整阶段,也可以在启动重整之后,经过评估、审计,摸清困境企业的资产、债务等基本信息之后。

(二)选任主体

在预重整阶段,并没有规定哪个主体有权选任重整投资人;通常,债务人、债权人均可选任重整投资人。

在进入重整司法程序之后,此时,法院已经指定了管理人,通常由管理人作为选任重整投资人的主体,按照一定的选任标准、程序选任重整投资人,经债权人会议表决同意后,报法院确认。

(三)选任原则

首先,重整投资人必须拥有雄厚的资金实力,具有较强的投融资能力;其次,重整投资人必须具有核心的技术或者先进的管理能力,可以促进企业的产品结构、业务结构的调整，增强企业的市场竞争力和创新能力；

最后，致力于长期投资合作，谋求长远利益回报，有利于区域经济的发展。

（四）选任方式

实务中，对重整投资人的选任方式通常有两种，一种是定向邀请，另一种是公开招募。

1. 定向邀请，一般是在预重整阶段，采用定向邀请方式，邀请具有意向的重整投资人参与重整。

困境企业通常在启动重整程序之前，都会与具有意向的重整投资人进行若干轮的协商谈判。具有意向的重整投资人对困境企业的资产情况、债务状况、业务情况、员工情况、欠税情况、运营和管理等背景情况已经有所了解，甚至可能会提供了一定的资金帮助，试图缓解困境企业的财务危机、改善其经营状况，且具有参与重整的愿望。定向邀请选任重整投资人，不仅符合市场的规则和商业的逻辑，也不违反法律的禁止性规定。

2. 公开招募，通常发生在重整程序启动之后。债务人、债权人及具有意向的重整投资人无法就相关事项达成一致时，可通过公开招募方式确定重整投资人。

管理人通过媒体发布招募信息，陪同现场考察答疑，对接政府招商平台。具有参与重整愿望的投资人将会对企业的基本信息，包括资产情况、债务状况、重整价值、预期收益以及地方政府的优惠政策进行全面的了解，制作尽职调查报告。

公开招募选任重整投资人，应当将提供的资金清偿债权的数额、方式以及实际偿债能力（信用）作为首要标准。经债权人会议或者债权人委员会表决决定后，通过管理人报法院最终确认。重整投资人选定之后，债务人或者管理人应当根据重整投资人提交的方案制定重整计划草案。

(五)选任程序

公开招募重整投资人的程序并无定式。在实务中,可参考以下操作流程:

1. 设定重整投资人准入条件。

根据困境企业的行业情况,对重整投资人参与重整要设定一个具体的准入条件,包括行业资质、企业规模等标准。

2. 重整投资人提交重整投资意向书。

对重整投资人的基本情况及拟参与重整的方式、重整资金来源、投资计划安排、未来经营方案、未来盈利模式、员工安置方案、管理团队方案等有关重整方案的主要内容加以说明。

3. 管理人与重整投资人签订保密协议。

对于重整投资人可能会接触到的重整案件信息、商业秘密等内容,由管理人与其签署保密协议,明确重整投资人的保密义务及违反保密义务的法律责任。

4. 履行尽职调查程序。

重整投资人对困境企业的资产、债务、财务、业务、产品、运营、管理等方面履行尽职调查程序,管理人也可围绕重整的相关问题,对重整投资人的背景、商誉、信用等进行调查和审核。

5. 管理人初步筛选拟定重整投资人。

管理人应当综合考察和评价重整投资人的资产、负债、品牌、信用、事业方向、专业程度、经营团队,以及重整成功后对于企业的规划设想、运营思路、资源整合等,进而来初步筛选拟定重整投资人。

6. 管理人与重整投资人签订重整投资协议。

当初步筛选拟定合适的重整投资人后，管理人应与拟定的重整投资人签订重整投资意向协议，明确双方权利义务、谈判步骤、谈判成功后的工作安排、谈判失败后的工作安排、投资意向金的缴交和退还；等等。

7. 重整投资人缴纳重整投资保证金。

通常情况下，管理人会要求拟定的重整投资人缴交一定金额的重整投资保证金。具体金额或比例，与重整资金的多少有一定关联。当谈判失败后，应当如数无息退还。重整投资保证金在某种程度上，能够起到强化重整投资人的责任心、证明重整投资人的投资决心，以及证明重整投资人资金实力的作用。

8. 最终通过谈判拟定重整投资人。

最后进入谈判阶段，拟定重整投资人后，报债权人会议表决通过。谈判是重要一环，关系到重整投资人参与重整能否成功。通常情况下，如果有几家重整投资人报名，则管理人会确定几个意向投资人同时分开谈判，既可以从中择优选择，又可以让意向投资人产生相互竞争的局面，有利于重整成功，也为债权人争取最大利益。

三、重整投资人权益保护

重整投资人的权益保护，非常现实地摆在我们的面前：一旦重整失败了，前期的投入资金能收回来吗？

由于重整涉及的利益主体较多，不确定的因素较为复杂，重整的周期也比较漫长，重整投资人面临着巨大的投资风险，将严重影响其参与重整投资的积极性。建立完善的重整投资人保护制度，有利于提高重整投资人的投资积极性，是促进困境企业重整成功的关键所在。

(一)影响重整投资人权益保护的风险因素

1. 隐形负债。无法控制的隐形负债必然会对重整投资人的投资成本和未来投资收益的测算产生影响。

2. 重整失败。重整计划若未能获得通过、批准,即标志着重整的失败,由重整程序转向清算程序,将会产生重整投资人前期投资无法回收的风险。

3. 政策风险。地方政府行业审批监管部门、税收优惠政策、信用修复政策等因素对重整计划的执行产生影响,从而会直接对重整投资人的投资产生影响。

(二)对重整投资人权益的保护措施

重整投资人因其投资偏好、投资目的不同,可以以战略投资人或者财务投资人的方式参与重整。因参与重整的方式不同,采取权益保护的措施也不同。

1. 共益债权。

《企业破产法》第四十二条规定了共益债务的概念。[①] 这是站在债务人的视角,叫共益债务;就投资人而言,叫共益债权。重整投资人可以充分利用法定条款作为投资权益的保护措施。

共益债务是指进入破产程序后,为了债权人、债务人的共同利益所负

---

① 《企业破产法》第四十二条:"人民法院受理破产申请后发生的下列债务,为共益债务:(一)因管理人或者债务人请求对方当事人履行双方均未履行完毕的合同所产生的债务;(二)债务人财产受无因管理所产生的债务;(三)因债务人不当得利所产生的债务;(四)为债务人继续营业而应支付的劳动报酬和社会保险费用以及由此产生的其他债务;(五)管理人或者相关人员执行职务致人损害所产生的债务;(六)债务人财产致人损害所产生的债务。"

担的债务,包括六种情形:(1)因管理人或者债务人请求对方当事人履行双方均未履行完毕的合同所产生的债务;(2)债务人财产受无因管理所产生的债务;(3)因债务人不当得利所产生的债务;(4)为债务人继续营业而应支付的劳动报酬和社会保险费用以及由此产生的其他债务;(5)管理人或者相关人员执行职务致人损害所产生的债务;(6)债务人财产致人损害所产生的债务。

共益债权具有优先受偿的权利,可以随时由债务人财产进行清偿。①重整投资人的前期投资如是为了债权人、债务人的共同利益所发生的费用,可以定性为共益债权,具有优先受偿权。

重整投资人的前期投资用途对于确认其为共益债权的性质很关键,必须经重整投资人申报后,由管理人予以确认,才可受到法律的保护。

2. 协议约定。

重整投资人多见于通过《重整投资协议》的方式约定其权益保护措施,以避免未来可能发生的投资风险,包括退出通道设计、退出方式等保护措施。

3. 审慎选择。

重整投资人应当谨慎选择目标企业,在进行充分尽职调查、科学评估的基础上参与重整。在充分了解目标公司债务规模、财务数据、员工、税务、诉讼、合同、既往经营、资产瑕疵等相关信息的情况下,科学评估目标公司价值,避免信息不对称导致的风险误判,根据自身能力及需求理性投资。

---

① 《企业破产法》第四十三条:“破产费用和共益债务由债务人财产随时清偿。债务人财产不足以清偿所有破产费用和共益债务的,先行清偿破产费用。债务人财产不足以清偿所有破产费用或者共益债务的,按照比例清偿。债务人财产不足以清偿破产费用的,管理人应当提请人民法院终结破产程序。人民法院应当自收到请求之日起十五日内裁定终结破产程序,并予以公告。”

根据重整投资人的投资偏好、投资目的，充分利用既有法律条款、制度，尽可能完善投资人参与重整的进入方式、退出渠道及保护措施，是重整过程中平衡各方当事人权益的必然条件，也是充分调动重整投资人积极性，进一步激发市场活力，优化市场资源配置的主要途径。

第五节　制定重整计划

制定重整计划，是困境企业进行重整的核心目标。重整计划，实为“多边协议”，即重整参与者，包括债务人及出资人、债权人、重整投资人、职工、税务部门等多个权益主体，以恢复困境企业继续经营为目标，以清理债权债务为主要内容的一个多方协议。

重整参与者在重整计划中可以实现比清算更为划算的权益目标。完成重整计划的制定，需要以下六个环节。

一、制定主体

根据《企业破产法》第八十条[①]的规定，在重整期间，谁是负责管理企业财产和营业事务的主体，就由谁负责制定重整计划草案。因此，债务人、管理人都可能成为制订计划的主体。但多数情况下，由管理人负责制订重整计划草案。

① 《企业破产法》第八十条：“债务人自行管理财产和营业事务的，由债务人制作重整计划草案。管理人负责管理财产和营业事务的，由管理人制作重整计划草案。”

二、制定期限

根据《企业破产法》第七十九条[①]的规定，重整计划制定主体应当在法院受理重整之日起六个月内，同时向法院和债权人会议提交重整计划草案。期限届满时，如未能完成重整计划草案的制定，具有正当理由的，重整计划制定主体提出申请，可以延长三个月。

三、主要内容

根据《企业破产法》第八十一条[②]的规定，结合司法实践案例，重整计划草案的主要内容通常由以下几个部分构成：(1)出资人权益调整方案；(2)债权分类；(3)债权调整方案；(4)债权受偿方案；(5)经营方案；(6)重整计划执行期限。

---

① 《企业破产法》第七十九条："债务人或者管理人应当自人民法院裁定债务人重整之日起六个月内，同时向人民法院和债权人会议提交重整计划草案。前款规定的期限届满，经债务人或者管理人请求，有正当理由的，人民法院可以裁定延期三个月。债务人或者管理人未按期提出重整计划草案的，人民法院应当裁定终止重整程序，并宣告债务人破产。"

② 《企业破产法》第八十一条："重整计划草案应当包括下列内容：(一)债务人的经营方案；(二)债权分类；(三)债权调整方案；(四)债权受偿方案；(五)重整计划的执行期限；(六)重整计划执行的监督期限；(七)有利于债务人重整的其他方案。"

四、表决和批准

根据《企业破产法》第六十一条[①]、第八十六条[②]的规定，重整计划草案在获得债权人会议表决通过后，由制作主体向法院提出批准重整计划的申请；法院批准后，重整计划才产生法律效力，对重整参与者具有约束力。

如经债权人会议表决，重整计划草案未获得表决通过时，根据《企业破产法》第八十七条的规定，符合六种法定条件的，制作重整计划的主体可以提出申请，请求法院可以强制批准重整计划草案：（1）按照重整计划草案，本法第八十二条第一款第一项所列债权就该特定财产将获得全额清偿，其因延期清偿所受的损失将得到公平补偿，并且其担保权未受到实质性损害，或者该表决组已经通过重整计划草案；（2）按照重整计划草案，本法第八十二条第一款第二项、第三项所列债权将获得全额清偿，或者相应表决组已经通过重整计划草案；（3）按照重整计划草案，普通债权所获得的清偿比例，不低于其在重整计划草案被提请批准时依照破产清算程序所能获得的清偿比例，或者该表决组已经通过重整计划草案；（4）重整计划草案对出资人权益的调整公平、公正，或者出资人组已经通过重整计划草案；（5）重整计划草案公平对待同一表决组的成员，并且所规定的债权清偿顺序不违反本法第一百一十三条的规定；（6）债务人的经营方案具有可行性。

---

① 《企业破产法》第六十一条："债权人会议行使下列职权：……（六）通过重整计划。"

② 《企业破产法》第八十六条："各表决组均通过重整计划草案时，重整计划即为通过。自重整计划通过之日起十日内，债务人或者管理人应当向人民法院提出批准重整计划的申请。人民法院经审查认为符合本法规定的，应当自收到申请之日起三十日内裁定批准，终止重整程序，并予以公告。"

五、执行和监督

根据《企业破产法》第八十九条①、第九十条②、第九十一条③的规定，重整计划的执行主体是债务人，监督主体是管理人。执行期限与监督期限相同。监督期限届满时，管理人应提交监督报告。自监督报告提交之日起，管理人的监督职责终止。

第六节　债权人会议

债权人的债权只有经过登记、审核、确认程序之后，才有权参加债权人会议，行使表决权。换句话说，债权人会议由债权获得确认的全体债权人组成的，是债权人表达意愿、行使表决权和监督权、参与破产程序的临时自治共同体。在《企业破产法》第七章专设“债权人会议”章节，对债权人会议的职权、表决等事项作出了规定。

---

① 《企业破产法》第八十九条：“重整计划由债务人负责执行。人民法院裁定批准重整计划后，已接管财产和营业事务的管理人应当向债务人移交财产和营业事务。”

② 《企业破产法》第九十条：“自人民法院裁定批准重整计划之日起，在重整计划规定的监督期内，由管理人监督重整计划的执行。在监督期内，债务人应当向管理人报告重整计划执行情况和债务人财务状况。”

③ 《企业破产法》第九十一条：“监督期届满时，管理人应当向人民法院提交监督报告。自监督报告提交之日起，管理人的监督职责终止。管理人向人民法院提交的监督报告，重整计划的利害关系人有权查阅。经管理人申请，人民法院可以裁定延长重整计划执行的监督期限。”

一、召集主持

根据《企业破产法》第六十条[①]的规定,债权人会议设主席一人,由法院从具有表决权的债权人中指定。债权人会议主席负责主持债权人会议。第一次债权人会议由法院负责召集;以后的债权人会议通常由债权人会议主席提议召开。必要时,管理人、债委会或者占债权总额四分之一以上的债权人可以向债权人会议主席提议召开。

如债权人人数较多,可由债权人会议决定设债权人委员会,包括职工代表,人数不超过九人。

二、法定职权

根据《企业破产法》第六十一条的规定,债权人会议可以行使的法定职权一共有十一项,包括:(1)核查债权;(2)申请人民法院更换管理人,审查管理人的费用和报酬;(3)监督管理人;(4)选任和更换债权人委员会成员;(5)决定继续或者停止债务人的营业;(6)通过重整计划;(7)通过和解协议;(8)通过债务人财产的管理方案;(9)通过破产财产的变价方案;(10)通过破产财产的分配方案;(11)人民法院认为应当由债权人会议行使的其他职权。

---

① 《企业破产法》第六十条:"债权人会议设主席一人,由人民法院从有表决权的债权人中指定。债权人会议主席主持债权人会议。"

三、表决规则

除重整计划以外的其他事项，债权人会议的决议只要是“双过半”，即可获得通过：由出席会议的有表决权的债权人过半数通过，并且其所代表的债权额占无财产担保债权总额的二分之一以上。

对于通过重整计划草案的决议，表决规则的要求是，出席会议的同一表决组的债权人过半数同意重整计划草案，并且其所代表的债权额占该组债权总额的三分之二以上的，即为该组通过重整计划草案。

根据《企业破产法》第八十二条[①]的规定，可以依照债权分类情况，分组参加讨论重整计划草案的债权人会议。实务中，一般划分为职工债权组、税款债权组、有特定财产抵押担保债权组、普通债权组。如涉及出资人权益调整事项时，还应设出资人组。

通常只有出资人组、有特定财产抵押担保债权组、普通债权组等会涉及其权益的调整，参加重整计划草案的表决。不涉及权益调整的债权组，如，职工债权组、税款债权组通常不进行调整，基本上是100%清偿，视为对重整计划草案表示同意，无须参加重整计划草案的表决。

---

① 《企业破产法》第八十二条：“下列各类债权的债权人参加讨论重整计划草案的债权人会议，依照下列债权分类，分组对重整计划草案进行表决：(一)对债务人的特定财产享有担保权的债权；(二)债务人所欠职工的工资和医疗、伤残补助、抚恤费用，所欠的应当划入职工个人账户的基本养老保险、基本医疗保险费用，以及法律、行政法规规定应当支付给职工的补偿金；(三)债务人所欠税款；(四)普通债权。”

第六章 重整之重

重整计划是重整参与者各方追求的最终目标。出资人权益调整方案、债权调整和受偿方案、经营方案、重整涉税等事项则是重整计划之重。

第一节　出资人权益调整方案

出资人权益调整方案主要是指，在破产重整程序中，通过对困境企业的股权结构进行调整，引入重整投资人参与重整，使债务人可以获得重生，避免遭遇破产清算的措施。

一、出资人权益调整必要性

《企业破产法》未对出资人权益调整及适用作出明确规定，只是在《企业破产法》第八十五条[①]第二款规定“重整计划草案涉及出资人权益调整事项的，应当设出资人组进行表决”。出资人权益是否需要调整，如何调整，由出资人决定。出资人权益调整不仅属于商业行为，在重整程序中也属于非常重要的股权调整法律措施，关系到是否可以引入重整投资人，是否可以使企业获得重生并避免陷入清算退场的处境。因此，重整程序中对困境企业的股权结构进行调整具有必要性。

二、出资人权益调整原则

债务人、出资人、债权人、重整投资人等各方重整参与者应当坚持利益平衡、共担风险、共享收益的原则。

困境企业如重整失败，按照《企业破产法》第七十九的规定[②]将进入破产清算程序，出资人的股权价值大幅度减少甚至归零；如通过出资人权益调整方案，出资人作出适度让步，将权益让步于重整投资人，出资人将会获得大于清算状态下的权益保障。重整投资人将会获得估值较低、市值较高的资产控制权；债权人可以通过获得新生企业的未来经营收益从而获得更高比例的清偿。为了实现利益平衡的状态，各重整参与者应当本着“帮别人也是帮自己”的心态，对自己的权益作出让步，共担风险，共享收益。

---

① 《企业破产法》第八十五条：“债务人的出资人代表可以列席讨论重整计划草案的债权人会议。重整计划草案涉及出资人权益调整事项的，应当设出资人组，对该事项进行表决。”

② 《企业破产法》第七十九条第三款：“债务人或者管理人未按期提出重整计划草案的，人民法院应当裁定终止重整程序，并宣告债务人破产。”

三、出资人权益调整方式

出资人权益调整，通常包括出资人权益调减和出资人权益结构调整两种情况。对出资人权益进行调减时，通常选择无偿让渡、低价转让两种方式。对出资人权益结构进行调整时，通常选择增资扩股、缩股两种方式。

当困境企业进入重整程序时，说明其股权价值已大幅度贬值。根据出资人对公司经营失败所存在的过错程度和应承担的责任大小，确定出资人权益调减的幅度。结合股权项下的资产权益，评估其股权价值，按照权利义务对等原则，可以选择确定无偿让渡、低价转让两种出资人权益调整方式。

四、出资人权益调整方案表决规则

根据《企业破产法》第八十五条①的规定，在重整计划草案中涉及出资人权益调整事项的，单设出资人组。出资人应当以公司在市场监督管理部门注册登记的股东人数和占股比例为准。出资人组以会议的形式表达其股权被削减的意愿，对出资人权益调整方案进行投票表决。

出资人组的表决规则设定通过标准不仅要求股东人数过半，同时还应当要求股权额过半。也可参照《企业破产法》第八十四条②关于债权人组的

---

① 《企业破产法》第八十五条："债务人的出资人代表可以列席讨论重整计划草案的债权人会议。重整计划草案涉及出资人权益调整事项的，应当设出资人组，对该事项进行表决。"

② 《企业破产法》第八十四条："人民法院应当自收到重整计划草案之日起三十日内召开债权人会议，对重整计划草案进行表决。出席会议的同一表决组的债权人过半数同意重整计划草案，并且其所代表的债权额占该组债权总额的三分之二以上的，即为该组通过重整计划草案。债务人或者管理人应当向债权人会议就重整计划草案作出说明，并回答询问。"

表决规则执行，即不仅要求出资人数过半，而且要求所代表的出资额占全部出资额的三分之二以上，以此作为出资人权益调整方案的通过标准。

当出资人组表决未通过出资人权益调整方案时，法院可以强制批准重整计划，前提条件是出资人权益调整公平、公正，且其他权益组已表决通过重整计划草案。

五、出资人权益调整与股权质押

多数困境企业的出资人会存在股权质押的情况。在进行出资人权益调整时，势必会出现质押股权调整与质权人权益冲突的问题。权益冲突的根源涉及破产法与担保法的深层次冲突，有待于今后立法机关解决。

根据担保的规则，出质人的股东在处置股权时应征得质权人的同意。根据《企业破产法》的规定，作为出质人的股东，在对出资人权益调整方案进行表决时，其表决权应当受到质权人限制。即便是个别出资人表决反对，出资人权益调整方案仍然可以多数决的方式或者强裁机制得以生效执行。

《企业破产法》没有对质权人的身份和法律地位作出任何规定。质权人在破产重整程序中的参与权、表决权等权利受到限制，质权人对股权是否应当被调整、如何进行调整、如何获得补偿等涉及自身权益的重大问题上没有发言权。当出资人权益调整方案作为重整计划的重要内容被法院批准以后，在重整计划进入执行程序时，法院通过出具《协助执行函》，可以强制的方式要求质权人协助解除质押权，此时，质权人处于非常不利的位置。

在现有的法律框架内，如何解决出资人权益调整与质权权益之间的冲突，是重整程序中非常棘手的问题，主要有以下几种方式。

1. 协商解决。

通过协商的方式解除股权质押是一种比较理性的行为。设定质押的股权在进入破产程序以后,其股权价值多数情况下归于零,同时,其质权利益也归于零。当债务人或设定质押的股东不能提供其他财产清偿债务时,债权人或质权人对设定质权的股权利益成为最后的保障。如果质权人不同意解除股权质押,其实现质权利益的希望也是渺茫的。如果强制解除股权质押,将股权调整交由重整投资人,对质权人也是不公平的。通过协商的方式,给予质权人一定的补偿,质权人同意配合解除股权质押,减少重整计划执行的阻碍和重整成本,有利于推动企业尽快恢复经营。

2. 听证方式。

通过协商的方式不能解除股权质押的情况下,法院可以组织听证会,召集质权人、出资人(设定股权质押的股东)、债务人、债权人等参加听证,对出资人权益调整及解除股权质押等事项听取各方的意见,为将来可能存在的强制解除股权质押的法律行为提供事实依据和法律根据。

3. 债权人会议表决。

多数情况下,质权人与债权人为同一主体。在债权人会议上,可以将协助解除股权质押作为债权人(同时也是质权人)的一项义务,列为重整计划的一项内容提交债权人会议进行表决。债权人会议对重整计划进行讨论表决通过以后,经法院批准后进入执行程序时,重整计划作为生效的法律文件具有强制执行的法律效力。

第二节　债权调整和受偿方案

债权调整和受偿方案是制定重整计划非常重要的环节,其目的也是使企业能够尽快摆脱困境，重新恢复生产经营。通过对债务人、债权人等各方利益关系的协调、平衡，使大多数人能够认可和接受债权调整和受偿方案，从而促进重整计划的顺利制订。

一、债权调整原则

（一）合法性原则

债权调整的出发点必须是善意的，各方利益主体均作出适度的让步，以期待经营状况好转以后通过未来的收益获得债权的清偿。以逃废债、避税为动机的债权调整可能会产生新的法律风险。

（二）“三公”原则

公开、公平、公正是民商事法律行为必须遵守的基本原则，同样也是债权调整应当坚持的原则。在债权进行调整协商、谈判期间，坚持“三公”原则有助于各方利益主体达成债权调整方案。

二、债权调整范围

纳入调整范围的债权从性质上看多数属于普通债权。

有财产担保的债权虽然具有优先权，按照规定应当100%清偿，但是，受企业的资产情况、债权情况等因素的影响，可能会对抵押物的抵押价值有所调整，与此对应的具有优先权的债权额度也会进行调整；对于超出抵押物价值的部分债权将列入普通债权进行调整。

具有优先受偿权的债权通常情况下不进行调整，如职工债权、税款债一般为100%清偿。

三、债权调整方式

债权调整方式一般有债权比例调整方式、债权条件调整方式或其组合。

(一)比例调整

在对债权(指普通债权)进行调整之前,首先需要由专业的评估机构提交偿债能力分析报告,对企业的破产清偿率进行测算。

破产清偿率的计算过程:假设企业的资产能够按评估值即时变现,即清算状态下的资产评估值,减去优先债权,包括有财产担保债权优先受偿部分、职工债权、税款债权,剩余的可供向普通债权人进行分配的财产,与清算状态下的普通债权总额之比例,即为破产清算率。

为了使债权人获得比清算状态下更为划算的债权清偿,必须适当提高清偿比率,避免进入清算程序。普通债权则按照调整后的同一比例进行债权清偿。

(二)条件调整

债权实现的条件包括期限、利息等约定均属于条件调整的范畴,可以进行展期、免息调整。

四、债权受偿方案

(一)受偿顺序

按照《企业破产法》的规定,在支付破产费用和共益债务之后,按照如下顺序进行清偿：(1)破产人所欠职工的工资和医疗、伤残补助、抚恤费用，所欠的应当划入职工个人账户的基本养老保险、基本医疗保险费用，以及法律、行政法规规定应当支付给职工的补偿金；(2)破产人欠缴的除前项规定以外的社会保险费用和破产人所欠税款；(3)普通破产债权。破产财产不足以清偿同一顺序的清偿要求的，按照比例分配。[①]

实务中，重整企业的破产费用(管理人报酬、案件受理费)和共益债务属于第一顺位，随时可以由企业的破产财产优先支付。

对于法律没有明确规定清偿顺序的债权，人民法院可以按照人身损害赔偿债权优先于财产性债权、私法债权优先于公法债权、补偿性债权优先于惩罚性债权的原则合理确定清偿顺序。[②]

上海破产法庭的刘新建将消费者购房人的债权列为超级优先权，第二清偿顺位的债权是建设工程款优先权，第三清偿顺位的清偿债权是有财产担保的债权，第四清偿顺位的债权是破产费用和共益债务，第五清偿顺位的债权是职工债权，第六清偿顺位的债权是税款债权，第七清偿顺位的债权是普通债权，第八清偿顺位的债权是劣后债权。[③]

---

① 《企业破产法》第一百一十三条："在支付破产费用和共益债务之后，按照如下顺序进行清偿：(一)破产人所欠职工的工资和医疗、伤残补助、抚恤费用，所欠的应当划入职工个人账户的基本养老保险、基本医疗保险费用，以及法律、行政法规规定应当支付给职工的补偿金；(二)破产人欠缴的除前项规定以外的社会保险费用和破产人所欠税款；(三)普通破产债权。破产财产不足以清偿同一顺序的清偿要求的，按照比例分配。"

② 《全国法院破产审判工作会议纪要》："28. 破产债权的清偿原则和顺序。对于法律没有明确规定清偿顺序的债权，人民法院可以按照人身损害赔偿债权优先于财产性债权、私法债权优先于公法债权、补偿性债权优先于惩罚性债权的原则合理确定清偿顺序。因债务人侵权行为造成的人身损害赔偿，可以参照企业破产法第一百一十三条第一款第一项规定的顺序清偿，但其中涉及的惩罚性赔偿除外。破产财产依照企业破产法第一百一十三条规定的顺序清偿后仍有剩余的，可依次用于清偿破产受理前产生的民事惩罚性赔偿金、行政罚款、刑事罚金等惩罚性债权。"

③ 参见刘建新：《一文读懂破产债权的清偿顺序》，载"破产法实务"微信公众号，2021 年 1 月 13 日。

在这里，简单介绍一下劣后债权的含义。《企业破产法》中并没有提到劣后债权的概念，但在部分破产案件的清偿方案中提及劣后债权。劣后债权是在破产法实务中总结归类的概念，对于那些不能归类为优先债权和普通债权的债权，如罚息、民事惩罚性赔偿金、行政罚款等，一般将其归类为劣后债权。在优先债权、普通债权获得清偿之后，如有剩余财产，可用于清偿劣后债权。劣后债权的概念，清楚地表明了其清偿顺位是在优先债权和普通债权之后。另需说明一下，劣后债权不能参加债权人会议，不具有表决权。

（二）受偿方式

债权受偿方式通常有现金清偿、非现金清偿、债权转股权和留债安排等方式。现金清偿通常适合于小额债权。经债权人同意，也可以非现金方式进行清偿，如库存产品、固定资产等。经协商，采取债权转股权的方式进行清偿。留债安排既适用于普通债权，也适用于优先权，留债安排需签订《留债协议》。

五、债权调整和受偿方案表决规则

债权调整和受偿方案作为重整计划的重要内容之一，涉及众多权益主体的利益，必须由债权人会议表决通过。

根据《企业破产法》第八十二条的规定，根据债权的性质，对债权进行分类，同类性质的债权划为一组，分组对重整计划进行表决。通常情况下，可以划分为职工债权组、税款债权组、有财产担保债权组、普通债权组。不涉及债权调整的组别不参加表决；没有经过确认的债权不能行使表决权。

根据《企业破产法》第八十四条[①]的规定，同一组别的债权人过半，且其所代表的债权额占本组债权总额的三分之二以上，重整计划草案获得通过。

第三节 经营方案调整

经营方案调整也是重整计划中的重要内容之一，其目标是帮助困境企业重新恢复经营能力和盈利能力，使债权人或其他权益人能够通过调整后的经营方案看到可期待的未来利益。

经营方案以切实、可行为原则，结合债务人的基本情况及重整投资人的诉求，由管理人制定。经营方案通常从提高公司治理水平、优化管理制度、主营业务定位、近期中期经营计划、经济效益测算等几个方面，阐述重整后的企业发展愿景，作为重整计划的组成部分，提交债权人会议讨论通过。

实证案例[②]

以庞大集团破产重整为例，说明经营方案调整的主要内容。以下为庞大集团重整计划中的经营方案：

---

① 《企业破产法》第八十四条："人民法院应当自收到重整计划草案之日起三十日内召开债权人会议，对重整计划草案进行表决。出席会议的同一表决组的债权人过半数同意重整计划草案，并且其所代表的债权额占该组债权总额的三分之二以上的，即为该组通过重整计划草案。债务人或者管理人应当向债权人会议就重整计划草案作出说明，并回答询问。"

② 参见庞大汽贸集团股份有限公司重整计划五经营方案，2019 年 12 月 11 日上市公司庞大集团公告。

为使庞大集团恢复持续经营能力和盈利能力,管理人根据重整投资人提交的方案,在深入调查研究庞大集团相关情况的基础上,制定经营方案。

该经营方案由“存量业务的调整与优化”和“增量业务的引进与发展”两部分构成,具体如下:

(一)存量业务经营方案

重整完成后,庞大集团将摆脱沉重的债务负担,资产负债率将恢复到行业正常水平,同时将获得流动性补充,逐渐恢复持续经营和盈利能力。在此基础上,庞大集团自身将根据市场现状及行业发展趋势,对存量业务进行以下调整:

1. 补充公司流动资金

为支持后续经营发展,重整投资人将引入中国民生银行股份有限公司为庞大集团提供不超过10亿元的共益债务融资,用于补充公司流动资金。

2. 提升资产流动性及资金使用效率

庞大集团将从以强调资产规模,过渡到以提升资金使用效率为中心,根据资产闲置状况,因地制宜地通过出租、出售、合作开发等不同方式盘活闲置资产,提升资产流动性及资金使用效率。

3. 优化品牌及经营网络结构

庞大集团将对乘用车、商用车量大板块品牌代理、网络分布、业务结构进行调整,对没有发展前景的品牌进行裁撤,聚焦具备盈利能力和前景的核心品牌。同时,庞大集团将结合品牌特性合理分布网络,包括中低端品牌下沉到四五线城市,以及后市场维修、保养服务;中高端品牌仍以一二三线城市为主,继续争取厂家授权,拓展高端品牌盈利网络。

4. 积极推进新能源与新零售业务

庞大集团将积极推进线上线下合作,积极参与新零售业务开展;推进网约车、分时租赁、上门保养、旅游房车等新型业务;大力开展新能源汽车销售及服务;继续做好平行进口汽车的销售业务。

(二)增量业务经营方案

近年来,国内汽车市场正在发生深刻变化,增速下滑,产能过剩、价格下探,被轻资产、新能源汽车、电商、“互联网+”等新情况、新模式不断冲击;汽车经销商的经营成本和获客成本日益增加,传统的4S店模式已经逐渐走进微利时代。

为了走出困境,供应商与经销商都在不断探索新的经营模式,汽车4S店模式面临新的变革。为助力庞大集团快速提升业务规模,实现企业良性发展,根据国家相关政策和产业发展趋势,依托重整投资人的资源和优势,拟定如下增量业务经营方案:

1. 城市公共交通运营商

庞大集团将依托重整投资人之一的国民运力,与国民运力在城市公共服务领域车辆电动化和智能化市场展开合作,结成全面的、深度的战略合作伙伴关系,计划以城市交通运营商为定位,聚焦城市公共服务领域,推动城市交通电动化和智能化建设。在国民运力的助力下,庞大集团将快速形成增量业务,进入核心城市的商用车服务市场,从交通的电动化装备入手,扩展到交通管控;从单一的售后服务转型到长期运维,从而产生可扩展边际收益的新兴交通信息化产品;推动庞大集团从客户端的销售服务到城市交通运营商的转变,从传统的汽车贸易转变为交通信息化运营商。

2. 探索充电服务业务商业化

依托“城市公共交通服务商”模式,庞大集团将获得新能源汽车消费全生命周期的收益。下一步将依托公司在所拓展城市建立的充电场站,拓展充电服务的商业化。公司将运用大数据合理规划和建设公交车、出租车、旅游和通勤车的配套充电场站,提升充电场站的充电桩利用率。未来,公司将开发充电管理平台（手机 APP），连接全国的自有充电场站，并与城市及第三方平台对接，为纯电动社会车辆提供充电服务；还将拓展 APP 的广告收益、场站的充电桩及路牌广告收益、场站的其他消费收益（如餐饮、购物等），打造集停车、充电、消费于一体的充电生态体系。

3. 推动智慧城市建设

随着国家大力推动智慧城市建设，智慧交通是智慧城市的重要构成部分。庞大集团将在解决城市公共服务领域车辆电动化的同时，同步推动所拓展城市的交通智能化和信息化建设。公司将运用最新的车联网、物联网、5G 技术，从城市交通规划入手，打造智慧公交、智慧环卫、智慧出租、游运一体化等平台，提升城市交通智能化和信息化水平。通过车辆装备、智能系统及路网规划，公司将成为城市交通运营商，促进智慧交通和智慧城市建设。

第四节　重整涉税

困境企业重整期间，必然会采取包括债权债务调整、资产重新配置、重整资金注入等一系列的拯救措施，相关的权益主体将会发生变化、转移，必然随之产生诸多涉税问题，无论是减税、免税等税收优惠政策的适用，还是按照法律规定应当缴纳的税款，以及税务信用修复等问题，都会对重整投资人、债务人的权益产生重大影响。重整涉税问题是重整投资人、债务人等重整参与者非常关注的一个问题。但是，由于现行法律法规未对企业破产重整税收事项作出明确的规定，实务中多以个案的形式进行处理，不具有普适性，且权威性也不足。因此，笔者建议在制定权益调整方案时，尽可能参照既有的税收优惠政策，不仅可以享受税收优惠政策，减少重整成本，还可以避免给重整投资人、债务人留下涉税风险隐患。

一、资产重组产生的增值税

破产重整实际是在法院主导下进行的资产重组，可以适用企业资产重组有关增值税的税收政策规定。

《国家税务总局关于纳税人资产重组有关增值税问题的公告》（国家税务总局公告2011年第13号）规定：纳税人在资产重组过程中，通过合并、分立、出售、置换等方式，将全部或者部分实物资产以及与其相关联的债权、负债和劳动力一并转让给其他单位和个人，不属于增值税的征税范围，其中涉及的货物转让，不征收增值税。

《国家税务总局关于纳税人资产重组有关增值税问题的公告》（国家税务总局公告2013年第66号）规定：纳税人在资产重组过程中，通过合并、分立、出售、置换等方式，将全部或者部分实物资产以及与其相关联的债权、负债经多次转让后，最终的受让方与劳动力接收方为同一单位和个人的，仍适用《国家税务总局关于纳税人资产重组有关增值税问题的公告》（国家税务总局公告2011年第13号）的相关规定，其中货物的多次转让行为均不征收增值税。资产的出让方需将资产重组方案等文件资料报其主管税务机关。

2016年3月23日，《财政部、国家税务总局关于全面推开营业税改征增值税试点的通知》（财税〔2016〕36号）[①]在附件2“营业税改征增值税试点有关事项的规定”中规定：在资产重组过程中，通过合并、分立、出售、置换等方式，将全部或者部分实物资产以及与其相关联的债权、负债和劳动

---

① 该通知部分失效。

力一并转让给其他单位和个人,其中涉及的不动产、土地使用权转让行为。

困境企业在进行破产重整时,如果选择出售式重整模式,将债务人的资产全部或者部分发生转移,且一并将其相关联的债权、负债和劳动力转让给其他单位或者个人的,符合资产重组的税收优惠政策,不属于增值税的征税范围。如果只是单独接收优质资产,既不解决员工安置问题,也不承接相关联的债权、债务,则不会享受免征增值税的优惠待遇。

重整是企业的(全部或者部分)资产、债务、人力等资源重新组合的过程,是资源优化配置的一种手段,属于国家鼓励的市场行为。重整的目的不仅要解决企业资产盘活的问题,也要解决社会就业问题,以免影响社会稳定。"混合搭配"接收债务人的资产是享受税收优惠政策的前提条件。

我们通常提及的"承债式收购"如果含有员工,则不征收增值税。如果只转移企业的优质资产,相关债务、人力没有一并转移,则不符合有关增值税的税收优惠,企业需要缴纳增值税。

如果困境企业在进行破产重整时选择存续型重整模式,则不适用资产重组有关增值税的优惠政策。

二、债权调整产生的企业所得税

重整债权调整时,债权人将按照确定的清偿率获得清偿。作为让步的条件之一,债权人将会放弃一部分债权;作为相对方,债务人企业得到部分债务的豁免。按照现有的《企业所得税法》第六条及《企业所得税法实施条例》第二十二条的规定,债务豁免属于企业的收入之一,计入企业所得税的征收范围。就困境企业而言,由于重整而得到债务豁免的机会,将不得不承担因债务豁免而产生的企业所得税。换一个视角,重整企业的清偿率越低,说明其经营状况越糟糕,债务人得到的债务豁免越多,所计征的企业所得税额也越高。

《财政部、国家税务总局关于企业重组业务企业所得税处理若干问题的通知》(财税〔2009〕59号)中对因债务豁免而产生的企业所得税作出规定,符合特殊性税务处理条件的,可以分期五年,均匀缴纳。

对于因债务豁免计征的巨额所得税,采用递延纳税的优惠形式并不足以减轻债务企业的负担,且计税本身亦不具有合理性。可以借鉴域外相关破产税收法案的规定,将因债务豁免形成的税收予以免除。在实践操作中,就破产重整这一特殊税务领域而言,对应税所得的界定完全可以参考会计上确认的所得,即债务人对于取得的豁免债务在会计核算上计入资本公积项目,而不计入企业获得的一项收益,以此将破产重整中的债务豁免不计入应税所得计算。

对于破产重整企业因债务豁免而产生的企业所得税问题,《企业破产中的税收法律问题研究》的作者徐战成建议,可以借鉴和参考美国债务豁免税务所得税规则,"采取不予计列(相当于永不确认)的方式处理"。同时,为了防范避税漏洞,作为将债务豁免所得不计入毛所得的代价,要求债务人对有关税务事项必须减记它们的纳税属性,以实现对债务豁免所得递延纳税的税收政策目标。纳税属性的一般减记次序为:净运营损失额、一般性经营抵免额、最低税收抵免额、净投资损失额、计税基础减记、消极活动损失及抵免结转额、境外税收抵免结转额。债务人享有特别选择权,可以选择先减记折旧资产的计税基础,剩余的债务豁免所得额再按照上述次序依次作减记处理。

举例说明:某重整企业拥有资产100万元,债务120万元,资不抵债的限额为20万元。如果债权人在20万元的限额内给予债务豁免,重整企业不用确认所得。但是,这种不予确认并非一笔勾销,债务人可以按照前述次序减记相关纳税属性,也可以特别选择将其折旧资产的计税基础减记20

万元，这种做法既减轻了重整企业的负担，又防范了避税漏洞，兼顾了各方的利益。

对债权人来讲，因债权调整而产生的差额可确认为当期损失，相应冲减应纳税所得额，依据是《企业资产损失所得税税前扣除管理办法》（国家税务总局公告 2011 年第 25 号）第五条，即企业发生的资产损失，应按规定的程序和要求向主管税务机关申报后方能在税前扣除。

鉴于我国对破产重整企业债务豁免所得的税收政策尚无明文规定，在实务中这种做法是否会得到认可，有待于与税务机关沟通并获得其确认之后再进行操作，避免产生税务风险。在浙江温州中城建设集团破产重整案中，税务机关对于债务豁免额作为申报收入，并以此为依据拟计征巨额所得税。经法院的多次协调，采取了搁置处理的方式。①

三、债权转股权产生的税费

债权转股权是破产重整中常见的一种债权受偿方式，可以适用《财政部、国家税务总局关于企业重组业务企业所得税处理若干问题的通知》的规定。债权转股权，应当分解为债务清偿和股权投资两项业务，确认有关债务清偿所得或损失。其中债务清偿部分主要是企业所得税，应税税额以清偿部分与接收债权包支出差额；股权投资部分主要涉及增值税和企业所得税。

举例说明：A 企业向银行贷款 140 万元，由于经营不善等原因，丧失偿还能力。B 企业以 70 万元的价格向银行收购了该债权包。A 企业在进行

① 参见王嘉骏：《破产法与税法衔接配套制度改革研究》，载“破产法实务”微信公众号，2021 年 3 月 2 日。

破产重整后,B企业接受重整方案中原140万元债权按照100万元价格转为A公司股权。那么,B需要以30万元(清偿价格70万~100万元债权包支出价格)为纳税基数缴纳相应的企业所得税;在接受债转股后,B公司在持有A公司股权期间,应就股息、红利等权益投资收益缴纳企业所得税。

四、以物抵债产生的税费[①]

以物抵债是非现金资产代替原定货币给付清偿的债务重组方式,涉及税种较多,包括增值税、企业所得税、城市维护建设税、房产税、印花税、城镇土地使用税、土地增值税、车船税、消费税、契税等。

以物抵债包括以不动产和动产抵偿债务,实务中,不动产主要是房产和土地,动产的范围则较为广泛,一般为债务人生产经营的原材料、机械设备、半成品、成品等,上述不同抵债物涉及税收不同。

以房产抵偿债务后主要包括增值税、企业所得税、城镇土地使用税、土地增值税、城市维护建设税、房产税、印花税、契税等。首先,债权人接受以房抵债后,如再行转让,需缴纳增值税、土地增值税和企业所得税,权利人销售抵债房产应当缴纳增值税。

根据《土地增值税暂行条例》,转让房产的,应当缴纳土地增值税,可以扣除取得土地使用权所支付的金额、开发土地的成本及费用、新建房及配套设施的成本及费用,或者旧房及建筑物的评估价格、与转让房地产有关的税金、财政部规定的其他扣除项目等费用,但营改增后,在收入确认方面和扣除项目方面影响土地增值税计算,如《财政部、国家税务总局关于营改

---

① 参见《不良资产投资和处置的税免处理》,载"不良资产评道"微信公众号,2021年6月16日。

增后契税、房产税、土地增值税、个人所得税计税依据问题的通知》(财税〔2016〕43 号)明确："土地增值税纳税人转让房地产取得的收入为不含增值税收入;《土地增值税暂行条例》等规定的土地增值税扣除项目涉及的增值税进项税额,允许在销项税额中计算抵扣的,不计入扣除项目,不允许在销项税额中计算抵扣的,可以计入扣除项目"。

权利人转让抵债房产所得属于转让财产所得范畴,应缴纳企业所得税,但应扣除该物业抵债成本后作为应纳税所得额。《财政部、国家税务总局关于企业重组业务企业所得税处理若干问题的通知》规定,以非货币资产清偿债务,应当分解为转让相关非货币性资产、按非货币性资产公允价值清偿债务两项业务,确认相关资产的所得或损失。

权利人接受抵债房产需要缴纳契税、印花税等过户费用。根据《契税暂行条例》第一条之规定,"在中华人民共和国境内转移土地、房屋权属,承受的单位和个人为契税的纳税人,应当依照本条例的规定缴纳契税"。第二条第三项规定,房屋买卖属于转移房屋权属行为,以物抵债亦是一种房屋买卖行为,应当缴纳契税,契税税率为 3% ~5%。契税的纳税义务发生时间为纳税人签订土地、房屋权属转移合同的当日,或者纳税人取得其他具有土地、房屋权属转移合同性质凭证的当日。

《印花税暂行条例》第二条规定,"具有合同性质的凭证、产权转移书据等"属于应纳税凭证,以物抵债一般以当事人协议或法院裁定为依据,属于上述产权转移凭证,应当缴纳印花税。

此外,债权人接受以房屋抵债还要征收房产税、城市维护建设税、教育费等。

根据《财政部、国家税务总局关于房产税若干具体问题的解释和暂行规定》(财税地字〔1986〕8 号),经有关部门鉴定,对毁损不堪居住的房屋和危险房屋,在停止使用后,可免征房产税。以土地抵债涉及税收,除房产税外,基本与以房产抵债一致。

以动产抵债涉及税收主要包括增值税、企业所得税、城市维护建设税、车船税、消费税等。以应税消费品类产品抵偿债务的,如酒、化妆品、烟、小汽车等,若要销售,涉及增值税、企业所得税、消费税以及城市维护建设税、教育费等附加税。销售应税消费品属于“销售货物”情形,应当缴纳增值税,税率为16%。销售消费品所得属于销售货物所得,但应以销售所得扣除该物业抵债成本为应纳税所得额。

根据国家税务总局印发的《消费税若干具体问题的规定》(国税发〔1993〕156号),纳税人用于换取生产资料和消费资料,投资入股和抵偿债务等方面的应税消费品,应当以纳税人同类应税消费品的最高销售价格作为计税依据计算消费税,即债权人将抵债消费品进行销售的,应当缴纳消费税,具体征收标准适用《消费税暂行条例》附件“消费税税目税率表”。

此外,销售抵债消费品还需要缴纳城市维护建设税、教育费等附加税。以车船等动产抵偿债务的,涉及增值税、企业所得税、车船税、消费税以及城市维护建设税、教育费等附加税,其中增值税、企业所得税、消费税以及城市维护建设税、教育费等附加税与其他动产无异。凡是符合“车船税税目税额表”规定且依法应当在车船登记管理部门登记的机动车辆和船舶的所有人或者管理人均应当缴纳车船税,债权人以车船抵偿债务后,若由自身保有,应当缴纳车船税。

五、重整纳税信用修复

进入重整程序的困境企业,其纳税信用等级评价是很糟糕的,很多企业已经被列入“黑名单”。《纳税信用管理办法(试行)》(国家税务总局公告2014年第40号)和《国家税务总局关于纳税信用评价有关事项的公告》

(国家税务总局公告 2018 年第 8 号)等文件将企业的纳税信用等价分为 a、b、m、c、d 五个等级,a 级纳税信用最好,d 级纳税信用最差。对于纳税信用等级最差的企业,税务机关将会采取一系列的惩戒措施,使企业在贷款融资、招标投标、资质审核等方面受到限制或禁止。

通过重整获得重生的企业恢复了经营,其纳税主体与重整之前的纳税主体为同一个纳税主体,即还是那个“壳”。如果重整后的企业仍然戴着纳税信用等级最差的标签,纳税信用无法得到修复,那么,重整制度的优势将会大打折扣。对此,最高人民法院发布的《全国法院破产审判工作会议纪要》中要求,人民法院要通过加强与政府的沟通协调,帮助重整企业修复信用记录,依法获取税收优惠,以利于重整企业恢复正常生产经营。①

浙江省温州市对破产案件的处置走在全国的前列,被誉为“温州经验”。2016 年 3 月 8 日,温州市有关部门召开专题会议,印发了《企业破产处置工作联席会议纪要二》(温中法〔2016〕9 号),对重整后企业恢复经营所面临的十个问题(其中包括重整企业事务登记证变更问题)作出了明确规定。②

2016 年 11 月 15 日,浙江省经济和信息化委员会代管的浙江省促进企业兼并重组工作部门联席会议办公室发布的《推进企业破产审判重点工作

---

① 《全国法院破产审判工作会议纪要》:“21. 重整后企业正常生产经营的保障。企业重整后,投资主体、股权结构、公司治理模式、经营方式等与原企业相比,往往发生了根本变化,人民法院要通过加强与政府的沟通协调,帮助重整企业修复信用记录,依法获取税收优惠,以利于重整企业恢复正常生产经营。”

② 企业在重整过程中因引进战略投资人而需要办理税务登记证变更手续的,税务部门应凭法院出具的函件予以办理变更手续,不得以税收债权(包括滞纳金)未得全额受偿等缺乏法律依据的理由拒绝办理。原债务人企业法定代表人因犯罪等原因被列入税务“黑名单”,导致重整企业无法换证的,税务机关依法院出具的函件对重整企业税务登记证予以办理变更手续。

及任务分工方案》[1]规定,对债权依法受偿后仍欠缴税款、滞纳金、罚款的,可凭法院裁定书予以核销;对破产重整中符合条件的,可适用特殊性税务处理;企业重整后,可向人民银行申请信用修复。

现行的纳税信用评价体系并未考虑重整后企业纳税信用如何进行修复的这一特殊情形。不仅如此,相关的征信系统、司法系统等也存在同样的情况。各个地区在重整计划落地执行期间,重整后的企业仍然需要与法院、政府协调,以期摘掉历史不良记录,尽快解决纳税信用修复的问题,也包括征信系统的信用修复、司法系统的不良记录删除等。

第五节　重整成本和收益[2]

陷入困境的企业,无论采取何种方式进行处置,都会产生相应的成本。破产重整作为拯救困境企业的一种手段,会产生重整直接成本;在困境企业重整之前将会产生机会成本,也就是困境间接成本。

---

① 《推进企业破产审判重点工作及任务分工方案》第三条:“完善企业破产审判税收政策。税务部门按税收征管法、企业破产法规定申报、受偿税收债权,对债权依法受偿后仍然欠缴的税款、滞纳金、罚款可凭人民法院裁定书予以核销。破产重整程序中,债务重组如符合相关条件,可以适用特殊性税务处理。企业债务重组确认的应纳税所得额占该企业当年应纳税所得额50%以上,可以在5个纳税年度的期间内,均匀计入各年度的应纳税所得额。发生债权转股业务的,对债务清偿和股权投资两项业务暂不确认有关债务清偿所得或损失。破产重整企业在引进战略投资人需要办理税务变更的,可凭人民法院裁定或有关文书予以变更(责任单位:省国税局、省地税局)。”“第四条规定:完善企业破产审判信用修复。企业破产重整后可向人民银行申请信用修复,由人民银行采用‘大事记’或‘信息主体声明’的方式在征信系统内进行记载或说明,对确经法院判决的债务偿还,可在征信系统内予以标注。同时积极向人民银行总行争取支持,出台更合理、更具操作性的信用修复政策(责任单位:人行杭州中心支行、省国税局)。”

② 参见胡燕:《上市公司破产重整财务与会计问题研究》,经济科学出版社2015年版,第115页。

直接成本是指进入破产重整程序而产生的各项支出,包括法院收取的诉讼费用;律师事务所、会计师事务所等中介机构收取的服务费;管理、变价和分配债务人财产的费用;管理人执行职务的费用、报酬和聘用工作人员的费用以及其他行政开支。

间接成本是指机会成本,企业因陷入困境而失去的潜在收益,包括由于获取外部融资难度的加大而增加的筹资成本或失去的投资机会;供应商为规避困境企业的信用风险而减少的信用额度或者供货价格的提高;顾客流失造成的销售下降和利润减少,以及经理人出于自保的动机而采取的短期化行为所造成的公司总价值的降低。

一、直接成本

北京工商大学商学院胡燕教授将破产重整的直接成本定义为整个重整期间的重整费用占公司重整前第一年度的总资产的比率。胡燕教授获取了22个有效样本,根据重整计划披露的重整费用,上市公司重整前一年度的总资产,定量研究重整直接成本。研究结果表明:重整直接成本的极小值是0.33%,极大值是48.43%,均值是7.91%。与国外4.60%的数据相比,我国的破产重整直接成本相对较高。

二、间接成本

北京工商大学商学院胡燕教授以破产重整企业的非预期业绩损失,即预期业绩与实际业绩的差异作为计量间接成本的依据,分别使用息税前利润和净利润两个指标衡量企业的业绩。

息税前利润(EBIT)主要反映主营业务额盈利能力,对于破产重整企业来说,破产重整前主营业务盈利能力的下降是间接破产重整成本的主要表现。同样,净利润的非预期变化也能体现间接破产重整成本。

使用息税前利润和净利润与企业总资产的比值,以此更加直观地反映间接成本占企业总资产的比重。

北京工商大学商学院胡燕教授的研究结果表明:无论是以息税前利润还是净利润作为业绩指标,破产重整前三年非预期业绩损失均显著大于零,表明破产重整成本显著为正;在破产重整发生前三年内,累计间接成本约占企业资产总额的58%。长期看来,样本公司陷入困境的间接成本约占企业资产总额的14.40%。

通过国内外的研究结果对比,我国上市公司的破产重整间接成本也比较高。

三、重整收益

北京工商大学商学院胡燕教授在研究重整成本的同时,也注意到困境企业经过破产重整以后,企业的息税前利润和净利润比重呈现上升趋势,表明破产重整效益开始反映出来。在重整发生年度后四年,累计的间接破产重整收益约为43.60%。

上市公司经过重整以后的效果,可以体现在股票价格有着巨大的涨幅,其财务指标也大幅得到改善,归属于股东的净资产大大提升,经营状况得到了显著好转。①

由此可见,困境企业通过破产重整以后,企业的各项业绩指标会明显改善;实际控制人或决策层必须痛下决心,即便会产生重整成本,也要通过

---

① 参见李曙光、郑志斌主编:《公司重整法律评论》,法律出版社2011年版,第366页。

破产重整方式拯救企业。

第六节　关联企业重整

关联企业进入破产程序的案件越来越多,司法案例产生了良好的法律效果和社会效果,引起理论界和实务界的广泛关注。

关联企业是现实经济生活中比较常见的一种经济现象。关联企业是由具有独立法人人格的企业之间基于股权、资金、管理、协议等纽带关系而形成的联合体。其实,对于关联企业的认定,并没有一个明确的标准。在法律层面上,可以理解为具有控股和从属关系的集团公司。关联企业多数以企业集团的形式出现在公众面前。

具有支配权的控股公司往往利用其优势地位,对从属公司在资金往来、经营管理、人力资源等方面实施统一的支配和控制。

尽管从属公司在法律形式上是独立的主体,但在控股公司的支配下,从属公司的经营行为已经不是为了自身的利益,而是服从于控股公司的统一调度和安排。在某种极端的情形下,从属公司甚至会成为控股公司逃避债务、转移资产的工具。这种情况下,不仅会损害从属公司债权人的利益,也会损害从属公司小股东的利益。

陷入困境的企业进行重整时,是否应当将与其有关联关系的企业合并处理?对此,最高人民法院于 2018 年 3 月 4 日印发的《全国法院破产审判工作会议纪要》[①]指出，要立足于破产关联企业之间的具体关系模式，采取不同方式予以处理。既要通过实质合并审理方式处理法人人格高度混同的关联关系，确保全体债权人公平清偿，也要避免不当采用实质合并审理的方式损害相关利益主体的合法权益。

对于关联企业的破产重整，在符合规定的条件下，可以采取实质合并重整和协调审理重整两种处理方式。

一、实质合并重整及实证案例

关联企业的实质合并重整，首先是关联企业成员主体均符合破产重整的受理条件。法院在审理关联企业实质合并重整案件时还是比较慎重的，在尊重企业法人人格独立的前提下，对关联企业成员的破产原因进行单独判断，并适用单个破产程序。对于符合破产重整受理条件的关联企业成员主体，才能谈是否可以进行实质合并重整的问题。

其次是认定关联企业是否存在法人人格高度混同。当关联企业成员之间存在法人人格高度混同、区分各关联企业成员财产的成本过高、严重损害

① 《全国法院破产审判工作会议纪要》："六……人民法院审理关联企业破产案件时，要立足于破产关联企业之间的具体关系模式，采取不同方式予以处理。既要通过实质合并审理方式处理法人人格高度混同的关联关系，确保全体债权人公平清偿，也要避免不当采用实质合并审理方式损害相关利益主体的合法权益。32. 关联企业实质合并破产的审慎适用。人民法院在审理企业破产案件时，应当尊重企业法人人格的独立性，以对关联企业成员的破产原因进行单独判断并适用单个破产程序为基本原则。当关联企业成员之间存在法人人格高度混同、区分各关联企业成员财产的成本过高、严重损害债权人公平清偿利益时，可例外适用关联企业实质合并破产方式进行审理……38. 关联企业破产案件的协调审理与管辖原则。多个关联企业成员均存在破产原因但不符合实质合并条件的，人民法院可根据相关主体的申请对多个破产程序进行协调审理，并可根据程序协调的需要，综合考虑破产案件审理的效率、破产申请的先后顺序、成员负债规模大小、核心控制企业住所地等因素，由共同的上级法院确定一家法院集中管辖。"

债权人公平清偿利益时,可适用关联企业实质合并破产方式进行审理。

法院在审查关联企业实质合并重整的申请时,要组织听证,听取利害关系人的陈述意见;从人、财、物等方面认定关联企业是否存在法人人格高度混同;综合考虑关联企业之间资产的混同程度及其持续时间、各企业之间的利益关系、债权人整体清偿利益、增加企业重整的可能性等因素,决定是否对关联企业进行实质合并重整。

关联企业实质合并重整以后,各关联企业成员之间的债权债务归于消灭。各成员的财产作为合并后统一的破产财产,由各成员的债权人在同一程序中按照法定顺序公平受偿。采用实质合并方式进行重整的,重整计划草案中应当制定统一的债权分类、债权调整和债权受偿方案。

实质合并重整以后,各关联企业成员的主体不是必然地导致合为一个主体,而是根据需要,可以保持个别企业独立。

中国人民大学王欣新教授认为,实质合并破产中的“合并”,并不是公司法、企业法上的组织合并。在实质合并破产时,各企业的法人人格仅是在破产程序中不再独立;也就是说,这是一种以对资产与负债统一公平处理为目的的法人人格模拟合并,解决的是以资产与负债混同为关键特征的法人人格混同问题。但在重整程序结束,经过实质合并重整处置消除了各企业法人人格混同的不当后果,即修复独立法人人格后,各企业应恢复原正常的独立状态。

实证案例[①]

以最高人民法院于2018年3月6日发布的十大破产重整经典案例之

① 2018年最高人民法院公布十大破产重整典型案例。

一来说明实质合并重整在实务中的应用。

江苏省纺织工业(集团)进出口有限公司等六家公司破产重整案

(一)基本案情

江苏省纺织工业(集团)进出口有限公司(以下简称省纺织进出口公司)及其下属的五家控股子公司江苏省纺织工业(集团)轻纺进出口有限公司、江苏省纺织工业(集团)服装进出口有限公司、江苏省纺织工业(集团)机电进出口有限公司、江苏省纺织工业(集团)针织进出口有限公司、无锡新苏纺国际贸易有限公司,是江苏省纺织及外贸行业内有较高影响力的企业,经营范围主要为自营和代理各种进出口业务及国内贸易。在国际油价大幅下跌的背景下,因代理进口化工业务的委托方涉嫌违法及自身经营管理等原因,省纺织进出口公司及其五家子公司出现总额高达20余亿元的巨额负债,其中80%以上为金融债务,而六家公司经审计总资产仅为6000余万元,资产已不足以清偿全部债务。

(二)审理情况

根据债权人的申请,江苏省南京市中级人民法院(以下简称南京中院)分别于2017年1月24日、6月14日裁定受理省纺织进出口公司及五家子公司(其中无锡新苏纺国际贸易有限公司经请示江苏省高级人民法院指定南京中院管辖)重整案,并指定同一管理人接管六家公司。管理人对六家公司审查后认为,六家公司存在人员、财务、业务、资产等人格高度混同的情形,据此申请对六家公司进行合并重整。南京中院在全面听证、审查后于2017年9月29日裁定省纺织进出口公司与五家子公司合并重整。基于六家公司在纺织及外贸行业的影响力及经营前景,管理人通过谈判,分别引入江苏省纺织集团有限公司及其母公司等作为战略投资人,投入股权等优质资产增资近12亿元,对债务人进行重整并进行资产重组,同时整合省纺织进出口公司与子公司的业务资源,采用"现金清偿+以股抵债"的方式清偿债权。2017年11月22日,合并重整债权人会议及出资人组会议经过分组表决,各组均高票或全票通过管理人提交的合并重整计划草案。经管理人申请,南京中院审查后于2017年12月8日裁定批准省纺织进出口公司及五家子公司的合并重整计划;终止省纺织进出口公司及五家子公司的合并重整程序。

(三)典型意义

该案是探索关联企业实质合并重整、实现企业集团整体脱困重生的典型案例。对分别进入重整程序的母子公司,首先在程序上进行合并审理,在确认关联企业人格高度混同、资产和负债无法区分或区分成本过高以致严重损害债权人利益,并全面听取各方意见后,将关联企业进行实质合并重整。合并重整中,通过合并清理债权债务、整合关联企业优质资源,同时综合运用"现金清偿+以股抵债"、重整的同时进行资产重组等方式对危困企业进行"综合诊治",不仅使案件审理效率大为提升,债权人的整体清偿利益得到有效维护,还化解了20余亿元的债务危机,有效防范了金融风险,实现了六家企业整体脱困重生,凸显了破产审判的制度功能与社会价值,为国有企业深化改革提供有益经验。

二、协调审理重整及实证案例

当关联企业成员主体均符合破产重整条件但不符合实质合并重整要

件时,可以进行协调审理重整。根据《全国法院破产审判工作会议纪要》,[①] 综合考虑破产案件审理的效率、破产申请的先后顺序、关联企业成员负债规模的大小、核心控制企业住所地等因素,由共同的上级法院确定一家法院集中管辖协调审理。

协调审理的法律后果是,不消灭关联企业成员之间的债权债务关系,不对关联企业成员的财产进行合并,各关联企业成员的债权人仍以该企业成员财产为限依法获得清偿。但关联企业成员之间不当利用关联关系形成的债权,应当劣后于其他普通债权顺序清偿,且该劣后债权人不得就其他关联企业成员提供的特定财产优先受偿。

实证案例[②]

沈阳市中级人民法院于2017年12月4日至2018年5月10日,先后受理了辽宁辉山乳业集团等一百零八家关联企业破产重整案,并裁定辉山乳业(中国)有限公司等八十三家企业适用实质合并重整方式进行审理,沈阳富裕牧业有限公司等二十五家企业受理破产重整但未进行实质合并审理。同时,法院指定了两家中介机构联合担任辽宁辉山乳业集团有限公司等一百零八家企业的管理人。

---

① 《全国法院破产审判工作会议纪要》:"38. 关联企业破产案件的协调审理与管辖原则。多个关联企业成员均存在破产原因但不符合实质合并条件的,人民法院可根据相关主体的申请对多个破产程序进行协调审理,并可根据程序协调的需要,综合考虑破产案件审理的效率、破产申请的先后顺序、成员负债规模大小、核心控制企业住所地等因素,由共同的上级法院确定一家法院集中管辖。39. 协调审理的法律后果。协调审理不消灭关联企业成员之间的债权债务关系,不对关联企业成员的财产进行合并,各关联企业成员的债权人仍以该企业成员财产为限依法获得清偿。但关联企业成员之间不当利用关联关系形成的债权,应当劣后于其他普通债权顺序清偿,且该劣后债权人不得就其他关联企业成员提供的特定财产优先受偿。"

② 参见沈阳市中级人民法院(2018)辽01破29号协调审理公告。

2018 年 6 月 7 日，管理人提出申请，请求将已受理的沈阳富裕牧业有限公司等二十五家企业和辉山乳业(中国)有限公司等八十三家企业重整案统一协调审理，并统一确定第一次债权人会议的召开时间。

沈阳市中级人民法院经过审查认为：沈阳富裕牧业有限公司等二十五家企业和辉山乳业(中国)有限公司等八十三家企业在经营管理、债权债务、组织结构、人员安排等方面具有较高程度的关联关系，均属关联企业成员。为充分保护债权人和债务人的合法权益，综合考虑重整案件的效率，根据管理人的申请，决定对一百零八家企业协调审理，并于 2018 年 6 月 8 日发布了公告。

第三编

可持续发展

第七章 企业可持续发展

困境企业通过重整方式获得“再生”以后,实现企业可持续发展的目标应该成为企业发展的重心。

企业可持续发展可以是一个很大的话题。多数企业都是从企业发展战略的角度,在理论上对企业内部某个或者某些方面进行阐述,比如,企业创新可持续发展战略、企业核心竞争力可持续发展战略等。笔者对“企业可持续发展”的界定是,在企业身处的经营环境中,能够始终保持盈利能力,保证企业在相当长的时间内生存和发展。

企业如何才能做到可持续发展,通过对企业陷入困境的原因进行深入剖析,结合笔者在拯救困境企业的实务中积累的经验,经过梳理和总结认为,影响企业可持续发展的关键因素有五个:“行业中位数”思维、财务杠杆、控制权配置、合规经营以及纳税管理。这五个关键因素从维度上考察,相互之间没有关联,但均与企业陷入困境的原因有关,同时也是企业保持可持续发展的关键因素。抓住这五个关键因素,是企业保持“长寿的秘诀”。笔者将这五个关键因素归纳为“五位一体”对企业可持续发展的影响。

第一节 “行业中位数”思维

企业应当具有更为广阔的视野，站在整个行业的顶端，全方位审视本企业的状况，从市场容量、产业链、竞争格局、商业模式、行业数据以及本行业的政策法规等方面考察和判断本领域的发展方向，了解本企业在行业中的位置。此时，如果能够以“行业中位数”的思维去审查和判断本企业的经营状况，真正地了解本企业在行业中的实际位置，对企业作出正确的经营管理决策，保证企业的可持续发展，具有重要的指导价值。

首先了解一下什么是“中位数”。“中位数”是统计学的名词。在一组数据中，经过排序以后，处于中间位置的那个数，就是中位数。中位数不同于平均数，平均数是指数据的总和被数据的总数相除以后得出的数值。

举个例子：有四家企业，其年盈利额分别是 80 万元、60 万元、40 万元、20 万元，那么，这四家企业的年盈利额总和是 200 万元，被企业总数四相除以后，平均年盈利额是 50 万元。如果第五家企业的年盈利额是 1000 万元，那么，此时的平均年盈利额立即从原来的 50 万元变成了 240 万元。如果按中位数计算的话，经过排序以后，取数据中间位置的数，那么，这家企业的年盈利额是 60 万元。为什么要取数据中间位置的那个数呢，是因为那个数值更能反映大多数企业真实的盈利情况。

其次，再了解一下什么是“行业中位数”思维？

举个例子：如果用一个方法，使 100 个人只有 1 个人赚钱了，而且是暴利，其余 99 个人都是亏的，那么，用这个方法赚钱的概率并不高，因为绝大多数人都是普通人，普通人要想成为那个 1% 的幸运儿是非常难的。如果使用这个方法，连“中位数”附近的人都能小幅盈利，或者保持不亏，那么，这个方法就值得学习使用；因为这个方法具有普适性，适合绝大多数人。

再举一个例子：如果你是上班族，单纯只想实现年薪20万元的目标，传统的方式是按部就班，努力工作好了。而按照“中位数”的思考方式，是先把年薪20万元以上的岗位排个名，你就优选那些高薪扎堆的岗位与行业。这样，目标实现的成功率将大大提高。如果是你想年薪百万元以上，按照“中位数”的思维，首选创业。因为年薪百万元的人群里，创业者远多于打工者。从难度上讲，虽然创业也不易，但是，想实现年薪百万元以上，创业比打工的难度至少会低一个数量级。

如果以“行业中位数”思维的方式，在获取企业的生产成本、税收成本、市场份额、盈利状况等数据情况时，站在全行业的视野范围内，从市场容量、产业链、竞争格局、商业模式、行业数据以及本行业的政策法规等方面考察，可以比较客观地评估本企业在行业中的位置，掂量一下自己企业的分量，对企业的投资经营、管理决策等公司行为，作出正确的判断和合理的选择。如果不能准确地掂量企业的分量，按照企业“虚胖”的数据进行判断和选择，可能会偏离企业行业发展的轨道，企业实现可持续发展的目标基本上就是一个“传说”。

企业走得远，不一定要依靠创新，而是选对“赛道”，毕竟成功“登顶”的企业还是少数。对于大多数企业，选择适合于自己的路，才能走得更远，那么学会“行业中位数”思维至关重要。

笔者在这里是从概率的角度阐述观点，只是考虑事物的客观发展规律，而每个个体实际情况不一样，也会有不一样的选择，不存在绝对的对与错。

第二节 洞悉财务杠杆

合理运用财务杠杆,是企业实现可持续发展目标的重要因素。

财务杠杆是一个应用很广的概念。企业如果完全是用自有资本运营,也就是用自己的钱去赚钱,就不存在财务杠杆的问题。企业除使用自有资本运营外,还可以通过向他人举债的方式,用别人的钱扩大经营规模,于是就产生了财务杠杆的问题。笔者在这里不去谈财务杠杆系数、息税前利润等一大堆专业名词,只是对财务杠杆的基本原理作一番描述。

查看一下公司的资本结构,也就是资本负债率,那么,股东自有的投资资本和公司负债之间的占比即可一目了然,你就会知道企业的财务杠杆有多大了。资本负债率越高,说明其财务杠杆越高。公司运用财务杠杆,既有好处,也有风险。

公司财务杠杆会有什么好处呢?

如果是在公司能够盈利的情况下,也就是公司利润率较高的条件下,用别人的钱去挣钱比单纯用自己的钱去挣钱会赚更多的钱;用专业的话来说,就是股东的权益资本净利润率会更高。这是驱使控股股东追求高杠杆的原动力。然而此时举债的不是股东,而是公司;在债主和股东之间,还有一层“面纱”,那就是公司。

公司财务杠杆会有什么风险呢?

如果是在公司处于亏损的情况下,财务杠杆越高,股东的权益资本净利润率下降的幅度(也就是物理学中“加速度”的含义)也就越大,股东的风险也就越高,股东的投资可能就会“打水漂”。但是此时挡在股东前面的“面纱”——公司首先要承担直接的债务风险;“面纱”背后的股东承担投资失败的间接风险。这也就是为什么会有股东要采取“跑路”行动的原因之一。只不过要借用一句话，“出来混，总是要还的”。

公司财务杠杆的好处和坏处的“分水岭”在哪里？

为了有效防范财务风险，必须要弄清楚公司的“盈亏点”在哪里；“盈亏点”是公司财务杠杆的好处和坏处的“分水岭”。在保持盈利的情况下，采用适度的财务杠杆，股东既可以获取合理的利润率，公司还可以保持稳定的发展状态。

预防公司的财务风险是公司可持续发展的实际必要条件。通过观察公司的几个财务指标，不难发现公司的财务风险预警信息。当公司处于“盈亏点”之下时，就要及时采取必要的经营管理措施和财务手段，合理调整资本结构，降低财务杠杆，使公司的经营状况能够处于“盈亏点”之上，才能够保证公司始终处于可持续发展的轨道。

第三节　合理配置控制权

初创公司一般规模比较小，往往集所有权及控制权、经营管理权于一体，不存在“两权分离”的说法。随着公司规模的扩大，具有专业技能或管理才能的人员受到重用，企业就需要将权力分配给他们，以完成企业的某项活动，于是就出现了职业经理人群体，公司的所有权与经营管理权开始分离。由此，新的利益纷争和矛盾冲突又发生了，公司控制权配置就成为经济学、公司法领域研究的一个课题。2010 年 8 月出现的国美控制权之争热点事件[①]引发了对公司控制权配置问题的关注和思考。

公司控制权并不是一个清晰的概念;对此,人们有不同的理解和认识。《公司法》也没有对公司控制权下定义,但对控股股东、实际控制人的含义作出了明确规定。[②] 据此,我们有理由说,公司控制权是从股东权利派生出来的。

公司控制权不同于公司所有权、股东股权、经营管理权,是一种独立存在的权能,是通过特定的形式(如股东会、董事会、监事会、议事规则、协议约定等)或制度安排对公司的经营管理决策等公司行为施加影响、进行干预的能力。

公司控制权的主要内容包括对公司全部财产享有的处置权、对董事会的构成和董事的任命具有决定权、对公司重大事务具有决策权、对公司重大事项和经营政策具有不同寻常的影响力。

公司控制权具有三种权能:决策性权力、执行性权力、监督性权力。决策性权力可分为资金决策权、人事决策权、行动决策权。执行性权力可分为信息权、合约权、组织权。信息权是指公司的经营状况、投资决策、财务报告等方面的知情权;合约权是指代表本公司或本部门对外签订某种合同

---

① 根据国美控制权之争的相关报道,简单概括如下:国美大股东黄某裕反对贝恩资本提名的三位董事进入董事局。如贝恩资本提名的三位董事进入董事局之后,将会实施债权股,此举将会提高贝恩资本的股权比例,从而稀释黄某裕的股份。董事局主席陈某积极支持贝恩资本提名董事进入董事局,此举将会优化国美公司的资本结构,减少财务开支,提升公司整体业绩。如果贝恩资本提名的董事不能进入董事局,公司将会对贝恩资本承担24亿元的违约责任。由此引发的股东与董事局之间的控制权之争,引发了国美危机,受到广泛的关注。

② 《公司法》第二百一十六条:"……控股股东,是指其出资额占有限责任公司资本总额百分之五十以上或者其持有的股份占股份有限公司股本总额百分之五十以上的股东;出资额或者持有股份的比例虽然不足百分之五十,但依其出资额或者持有的股份所享有的表决权已足以对股东会、股东大会的决议产生重大影响的股东。(三)实际控制人,是指虽不是公司的股东,但通过投资关系、协议或者其他安排,能够实际支配公司行为的人。"

的权力;组织权是指现场指挥权,动员、命令下属完成特定任务的权力。监督性权力可分为考核权、督察权、奖惩权。① 可见,公司控制权是由隶属不同主体的权力集合而成。公司控制权可大可小,具有可变性。

公司控制权的正当行使对公司的发展发挥关键的推动作用,有利于建立股东之间的信任基础,有利于提高公司运行的效率。公司控制权真正的价值就是平衡地维护各方相关主体的现实利益和合理的期望利益。

公司控制权配置主要表现为股权结构的配置,通常是指控制权在股东、董事会、经营管理层之间的分配状况。按照现有的法律规定,超过67%比例的股权,公司控制权可以不受限制(并非指可以任意所为);换言之,超过34%比例的股权具有一票否决权。我们可以通过公司章程、协议约定、议事规则等方式对公司控制权进行扩张或限缩。

公司控制权配置要解决的核心问题有两个:一是如何提高公司效率和业绩;二是如何有效降低制度成本。公司控制权如果能够得到合理配置,一方面,可以对改善公司的管理、提高公司的绩效发挥关键的推动作用,有利于建立股东之间的信任基础,有利于提高公司运行的效率;另一方面,可以对经营管理层可能存在的徇私舞弊行为起到有效的约束作用,降低制度成本。

公司控制权属于经济性权利,具有支配企业资源、获取企业利益的优越性,因此,在相关权利主体之间(股东之间、股东与管理层之间或者混合身份之间)就会出现争夺或滥用控制权的行为。

公司控制权配置如果出现了问题,不仅会制约公司的发展,甚至会直接危及公司的生存。公司控制权配置如果缺乏有效约束,实际控制人会利

---

① 参见刘冬龙:《私营企业控制权配置及其影响因素研究》,华南农业大学2021年硕士学位论文。

用其优势地位进行违规操作、恣意掠夺，损害中小股东的利益。公司控制权配置如果出现缺陷，经营管理层可能会出现隐瞒经营情况、资产状况以及必要的信息和资料，通过关联交易、转移公司财产等违法违规行为。

公司控制权合理配置是企业获取竞争优势的基础，是企业可持续发展的需要。尽管相关法律制度存在不完善的方面，但可以通过公司制度安排的层面进行补救。我们可以充分利用《公司法》[①]赋予相关主体的权利和义务，强化实际控制人的诚信义务，按照全体股东或公司最大利益原则行事，充分落实中小股东的知情权和监督权，通过公司章程条款、议事规则以及协议约定等形式，在股东会、董事会、监事会、经营管理层范围内进行合理的权力分配，平衡地维护各方相关主体的现实利益和合理的期望利益。

---

① 《公司法》第十六条："公司向其他企业投资或者为他人提供担保，依照公司章程的规定，由董事会或者股东会、股东大会决议；公司章程对投资或者担保的总额及单项投资或者担保的数额有限额规定的，不得超过规定的限额。公司为公司股东或者实际控制人提供担保的，必须经股东会或者股东大会决议。前款规定的股东或者受前款规定的实际控制人支配的股东，不得参加前款规定事项的表决。该项表决由出席会议的其他股东所持表决权的过半数通过。"第二十条："公司股东应当遵守法律、行政法规和公司章程，依法行使股东权利，不得滥用股东权利损害公司或者其他股东的利益；不得滥用公司法人独立地位和股东有限责任损害公司债权人的利益。公司股东滥用股东权利给公司或者其他股东造成损失的，应当依法承担赔偿责任。公司股东滥用公司法人独立地位和股东有限责任，逃避债务，严重损害公司债权人利益的，应当对公司债务承担连带责任。"第二十一条："公司的控股股东、实际控制人、董事、监事、高级管理人员不得利用其关联关系损害公司利益。违反前款规定，给公司造成损失的，应当承担赔偿责任。"第二十一条："公司的控股股东、实际控制人、董事、监事、高级管理人员不得利用其关联关系损害公司利益。违反前款规定，给公司造成损失的，应当承担赔偿责任。"第一百一十五条："公司不得直接或者通过子公司向董事、监事、高级管理人员提供借款。"第一百一十六条："公司应当定期向股东披露董事、监事、高级管理人员从公司获得报酬的情况。"第一百二十四条："上市公司董事与董事会会议决议事项所涉及的企业有关联关系的，不得对该项决议行使表决权，也不得代理其他董事行使表决权。该董事会会议由过半数的无关联关系董事出席即可举行，董事会会议所作决议须经无关联关系董事过半数通过。出席董事会的无关联关系董事人数不足三人的，应将该事项提交上市公司股东大会审议。"

第四节　依法合规经营

企业依法合规经营是企业实现可持续发展的硬道理。强调企业要依法合规经营,和强调人要遵纪守法是一个道理。明明知道法律的红线规则划在那里,可还是有人偏要触碰。企业违法违规经营的现象几乎是困境企业的通病。

企业的目的就是追求利润,本无可厚非,但在追求利益的过程中,人可能会“膨胀”,“膨胀”可能就会“越界”。套用一段经典的、耳熟能详的话:“资本逃避动乱和纷争,它的本性是胆怯的。这是真的,但还不是全部真理。资本害怕没有利润或利润太少,就像自然界害怕真空一样。一旦有适当的利润,资本就胆大起来。如果有10%的利润,它就保证到处被使用;有20%的利润,它就活跃起来;有50%的利润,它就铤而走险;为了100%的利润,它就敢践踏一切人间法律;有300%的利润,它就敢犯任何罪行,甚至冒绞首的危险。如果动乱和纷争能带来利润,它就会鼓励动乱和纷争。走私和贩卖奴隶就是证明。”说到这里,也许你会更明白,这就是企业即使知道有红线划在那里,还会有违规经营的原因。人性使然,不足为奇。所以,我们必须要强调,企业要依法合规经营。依法合规经营是企业实现可持续发展的基石,也是企业规避风险的需要。企业在实现可持续发展的过程中,依法经营,合规管理,是企业高管必须面对和重视的一个课题,也是降低决策失误率的重要手段。

第一,企业要加强依法合规经营的制度建设。

从风险防范的角度来说,需要企业管理者及时识别与预测风险,针对相关的风险制定防控方案,减少风险带来的损失,从而提高资金利用率,使企业效益与风险之间达到一定的平衡。同时,还需要进一步加强企业合规审计力度,建立具有制度化、规范化的合规审计体系,优化审计效果,从而便于企业合规管理工作的展开,为企业合规管理工作提供有效的制度保障,促进企业合规管理制度的健全与完善。此外,还需要企业内部有计划地推进经济责任审计工作,使员工在掌握工作流程的动态岗位调动中培养一定的风险防范意识,从而有效采取防范措施。

从责任追究机制的落实方面来说,首先需要在企业内部定期开展考核活动,及时对企业员工以及领导的合规操作行为进行细致的考核,从而使企业员工深入了解合规操作的合法性。从领导者的合规行为考核角度来说,领导的行为是直接影响企业经营效果的关键,也是合规管理机制创新性的重要角色以及执行角色,因而在考核中,身为领导者就需要起到一定的带头作用,为员工树立积极榜样。其次,要严格制定合规责任追究制度,只要发现违规行为出现就要及时依照合规制度条例进行惩处,达到一定的警示作用,避免同类失当行为再次出现。在这一过程中,企业合规的管理人员也需要强化自身的岗位职责以及敬业精神,严格约束自身的工作行为。最后,企业监管部门要加大查处力度,尤其是针对管理中的敏感环节,更需要进行严格的监督与审查,并在审查后及时跟进后续整改情况,依据整改意见进行处理。①

第二,要从主观认识上形成依法合规的理念,加强企业合规文化建设。

通过企业合规文化建设,可以将合规文化的价值观念潜移默化地灌输到员工(尤其是管理人员)的思维中,并产生习惯性的思维模式,认同依法合规经营和管理企业的理念,从而自觉遵守。要知道,合规文化建设需要较长的培育周期,日积月累,不可中断。

---

① 参见张璐:《谈企业合规的重要性》,载《法制博览》2020 年第 5 期。

企业要实现可持续的稳定发展，就必须加强企业合规管理，进而树立危机意识与风险意识，并结合企业在市场发展中的形势，合理建构有效的合规管理体系，应对企业发展中遇到的风险及问题；同时，也要遵守法律法规，进一步建立良好的企业合规文化氛围，从而推动企业的可持续发展。

第五节　纳税不可“弄巧”

企业的可持续发展不是靠节税、避税，更不是靠偷税或逃税。企业在追求利益的同时，不要在纳税环节做文章。在纳税环节“弄巧”，可能反而“成拙”，企业还会走得远吗？

纳税，是企业法定的义务；不缴税，那是万万不可能的。有些企业为了自己利益的最大化，在纳税环节费尽心机，试图少缴点税；手法可谓五花八门，结局则是“一地鸡毛”。

税负政策存在差异，是由于国家、区域、行业、主体等因素而造成的。利用这种差异性税负政策，达到少缴税的目的，如果在纳税环节翻了车，为了一点税而失去自由的代价是划不来的。这样的案例在现实生活中不占少数。

我们先弄清楚与纳税环节有关的几个专业名词，便于对自己的行为是否跨越税法“红线”作出基本的判断。

节税是指通过税务筹划的方式，在合法的边界内，采用会计处理方法，减少纳税义务，企业可合理利用。

避税是指利用税法的漏洞，利用法律的“灰色地带”，打着税法的“擦边球”，减少纳税义务，企业应小心出界！

逃税和偷税，一定是违法行为，采取伪造账册票据或记账凭证等手法，虚报、多报费用和成本,少报或不报应纳税所得额或收入额,隐匿财产或采用不正当手段骗回已纳税款等,上述行为企业应小心坐牢!

金税四期开通以后,在金税三期税务系统业务流程全面监控的基础上,纳入了"非税"业务,搭建了各部委、人民银行以及商业银行等机构之间的信息共享和核查的通道,实现企业相关人员手机号码、企业纳税状态、企业登记注册信息核查三大功能,实现对企业业务更全面的监控,纳税漏洞几乎补齐。今后,企业的非正常经营、吊销、注销等异常情况,在第一时间就会被发现。冒名开户、虚假开户的路径已被彻底堵死;利用私人账户偷逃税款的行为将会立即被识别。对企业的收入、成本、利润、库存、银行账户和应纳税额等每个维度,金税四期都能强有力地识别出来。金税四期理论上可以做到:直接一人一税,个人账户里出现任何大额款项,都需要提供完税证明。无论企业端如何进行税务筹划,钱总归是要进个人账户的;只要进入个人账户,无论是蚂蚁搬家,还是化整为零,在大数据下都无所遁形。这就是金税四期的厉害之处!不久的将来,金税四期一定是税务全面合规的开始。

笔者在这里提示,为了企业的可持续发展,就不要在纳税环节枉费心机了。缴点税,不算什么;活久点,就赚了。

第八章 企业营商环境

企业作为市场主体,有必要了解自己身处的营商环境。所谓的营商环境,通俗点讲,就是企业做生意的环境,笔者的理解是政府为企业做生意能够提供的便利性条件或政策性条件;按照官方的解释,是指政府为市场主体在市场经济活动中提供的体制机制性因素和条件。①

所谓的优化,直白地说,就是更好一点。优化营商环境,简单地说,就是政府应该为企业提供更简易的做生意的环境;按照官方的解释是指政府应该为市场主体营造一个稳定、公平、透明、可预期的良好环境。②

第一节 政府支持

世界银行发布的《2020 年营商环境报告》指出,中国的全球营商便利度

---

① 《优化营商环境条例》第二条:"本条例所称营商环境,是指企业等市场主体在市场经济活动中所涉及的体制机制性因素和条件。"

② 《优化营商环境条例》第四条:"优化营商环境应当坚持市场化、法治化、国际化原则,以市场主体需求为导向,以深刻转变政府职能为核心,创新体制机制、强化协同联动、完善法治保障,对标国际先进水平,为各类市场主体投资兴业营造稳定、公平、透明、可预期的良好环境。"

排名跃升，排名跃居全球第31位，引发世界瞩目。在世界银行评价营商环境的10个指标中，中国有8项指标排名上升，分别是执行合同、获得电力、开办企业、保护中小投资者、办理建筑许可排、办理破产、跨境贸易、纳税。世界银行中国局局长芮泽表示："中国为改善中小企业的国内营商环境做出了巨大努力，保持了积极的改革步伐，在多项营商环境指标上取得了令人赞许的进步，特别是在办理施工许可证领域。"①

世界银行营商环境排名，按英文直接翻译过来就是"做生意简易程度"的排名；排名指标设计科学，重视企业获得感，更多采信自企业的数据。按照这套指标来推进改革，能促进政府提高办事效率，方便企业更便利地从事商业活动，激发企业内生活力。

政府为了进一步增强营商环境的国际竞争力，对标国际先进，对接国际通行规则，已经完成了130余项改革举措，特别是在保护中小投资者、办理建筑许可等体制机制改革方面实现了重大突破。这些改革措施的亮点包括：

（1）将公司印章发放完全纳入企业注册登记一站式服务。

（2）简化对低风险工程建设项目的施工许可证要求，缩短供排水接入时间。

（3）精简办理接电流程，提高电费透明度。

（4）通过要求控股股东对不公平关联方交易承担连带责任，明晰所有权和控制结构，加强了对少数投资者的保护。

（5）对小企业实行企业所得税优惠政策，降低某些行业的增值税税率，加强电子化纳税申报和缴纳系统。

---

① 参见《世界银行全球营商环境报告2020：中国排名跃升至第31位》，载新浪财经，https://baijiahao.baidu.com/s?id=1648249597868958823&wfr=spider&for=pc，2021年12月26日访问。

（6）通过实行进出口货物提前申报、升级港口基础设施、优化海关行政管理和公布收费标准等措施，简化进出口程序。

（7）通过规定可给予的合同延期次数上限和将延期限于不可预见和例外情况，提升执行合同的便利度。

（8）通过规定破产程序启动后的债权优先规则和提升债权人在破产程序中的参与程度，提高办理破产的便利度。

为了能够做到持续优化营商环境，认真总结经验和做法，将行之有效、人民满意、市场主体支持的改革举措用法规制度固化下来，重点针对营商环境的突出短板和市场主体反映强烈的痛点难点堵点问题，国务院制定了《优化营商环境条例》，于2020年1月1日起施行。

一、落实市场主体公平待遇[①]

一是强调平等对待各类市场主体。无论何种性质的企业，国有也好，民营也罢，各类市场主体在使用要素、享受支持政策、参与招标投标和政府采购等方面享有平等的待遇；为各类市场主体平等参与市场竞争强化法律支撑。

二是强调为市场主体提供全方位的保护。依法保护市场主体经营自主权、财产权和其他合法权益，保护企业经营者人身和财产安全。加大对市场主体知识产权的保护力度，建立知识产权侵权惩罚性赔偿制度。

三是强调为市场主体维权提供保障。推动建立全国统一的市场主体维权服务平台，为市场主体提供高效、便捷的维权服务。

① 参见《优化营商环境条例》第一章"总则"。

二、着力净化市场环境[①]

在营造良好市场环境方面，围绕破解市场主体生产经营活动中的痛点、难点、堵点问题，着力净化市场环境，更好地激发市场主体的活力，提高竞争力。

一是聚焦破除市场准入和市场退出障碍。明确通过深化商事制度改革、推进证照分离改革、压缩企业开办时间、持续放宽市场准入等措施，为市场主体进入市场和开展经营活动破除障碍。要求进一步优化市场主体注销办理流程，精简申请材料、压缩办理时间、降低注销成本，推动解决市场主体"退出难"问题。

二是聚焦落实减税降费政策。明确各地区、各部门应严格落实国家各项减税降费政策，保障减税降费政策全面、及时惠及市场主体，并对设立涉企收费作出严格限制，切实降低市场主体经营成本。

三是聚焦解决"融资难、融资贵"问题。明确鼓励和支持金融机构加大对民营企业和中小企业的支持力度，降低民营企业和中小企业综合融资成本，不得对民营企业和中小企业设置歧视性要求。

国家对全面有效保护市场主体合法权利、营造良好市场环境的决心是坚定不移的，有助于进一步稳定市场主体预期，提振市场主体信心，让企业家安心经营、放心投资、专心创业。

---

① 参见《优化营商环境条例》第二章"市场主体保护"。

三、持续深化“放管服”改革提供惠企便民的高效服务①

近年来，随着“放管服”改革持续深化，政务服务水平明显提升。为进一步巩固和深化改革成果，《优化营商环境条例》围绕打造公平、公开、透明、高效的政府运行体系，着力提升政务服务能力和水平，提供惠企便民的高效服务。

一是推进政务服务标准化。明确政府及其有关部门应当落实减环节、减材料、减时限要求，编制并向社会公开政务服务事项标准化工作流程和办事指南，推动同一事项无差别受理、同标准办理。

二是推进马上办、网上办、就近办、一次办。明确政府及其有关部门应当推行当场办结、一次办结、限时办结的服务模式，实现集中办理、就近办理、网上办理、异地可办，并对全国一体化在线政务服务平台建设、政务信息整合共享、电子证照推广应用作了具体规定，使“一网、一门、一次”改革要求成为有法律约束力的制度规则。

三是推进行政审批制度改革。明确国家严格控制新设行政许可并大力精简已有行政许可，通过整合实施、下放审批层级等多种方式，优化审批服务，提高审批效率。

四是推进重点领域服务便利化。对标国际一流标准，推广国内最佳实践，对提升办理建筑许可、跨境贸易、纳税、不动产登记等与市场主体生产经营活动密切相关的重点领域政务服务便利化程度提出具体要求，为相关领域深化改革提供了目标指引。

---

① 参见《优化营商环境条例》第三章“市场环境”、第四章“政务服务”。

四、加强监管执法、保障法治环境①

为了加强监管执法,必须要保障法治环境。政府要积极主动作为,维护公平竞争市场秩序,鼓励和支持创新,成为市场公平竞争的维护者和市场主体合法权益的保障者。

一是推动健全执法机制。建立健全跨部门跨区域行政执法联动和响应机制,在相关领域推行综合行政执法,减少执法主体和执法层级,推动解决困扰市场主体的行政执法检查过多过频问题,实现从监管部门“单打独斗”转变为综合监管,做到“一次检查、全面体检”。

二是推动创新监管方式。明确除直接涉及公共安全和群众生命健康等特殊行业、重点领域外,都要实行“双随机、一公开”监管,推行“互联网+监管”,对新兴产业实行包容审慎监管。

三是推动规范执法行为。明确行政执法应依法慎重实施行政强制,减少对市场主体正常生产经营活动的影响,不得随意采取要求市场主体普遍停产、停业的措施,避免执法“一刀切”。要求行政执法应当规范行使自由裁量权,合理确定裁量范围、种类和幅度。

第二节　司 法 保 障

法治是最好的营商环境。2017 年 8 月 7 日发布的《最高人民法院关于为改善营商环境提供司法保障的若干意见》从五个方面提出了多项改革措

① 参见《优化营商环境条例》第五章“监管执法”、第六章“法治保障”。

施，为优化营商环境提供强有力的司法保障。[①] 2021 年 9 月 3 日，最高人民法院发布了人民法院推进民营经济高质量发展典型案例，集中展示了人民法院保障民营经济所取得的成就，体现了人民法院充分运用司法重整制度的审判职能，帮助困境企业焕发生机所发挥的作用。

一、充分运用司法重整制度帮助危困企业焕发生机

最高人民法院先后制定了有关破产清算、司法重整的司法解释及一系列司法文件，积极完善破产法律制度。

一方面，采取必要的司法措施，有效利用债委会机制，支持、推进危困企业预重整、庭外和解，帮助危困企业渡过难关。另一方面，各级人民法院不断完善府院联动工作机制，坚持法治化市场化原则，充分运用司法重整这一制度工具，引进战略投资人、管理制度、先进技术，进行债权债务股权重组，帮助一批有发展前景的危困企业摆脱债务危机、流动性困境，实现“涅槃重生”。

截至 2020 年年底，有 30 多家债务总额在百亿元以上的企业，完成司法重整，扭亏为盈。仅 2020 年这一年人民法院通过司法重整共计盘活资产 4708 亿元，让 532 家企业重获新生。2020 年 9 月 3 日发布的重庆力帆股份、广西正菱集团以及江苏刚松司法重整案，就是通过司法重整，使企业获得重生的典型。

---

① 参见《最高人民法院关于为改善营商环境提供司法保障的若干意见》（法发〔2017〕23 号）。

二、采取司法措施平等保护各类市场主体

对于不同所有制、不同地区、不同行业的市场主体,坚持法律地位平等、权利保护平等的原则,依法化解各类矛盾纠纷,推动形成平等有序、充满活力的法治化营商环境。加强中小股东保护,推动完善公司治理结构,正确处理公司决议效力、股东知情权、利润分配权、优先购买权和股东代表诉讼等纠纷案件,依法加强股东权利保护,促进公司治理规范化,提升我国保护中小股东权益的国际形象,增强社会投资的积极性。

三、与商事制度衔接正确适用法律

准确理解和把握商事制度改革,包括注册资本认缴制度、外商投资负面清单制度等,正确适用法律,及时化解争议纠纷,营造良好的法治环境。

四、保障公平交易维护合法权益

完善市场交易规则,科学界定产权保护边界,妥善调处权利冲突,切实实现产权保护法治化。依法审理各类合同案件,尊重和保护市场主体的意思自治,合理判断各类交易模式和交易结构创新的合同效力,促进市场在资源配置中起决定性作用,提升市场经济活力。以服务实体经济为宗旨,保护合法交易,平衡各方利益,引导和规范各类金融行为。加大知识产权保护力度,提升知识产权保护水平。加强执行工作,充分保障胜诉当事人合法权益的实现。

五、加强破产制度建设完善救治退出机制

完善破产程序启动机制和破产企业识别机制，切实解决破产案件立案难问题，及时受理符合立案条件的破产案件，不得在法定条件之外设置附加条件。推动建立简捷高效的快速审理机制，尝试将部分事实清楚、债权债务关系清晰或者“无产可破”的案件，纳入快速审理范围。引导破产程序各方充分认识破产重整、和解制度在挽救危困企业方面的重要作用。坚持市场化导向开展破产重整工作，更加重视营业整合和资产重组，严格依法适用强制批准权，以实现重整制度的核心价值和制度目标。

六、推动社会信用建设提供信用保障

探索社会信用体系建设与人民法院审判执行工作的深度融合路径，推动建立健全与市场主体信用信息相关的司法大数据的归集共享和使用机制，加大守信联合激励和失信联合惩戒工作力度。完善对提供虚假证据、故意逾期举证等不诚信诉讼行为的规制机制，严厉制裁诉讼失信行为。强化对失信被执行人的信用惩戒力度，推动完善失信惩戒机制，让失信主体“一处失信、处处受限”，促进社会诚信建设，实现长效治理。

法治既是市场经济的内在要求，也是市场经济有序运行的重要保障。营造更优、更好、更有安全感的营商环境，厚植平等竞争、蓬勃发展的土壤，为中国经济高质量发展提供有力司法保障。

第四编

典型实例与法律法规

第九章 重整典型案例及启示

第一节 最高人民法院发布推进供给侧结构性改革十个典型破产案例启示（2016年）

案例1：长航凤凰股份有限公司破产重整案

（一）基本案情

长航凤凰股份有限公司（以下简称长航凤凰）系上市公司，是长江及沿海干散货航运主要企业之一。自2008年全球金融危机以来，受财务费用负担沉重、航运运价长期低迷等因素影响，长航凤凰经营逐步陷入困境。截至2013年6月30日，长航凤凰合并报表项下的负债总额合计达58.6亿元，净资产为-9.2亿元，已严重资不抵债。经债权人申请，湖北省武汉市中级人民法院（以下简称武汉中院）于2013年11月26日依法裁定受理长航凤凰重整一案，并指定破产管理人。因连续三年亏损，长航凤凰股票于2014年5月16日起暂停上市。

（二）审理情况

在武汉中院的监督指导下，管理人以市场化的重组方式为基础，制定了重整计划草案,获得了债权人会议及出资人会议表决通过。由于无外部重组方参与长航凤凰破产重整,如何通过长航凤凰自身筹集足够资产以提高普通债权清偿比例,以促使普通债权人支持重整是重整工作有序推进的重点。为解决偿债资金筹集的问题,经过武汉中院与管理人多番论证,最终制定了以公司账面的货币资金、处置剥离亏损资产的变现资金以及追收的应收款项、出资人权益调整方案以及股票公开竞价处置等多种渠道的资金筹集方案。实践证明,上述资金筹集方案具有可行性。通过资产公开处置、出资人权益调整以及股票公开竞价处置,长航凤凰不但清偿了重整中的全部债务,同时,由于股票公开竞价处置产生溢价,公司在重整程序中依法获得了约7000万元的资金用于补充公司现金流。

2014年3月18日,武汉中院裁定批准了重整计划并终止重整程序。通过成功实施重整计划,在无国有资产注入及外部重组方资金支持的情况下,长航凤凰2014年年底实现净资产约1.2亿元、营业利润约2.24亿元,成功实现扭亏,股票于2015年12月18日恢复上市。

(三)典型意义

长航凤凰重整案是以市场化方式化解债务危机的典型案例。借助破产重整程序,长航凤凰摆脱了以往依赖国有股东财务资助、以“堵窟窿”的方式挽救困境企业的传统做法,以市场化方式成功剥离亏损资产、调整了自身资产和业务结构、优化了商业模式,全面实施了以去杠杆为目标的债务重组,最终从根本上改善了公司的资产及负债结构,增强了持续经营及盈利能力,彻底摆脱了经营及债务困境。

案例 2:深圳中华自行车(集团)股份有限公司破产重整案

(一)基本案情

深圳中华自行车(集团)股份有限公司(以下简称深中华)系上市的中外合资股份有限公司,成立于 1984 年 8 月 24 日,注册资本及实收资本均为人民币 5.5 亿余元。深中华生产的自行车曾远销欧美,市场占有率和知名度较高,但市场环境发生变化后,企业深陷亏损境地。曾经亚洲最先进的全自动化自行车生产线被迫下马停产,企业靠代工生产业务和物业出租养活187 名员工。深中华原有的厂区经过多轮查封、冻结,无法变现和更改用途,且被出租给各个小企业用于生产,厂区存在严重的环保、安全、交通和监管隐患。因长期亏损,深中华连续多年被深交所退市风险警示,如其不能在2013 年会计年度内通过重整计划,其股票将被终止上市。2012 年 10 月 12 日,广东省深圳市中级人民法院(以下简称深圳中院)根据债权人申请,裁定受理深中华破产重整案。

(二)审理情况

2012 年 10 月 29 日,深中华向深圳中院申请自行管理财产和营业事务,深圳中院审查后于 2012 年 10 月 31 日依据《企业破产法》第七十三条第一款之规定,批准深中华在管理人的监督下自行管理财产和营业事务。

2013 年 8 月 22 日,债权人会议表决重整计划,普通债权组未能表决通过,税款组、出资人组均表决通过。深圳中院在综合考察深中华的现状后,指导管理人积极作为,针对仍存疑虑的债权人进行沟通和释法,充分阐释通过重整企业原本无法变现资产的清偿率可以获得大幅提升,通过获取股权可以分享重组收益等有利因素,取得了债权人的支持。在同年 10 月 15 日的第二次表决中,高比率通过重整计划。同日,深圳中院裁定批准重整计划。同年 12 月 27 日,执行重整计划完毕。

(三)典型意义

本案是人民法院充分尊重当事人意思自治,慎重行使强制批准权,确保市场主体充分进行博弈后,帮助企业恢复生机的典型案例。强制批准重整计划草案,主要适用于需要打破利益壁垒、平衡保护当事人利益的情形,应当慎重适用。深中华的重整计划草案经历了两次表决,法院在面临可能需要强制批准的情况下,没有简单化处理问题,而是指导管理人积极作为,以利益导向、发展导向促成债权人的态度转化,避免了司法权对市场的干预。通过重整,实现在职职工安置 187 人,解决积欠社保问题 400 余人,债权人获得了 70% 的清偿,盘活了企业存量资产,为深圳的城市发展释放土地资源 12.73 万平方米。深中华通过重整解决了历史包袱,实现了产业转型,保留了上市公司地位,通过重整迎来了新的产业注入,保留了股权价值。

案例 3:浙江安吉同泰皮革有限公司执行转破产清算案

(一)基本案情

浙江省安吉县人民法院(以下简称安吉法院)执行局在执行浙江安吉同泰皮革有限公司(以下简称同泰皮革公司)作为被执行人的系列案件中,将被执行人的厂房、土地依法拍卖,所得价款 2484 万元。但经审查发现,截至 2015 年 2 月 27 日,同泰皮革公司作为被执行人的案件全省共有 29 件,标的额 2200 万元;作为被告的案件全省共达 94 件,标的额 3327 万元,同泰皮革公司已不能清偿到期债务,而且资产不足以清偿全部债务。安吉法院执行局根据《最高人民法院关于适用〈中华人民共和国民事诉讼法〉的解释》第五百一十三条的规定,向部分申请执行人征询意见,并得到其中一位申请执行人书面同意,将本案移送破产审查。3 月 17 日,安吉法院根据申请人安吉县博康担保有限公司的申请，裁定受理债务人同泰皮革公司破产清算案。

（二）审理情况

受理破产申请后，安吉法院立即通知相关法院中止诉讼、执行程序，解除财产保全措施，由管理人接管了同泰皮革公司的全部资产。为公平保障全部债权人的利益，对全省范围内涉同泰皮革公司执行案件进行检索，执行人员提醒外地债权人申报债权224.3万元。2015年6月4日，同泰皮革公司破产案召开第一次债权人会议，会议高票通过了《财产管理、变价和分配方案》等两项议案。同月26日，安吉法院裁定确认上述财产管理、变价和分配方案。目前，财产分配方案已执行完毕。同泰皮革公司作为被执行人的案件共53件，债权金额累计4213.1万元，个案执行时间最长达1年半。启动执行转破产程序后，3个月即审结完成，并实现职工债权和税收债权全额清偿，普通债权清偿比例达到22.5%。

（三）典型意义

符合《企业破产法》规定条件的企业法人应该通过破产程序来清理债务，以实现对全体债权人的公平清偿。安吉法院在执行同泰皮革公司系列案件的过程中，发现被执行人已经符合《企业破产法》第七条规定的破产案件受理条件，即根据民诉法司法解释的有关规定，在征得债权人同意后，将执行案件及时移送破产审查，经审查符合破产案件受理条件，即裁定受理，进入破产程序。执行人员还提醒其他执行案件的申请人及时申报债权，实现了案件执行程序和破产程序的有序衔接。案件由执行程序转入破产审查，不仅可以迅速启动破产程序，还有助于执行案件的及时结案，化解执行难问题。

案例4：中国第二重型机械集团公司与二重集团（德阳）重型装备股份有限公司破产重整案

（一）基本案情

中国第二重型机械集团公司（以下简称二重集团）为中央直接管理的国有重要骨干企业，是国家重大技术装备制造基地。二重集团（德阳）重型装备股份有限公司（以下简称二重重装）为二重集团的控股子公司。自2011年起，二重集团、二重重装多年连续亏损，生产经营以及员工工资、社保基本靠向银行举债和股东提供的资金勉强维持。截至2014年年底，二重集团、二重重装金融负债总规模已经超过200亿元。二重重装已经严重资不抵债。

在国资委等有关部门的支持下，以农业银行、中国银行、光大银行为主席行，组织涉及二重集团、二重重装的近30家金融债权人成立了中国二重金融债权人委员会，与二重集团、二重重装及其股东展开了庭外重组谈判。2015年9月11日，在银监会的组织下，各方达成了框架性的重组方案，其核心内容为在2015年内以"现金+留债+股票"清偿全部计息金融负债。同日，债权人机械工业第一设计研究院等向四川省德阳市中级人民法院（以下简称德阳中院）提起了针对二重集团、二重重装的破产重整申请。同月21日，德阳中院裁定受理二重集团、二重重装重整一案，并指定管理人接管了二重集团和二重重装。

（二）审理情况

2015年11月27日，债权人会议和出资人会议召开，各表决组均通过了《重整计划（草案）》。11月30日，德阳中院作出民事裁定，批准重整计划并终止了二重集团和二重重装重整程序。重整计划执行中，120亿金融债权通过现金清偿和债转股，已得到100%清偿；对于非金融债权，按照重整计划已向各家债权人分别支付25万元,其余在2～5年内付清。当年,重整计划整体完成90%。

(三)典型意义

庭外重组是陷入困境但有价值的企业与其债权人之间以协议的方式,对企业进行债务调整和资产重构,以实现企业复兴和债务清偿的一种庭外拯救手段。本案中,在有关部门的推动、指导下,二重集团、二重重装与主要债权人金融机构进行了庭外重组谈判,并达成了框架性金融债务重组方案。进入重整后,法院在司法框架范围内,尽可能推动维持了重组方案确定的原则,依法合规纳入重整计划,得到了金融债权人的认可。二重集团和二重重装重整成功,为这两家资产总额达210亿元的国有企业卸下了沉重的债务负担,优化了金融债务结构。本案积极探索实践庭外重组向司法重整转换,为陷入困境但有再生可能的大型国有企业司法重整提供了可复制的范例。

案例5:浙江玻璃股份有限公司及其关联公司合并破产案

(一)基本案情

浙江玻璃股份有限公司(以下简称浙江玻璃)成立于1994年5月,2001年12月10日在香港联合交易所上市。2003年至2005年,浙江玻璃先后投资成立浙江工程玻璃有限公司、浙江长兴玻璃有限公司、浙江平湖玻璃有限公司、浙江绍兴陶堰玻璃有限公司,上述企业均从事玻璃生产、加工和销售,职工共计4350人,日熔化总量达5150吨。由于经营不善,盲目投资、高成本融资等原因,浙江玻璃及其四家关联公司生产经营遭遇巨大困难,陷入债务危机。2010年5月3日,浙江玻璃因未能如期公布2009年度财务报告被香港联合交易所处以暂停交易。鉴于浙江玻璃已具备破产原因,且作为一家尚具生产能力的境外上市股份公司,具有一定的重整价值,2012 年 6 月 28 日,浙江省绍兴市中级人民法院(以下简称绍兴中院)裁定受理债权人对浙江玻璃的重整申请并指定管理人,启动破产重整程序。

(二)审理情况

2012 年 7 月 4 日,管理人以浙江玻璃与其四家关联公司存在人格混同情形、合并重整有利于公平清偿债权为由,申请浙江玻璃与其四家关联公司合并重整,并提交了相关证据。其中,审计报告结论显示:浙江玻璃与其四家关联公司系作为一个整体进行运作,四家子公司虽然均为法人主体,但都在浙江玻璃的实际控制下运营,资金收支均由浙江玻璃掌控,已丧失其法人实体应当具备的财务独立性。2012 年 7 月 23 日,绍兴中院组织召开合并重整听证会,听取各方对合并重整的意见。经听证,大部分债权人代表及浙江玻璃及其关联公司支持合并重整。经审查,绍兴中院依照《企业破产法》第一条、第二条的规定,裁定浙江玻璃前述四家关联公司并入浙江玻璃重整。

2013 年 3 月 10 日,在前期继续经营、成功招募重整投资人的基础上,浙江玻璃及其四家关联公司破产案召开第三次债权人会议,分组表决重整计划草案。受多种客观因素影响,普通债权组未通过重整计划草案,导致重整计划草案未能获得债权人会议通过。同月 25 日,绍兴中院依照《企业破产法》第八十八条的规定,裁定终止重整程序,转入破产清算。

转入破产清算后,继续维持生产的压力更加突出。玻璃生产具有特殊性,一旦生产线停产,将涉及停火冷窑、危化品处置等安全问题,并将导致资产大幅贬值和维护费用大幅增加。为此,经管理人在债权人会议中广泛征求意见,采取"托管经营"的方式,委托第三方公司继续生产经营,实现了破产清算条件下的正常生产。4 月 13 日,第四次债权人会议表决通过《破产财产变价方案》。经公开拍卖或变卖,公司的资产变价金额合计约 23.02

亿元。9 月 22 日,第五次债权人会议表决通过了《破产财产分配方案》。10 月 10 日,绍兴中院裁定认可破产财产分配方案。12 月 12 日,经管理人申请,绍兴中院裁定终结破产程序。

(三)典型意义

浙江玻璃及其关联公司合并破产案系在充分尊重当事人意思自治基础上,在重整计划草案经表决未获通过的情况下,及时由重整转入清算的案件。本案在审理过程中,充分尊重市场规律,所有重大事项均在充分考虑破产企业的行业状况、商业风险等市场因素的基础上,经由债权人会议依法表决。对于债权人会议否决的事项,法院尊重当事人的意思自治,均未采取强制批准措施。此外,浙江玻璃及其关联公司在破产中维持正常生产,使大部分职工保持了稳定的工作和经济收入,维护了社会的和谐稳定。

案例 6:山东海龙股份有限公司破产重整案

(一)基本案情

山东海龙股份有限公司(以下简称山东海龙)系在深圳证券交易所挂牌的上市公司。主导产品在国内外享有较高的知名度和良好的信誉度。因受整体市场环境及经营问题的影响,公司自 2010 年连续两年亏损,出现经营危机及债务危机。2012 年 3 月 1 日,中国建设银行股份有限公司潍坊寒亭支行向山东省潍坊市中级人民法院(以下简称潍坊中院)提出申请,要求依法对山东海龙进行重整。4 月 23 日,被深圳证券交易所实施退市风险警示,面临退市的严重风险。5 月 18 日,潍坊中院裁定予以受理。

(二)审理情况

根据山东海龙的资产评估情况、偿债能力分析结论、债权审查和确认情况，结合上市公司重整案件的经验，管理人制定了适合山东海龙实际情况的重整计划草案。该重整计划将保留上市公司全部有效经营性资产，通过保障债权人获得不少于破产清算的清偿率，来清理上市公司全部债务，使上市公司以自有业务重获持续经营和盈利能力，节约社会资源，维护了企业、职工、股东、债权人、上下游经营者多方的利益。2012 年 10 月，山东海龙重整案出资人组会议及第二次债权人会议均表决通过了重整计划。11 月 2 日，潍坊中院裁定批准重整计划，重整计划进入执行阶段。12 月 26 日，重整计划执行完毕，重整程序终结。自 2013 年 7 月 3 日起，深圳证券交易所撤销山东海龙股票交易的退市风险警示及其他风险警示。通过重整，该公司扭亏为盈。

（三）典型意义

山东海龙重整案维持了上市公司的主业不变、产品不变、没有进行资产置换、没有停产半停产，实现了企业就地重生，保障了社会和谐稳定。如果以我国目前的上市公司重整案中普遍采用的将上市公司全部资产进行处置，重新注入新的经营性资产的方式重整，则可能一方面债权人的债权清偿比例会很低，另一方面山东海龙的主业和优质资源无法得以保留，影响近万名公司职工就业以及债权人和中小股民的利益。山东海龙重整案中采取了保留公司的全部有效经营性资产，通过保障债权人获得不少于破产清算的清偿，清理其全部债务。该模式使该公司的主业和优质资源得以保留，且公司职工就业基本未受影响，债权人和中小股民利益得到了最大限度地保护，企业、股东、职工、债权人、重整投资人、政府等实现多方共赢，取得了法律效果和社会效果的有机统一。

案例7:中核华原钛白股份有限公司破产重整案

(一)基本案情

中核华原钛白股份有限公司(以下简称中核钛白)股票在深圳证券交易所挂牌交易,在钛白粉市场竞争加剧的情况下,中核钛白经营陷入困境。特别是2008年发生世界性金融危机后,钛白粉产成品价格暴跌,当年钛白粉行业全面亏损。中核钛白连续亏损,面临退市及破产风险。2009年、2010年重大资产重组和托管均未成功。2011年4月22日,债权人向甘肃省嘉峪关市中级人民法院(以下简称嘉峪关中院)申请对中核钛白进行破产重整。7月29日,为维持职工队伍稳定和企业继续经营,中核钛白公司股东经在全国范围内公开遴选,决定由安徽金星钛白(集团)有限公司(以下简称金星钛白)对中核钛白进行托管经营。11月30日,嘉峪关中院裁定受理重整申请。

(二)审理情况

嘉峪关中院受理本案重整申请后,中核钛白继续营业,继续履行与金星钛白的托管协议,并继续履行中核钛白与对方均未履行完毕的42份合同,保证了重整工作的有序推进。截至2012年1月6日,共有146家债权人申报债权147笔,申报债权总额3.3亿余元,管理人初步确认128笔,确认的债权额约3亿元。嘉峪关中院要求管理人制定重整计划草案时一并考虑后续的资产重组,并在提交重整计划草案的同时提交重组框架方案,避免了重整、重组分开运作实施可能带来的弊端。

嘉峪关中院针对小额债权人人数众多、清偿率低、利益受损大、对立情绪严重的特点,为了最大限度地保护他们的利益,决定设立小额债权组,将债权额在600万元以下的债权人都纳入该组,并动员大股东额外拿出2000万元补偿小额债权人的损失,将其清偿率由41.69%提高至70%,有效保障了出资人和债权人的利益平衡。2012 年 7 月 27 日，债权人会议四个债权人组表决通过了重整计划草案，出资人组表决通过了出资人权益调整方案。7 月 31 日，嘉峪关中院裁定批准《中核华原钛白股份有限公司重整计划》。经各方努力，11 月 15 日，重整计划执行完毕，比原计划提前一个半月。12 月 17 日，法院裁定终结中核钛白重整程序。12 月 19 日，经中国证监会审核，中核钛白发行股份购买资产并募集配套资金事项获有条件通过。至此，中核钛白破产重整程序与资产重组程序对接，中核钛白破产重整获得圆满成功。该案普通债权的清偿率为 41.69%，小额普通债权的清偿率达到了 70%，远远高于模拟清算条件下的清偿率。

（三）典型意义

中核钛白破产重整案通过将托管、重整与重组并行考虑，实现了托管、重整、重组的紧密衔接，做到了同行业并购和业务整合紧密衔接，持续经营与技术改造同步进行。既实现了企业经营的连续性，摆脱了清算退市的命运，实现了较高的清偿率，又实现了 1200 名职工全员就业，稳定了职工队伍。

案例 8：北京利达海洋生物馆有限公司破产清算案

（一）基本案情

北京利达海洋生物馆有限公司（以下简称利达公司）是 1993 年经批准成立的中外合作经营企业，其投资经营的北京海洋馆于 1999 年正式开业。北京海洋馆集观赏、旅游、科普、教育和休闲娱乐为一体，是北京旅游行业的名片工程。由于利达公司在成立和建设过程中的大量贷款导致企业财务成本负担过重，同时，公司内部管理混乱，各类有效资产也被法院采取了司法保全措施，客观上已经直接危及北京海洋馆的正常经营，当时 300 多名职工情绪也严重不稳,导致公司难以维持正常经营。截至2003年7月,利达公司的资产总额为人民币6.55亿元,负债总额为人民币21亿元,资产负债率高达320%,属严重资不抵债。同月,经债权人北京国际信托投资有限公司申请,北京市高级人民法院(以下简称北京高院)依法受理了利达公司破产清算一案。

(二)审理情况

北京高院受理后,依据《最高人民法院关于审理企业破产案件若干问题的规定》第十八条的规定,决定成立利达公司监管组,主要负责清点、保管公司财产,核查公司债权债务,为公司利益而进行必要的经营活动等工作。监管组监管期间,北京海洋馆得以维持运营,避免了因停业可能带来的混乱和影响,同时也有效防范了各债权人对企业财产的争相哄抢,稳定了职工情绪,解决了社会稳定问题。

2007年6月1日开始实施的《企业破产法》规定了重整制度,基于对北京海洋馆仍具有良好的持续运营和持续盈利能力的价值分析,北京高院与监管组多次与债权人协商沟通,力争通过重整程序对利达公司进行拯救。利达公司的多数债权人系金融机构债权人,没有通过利达公司进行的相关重整安排。加之利达公司管理混乱,存在一系列历史遗留问题,导致重整投资人疑虑重重而陆续放弃。

2013年10月30日,北京高院裁定宣告利达公司破产。基于对利达公司下属的北京海洋馆经营事业进行拯救的目的,北京高院指导管理人采取在企业持续经营的状态下,将利达公司的全部财产、业务、正在履行的合同等整体打包,通过公开拍卖的方式变价处置。该变价方案在债权人会议表决中获全票通过。经过公开拍卖,北京信沃达海洋科技有限公司整体承接了利达公司的全部资产。承接后,北京海洋馆名称不变。拍卖价款用于清偿全体债权人,职工债权、税收债权100%清偿,普通债权清偿率37.60%,

307名企业职工全部得到了安置。在破产财产分配工作全部完结后，2014年12月19日，北京高院依法裁定终结破产程序。利达公司在破产清算程序终结后予以注销。

(三)典型意义

本案是人民法院充分发挥司法能动作用，指导管理人依法提升资产处置效益，实现困境企业营业拯救的典型案例。在未能通过重整程序拯救利达公司的情形下，法院依法指导管理人通过在持续经营条件下整体打包处置破产财产的变价方式，依法保护了职工、税务部门以及其他债权人的权益，同时拯救了利达公司的经营事业即北京海洋馆，取得了良好的法律效果、经济效果和社会效果。

案例9：上海超日太阳能科技股份有限公司破产重整案

(一)基本案情

上海超日太阳能科技股份有限公司(以下简称超日公司)是国内较早从事太阳能光伏生产的民营企业，注册资本1.976亿元。2010年11月，超日公司股票在深圳证券交易所中小企业板挂牌交易。2012年3月7日，超日公司发行了存续期限为五年的“11超日债”。此后公司整体业绩持续亏损，生产经营管理陷于停滞，无力偿付供应商货款，银行账户和主要资产处于被冻结、抵押或查封状态，应付债券不能按期付息，“11超日债”也因此成为我国债券市场上的首个公司债违约案例。受制于财务负担沉重以及光伏产业整体处于低谷时期等因素的影响，超日公司已经很难在短期内通过主营业务的经营恢复持续盈利能力。2014年4月3日，债权人上海毅华金属材料有限公司以超日公司不能清偿到期债务为由，向上海市第一中级人民法院(以下简称上海一中院)申请对该公司进行破产重整。该院经审查，于6月26日裁定受理。因连续三年亏损,超日公司被暂停上市。

(二)审理情况

上海一中院指定一家律师事务所和一家会计师事务所组成联合管理人。管理人通过公开招标,确定由9家公司作为联合投资人。2014年10月8日,管理人公告发布《超日公司重整计划草案》《关于确定投资人相关情况的公告》等文件。管理人结合超日公司的实际情况以及对意向投资人综合考察,确定由江苏协鑫能源有限公司等九家单位组成联合体作为超日公司重整案的投资人。九家联合投资人将出资19.6亿元用于超日公司重整,其中18亿元用于支付重整费用和清偿债务,剩余1.6亿元作为超日公司后续经营的流动资金。

《超日公司重整计划草案》于同年10月23日向第二次债权人会议提交。经分组表决,各表决组均通过了重整计划草案。依管理人申请,上海一中院于10月28日裁定批准超日公司重整计划并终止重整程序。根据重整计划,超日公司职工债权和税款债权全额受偿;有财产担保债权按照担保物评估价值优先受偿,未能就担保物评估价值受偿的部分作为普通债权受偿;普通债权20万元以下(含本数)部分全额受偿,超过20万元部分按照20%的比例受偿。此外,长城资产管理公司和久阳投资管理中心承担相应的保证责任,"11超日债"本息全额受偿。超日公司更名为协鑫科技股份有限公司,并于2014年实现盈利。2015年8月12日,*ST超日更名后在深交所恢复上市。至此,超日公司重整成功。

(三)典型意义

本案是全国首例公司债违约的上市公司破产重整案件,选择同行业企业作为重整方是本案迅速重整成功的关键。超日公司若要恢复上市,避免破产清算,必须在2014年内重整成功,扭亏为盈,这意味着重整工作的有效时间至多半年。而超日公司负债规模大、资产情况复杂,还涉及6万多股民及大量海外资产，重整难度较大，因此引入同行业有实力的重组方是较优选择，经过公开征集投资人，最终确定由同行业的江苏协鑫能源有限公司等作为重整方。引入同行业投资人可以加快推进重整进程，还可以解决企业现有员工的就业问题，有利于保障社会稳定。基于此，超日公司迅速恢复生产并具备持续经营能力，实现了较好法律效果和社会效果。

案例 10：无锡尚德太阳能电力有限公司破产重整案

（一）基本案情

无锡尚德太阳能电力有限公司（以下简称无锡尚德）成立于 2001 年 1 月 22 日，主要经营业务为研究、开发、生产、加工太阳能电池及发电产品系统等。尚德电力控股有限公司（以下简称尚德电力）是 2005 年在美国纽约证券交易所上市的民营企业。无锡尚德则是尚德电力旗下资产规模最大的生产基地，集中了 95% 以上的产能，10 年间成长为全球最大的光伏组件生产商之一。2012 年，由于行业恶性价格战、全球产能过剩，以及自身决策频繁失误和内部管理问题等原因，无锡尚德运行陷入极端困境，并导致尚德电力股价一度跌至 0.6 美元以下，三次收到纽约证券交易所停牌警告，并一度被强制进入退市程序。2013 年 3 月 18 日，中国银行股份有限公司无锡高新技术产业开发区支行等 8 家银行以无锡尚德不能清偿到期债务为由，向江苏省无锡市中级人民法院（以下简称无锡中院）申请对无锡尚德进行破产重整。3 月 20 日，无锡中院裁定批准无锡尚德进入破产重整程序。

（二）审理情况

无锡中院受理后，指定由地方政府职能部门组成清算组担任管理人，同时建议清算组通过市场化运作遴选审计、评估、法律、财务等中介机构，充实清算组团队，发挥中介机构在市场价值判断、营业管理咨询等方面的专业优势。

由于无锡尚德是一家高科技型生产企业，营业事务涉及面广、专业要求高，需要熟悉公司业务和企业管理的专业人员参与，在无锡中院指导下，管理人聘请了在资产重组领域及企业管理等方面具备人才优势和丰富经验的公司负责管理无锡尚德重整期间的营业事务，实现了无锡尚德的复工。为了彻底恢复无锡尚德的持续经营能力，从2013年6月下旬开始，在无锡中院的指导下，管理人从全球范围内上百家光伏行业及上下游企业中，筛选潜在战略投资者，通过报名、资格审查、尽职调查、提交投标文件、工作小组专业评议等严格的招募程序，江苏顺风光电科技有限公司（以下简称顺风光电）获得无锡尚德战略投资者资格。

2013年10月底管理人提交了重整计划草案，重整计划中明确顺风光电作为战略投资者支付30亿元现金，用于解决无锡尚德相关费用与债务的清偿。出资人持有的无锡尚德100%股权全部无偿让渡。职工债权、税收债权、担保债权均按照100%比例以现金方式一次性受偿。为提高普通债权的清偿比例，每家债权人10万元以下部分的债权全额受偿；10万元以上部分在"现金"及"现金+应收款"两种方式中择一受偿。以"现金"方式受偿，受偿比例为31.55%。以"现金+应收款"方式受偿，即每家债权人除按照30.85%的清偿比例获得现金受偿外，还可以无锡尚德账面9笔应收款受偿。11月12日召开的第二次债权人大会上，职工债权组、税收债权组、担保债权组均全票表决通过上述重整计划草案，人数最多的普通债权组也高票通过。出资人组表示弃权。11月15日，无锡中院依法裁定批准《重整计划草案》，并终止重整程序。12月底偿债资金30亿元全部到位并分配完毕。

(三)典型意义

无锡中院在审理过程中,依法保护金融债权,有效化解金融风险。本案中,金融债权占债权总额的75.45%,为依法保护金融债权,有效化解金融风险,一方面是加大资产清收力度,根据应收款的具体情况采取发催收函催收、直接接洽、论证后起诉等多种方式,共追回应收款7.08亿元,增加了破产财产总额;另一方面在制订重整计划时引入"现金+应收款"与"现金"两种清偿方式供债权人选择。从结果来看,有多家金融债权人选择了"现金+应收款"的清偿方式,该部分债权额达40.95亿元。这也为其他困境企业重整提供了有益的借鉴。无锡尚德重整案充分发挥破产程序在清理金融债权方面的集中优势、效率优势和经济优势,切实维护了经济秩序稳定和金融安全。

第二节 最高人民法院发布全国法院十个破产典型案例启示(2018年)

案例1:浙江南方石化工业有限公司等三家公司破产清算案

(一)基本案情

浙江南方石化工业有限公司(以下简称南方石化)、浙江南方控股集团有限公司、浙江中波实业股份有限公司系绍兴地区最早一批集化纤、纺织、经贸为一体的民营企业,三家公司受同一实际控制人控制。其中南方石化年产值20亿余元,纳税近2亿元,曾入选中国民营企业500强。由于受行业周期性低谷及互保等影响,2016年上述三家公司出现债务危机。2016年11月1日,浙江省绍兴市柯桥区人民法院(以下简称柯桥法院)裁定分别受理上述三家公司的破产清算申请，并通过竞争方式指定联合管理人。

（二）审理情况

由于南方石化等三公司单体规模大、债务规模大，难以通过重整方式招募投资人，但具有完整的生产产能、较高的技术能力，具备产业转型和招商引资的基础。据此，本案采取"破产不停产、招商引资"的方案，在破产清算的制度框架内，有效清理企业的债务负担，阻却担保链蔓延；后由政府根据地方产业转型升级需要，以招商引资的方式，引入战略性买家，实现"产能重整"。

三家企业共接受债权申报54.96亿元，裁定确认30.55亿元，临时确认24.41亿元。其中南方石化接受债权申报18.58亿元，裁定确认9.24亿元，临时确认9.34亿元。鉴于三家企业存在关联关系、主要债权人高度重合、资产独立、分散以及南方石化"破产不停产"等实际情况，柯桥法院指导管理人在充分尊重债权人权利的基础上，积极扩展债权人会议职能，并确定三家企业"合并开会、分别表决"的方案。2017年1月14日，柯桥法院召开南方石化等三家企业第一次债权人会议，高票通过了各项方案。2017年2月23日，柯桥法院宣告南方石化等三家企业破产。

2017年3月10日，破产财产进行网络司法拍卖，三家企业550亩土地、26万平方米厂房及相关石化设备等破产财产以6.88亿余元一次拍卖成交。根据通过的《破产财产分配方案》，职工债权获全额清偿，普通债权的清偿率达14.74%。破产财产买受人以不低于原工作待遇的方式接受员工，1310余名员工中1100余人留任，一线员工全部安置。本案从宣告破产到拍卖成交，仅用时54天；从立案受理到完成财产分配仅用时10个半月。

（三）典型意义

本案是在清算程序中保留有效生产力，维持职工就业，实现区域产业整合和转型升级的典型案例。审理中，通过运用政府的产业和招商政策，利用闲置土地70余亩,增加数亿投入上马年产50万吨FDY差别化纤维项目,并通过托管和委托加工方式,确保“破产不停产”,维持职工就业;资产处置中,通过债权人会议授权管理人将三家企业资产可单独或合并打包,实现资产快速市场化处置和实质性的重整效果。此外,本案也是通过程序集约,以非实质合并方式审理的关联企业系列破产清算案件。对于尚未达到法人格高度混同的关联企业破产案件,采取联合管理人履职模式,探索对重大程序性事项尤其是债权人会议进行合并,提高审理效率。

案例2:松晖实业(深圳)有限公司执行转破产清算案

(一)基本案情

松晖实业(深圳)有限公司(以下简称松晖公司)成立于2002年12月10日,主要经营工程塑料、塑胶模具等生产、批发业务。2015年5月,松晖公司因经营不善、资金链断裂等问题被迫停业,继而引发1384宗案件经诉讼或仲裁后相继进入强制执行程序。在执行过程中,深圳市宝安区人民法院(以下简称宝安法院)查明,松晖公司名下的财产除银行存款3483.13元和机器设备拍卖款1,620,000元外,无其他可供执行的财产,459名员工债权因查封顺序在后,拍卖款受偿无望,执行程序陷入僵局。2017年2月23日宝安法院征得申请执行人深圳市宝安区人力资源局同意后,将其所涉松晖公司执行案移送破产审查。2017年4月5日,广东省深圳市中级人民法院(以下简称深圳中院)裁定受理松晖公司破产清算案,松晖公司其他执行案件相应中止,所涉债权债务关系统一纳入破产清算程序中处理。

(二)审理情况

深圳中院受理松晖公司破产清算申请后,立即在报纸上刊登受理公告并依法指定管理人开展工作。经管理人对松晖公司的资产、负债及经营情况进行全面调查、审核后发现，松晖公司因欠薪倒闭停业多年，除银行存款3483.13元和机器设备拍卖款1,620,000元外，已无可变现资产，而负债规模高达1205.93万元，严重资不抵债。2017年6月28日，深圳中院依法宣告松晖公司破产。按照通过的破产财产分配方案，可供分配的破产财产1,623,645.48元，优先支付破产费用685,012.59元后，剩余938,632.89元全部用于清偿职工债权11,347,789.79元。2017年12月29日，深圳中院依法裁定终结松晖公司破产清算程序。

（三）典型意义

本案是通过执行不能案件移送破产审查，从而有效化解执行积案、公平保护相关利益方的合法权益、精准解决“执行难”问题的典型案例。由于松晖公司财产不足以清偿全部债权，债权人之间的利益冲突激烈，尤其是涉及的459名员工权益，在执行程序中很难平衡。通过充分发挥执行转破产工作机制，一是及时移送、快速审查、依法审结，直接消化执行积案1384宗，及时让459名员工的劳动力资源重新回归市场，让闲置的一批机器设备重新投入使用，有效地利用破产程序打通解决了执行难问题的“最后一公里”，实现对所有债权的公平清偿，其中职工债权依法得到优先受偿；二是通过积极疏导和化解劳资矛盾，避免了职工集体闹访、上访情况的发生，切实有效的保障了职工的权益，维护了社会秩序，充分彰显了破产制度价值和破产审判的社会责任；三是通过执行与破产的有序衔接，对生病企业进行分类甄别、精准救治、及时清理，梳理出了盘错结节的社会资源，释放了经济活力，使执行和破产两种制度的价值得到最充分、最有效地发挥。

案例3:重庆钢铁股份有限公司破产重整案

(一)基本案情

重庆钢铁股份有限公司(以下简称重庆钢铁)于1997年8月11日登记注册,主要从事钢铁生产、加工和销售,其股票分别在香港联合交易所(以下简称联交所)和上海证券交易所(以下简称上交所)挂牌交易。截至2016年12月31日,重庆钢铁合并报表资产总额为364.38亿元,负债总额为365.45亿元,净资产为-1.07亿元。因连续两年亏损,重庆钢铁股票于2017年4月5日被上交所实施退市风险警示。经债权人申请,重庆市第一中级人民法院(以下简称重庆一中法院)于2017年7月3日依法裁定受理重庆钢铁重整一案。

(二)审理情况

在法院的监督指导下,管理人以市场化为手段,立足于依托主营业务,优化企业内涵,化解债务危机,提升盈利能力的思路制定了重整计划草案。该重整计划通过控股股东全部让渡所持股份用于引入我国第一支钢铁产业结构调整基金作为重组方;针对企业"病因"制定从根本上重塑其产业竞争力的经营方案;处置无效低效资产所得收益用于债务清偿、资本公积金转增股份抵偿债务等措施,维护重庆钢铁1万余名职工、2700余户债权人(其中申报债权人1400余户)、17万余户中小股东,以及企业自身等多方利益。重整计划草案最终获得各表决组的高票通过。

2017年11月20日,重庆一中法院裁定批准重整计划并终止重整程序;12月29日,裁定确认重整计划执行完毕。重庆钢铁发布的2017年年度报告显示,通过成功实施重整计划,其2017年度获得归属于上市公司股东的净利润为3.2亿元,已实现扭亏为盈。

（三）典型意义

重庆钢铁重整案是以市场化、法治化方式化解企业债务危机，从根本上实现企业提质增效的典型案例。该案因系目前全国涉及资产及债务规模最大的国有控股上市公司重整、首例股票同时在上交所和联交所挂牌交易的“A＋H”股上市公司重整、首家钢铁行业上市公司重整，而被认为属于“特别重大且无先例”。该案中，人民法院发挥重整程序的拯救作用，找准企业“病因”并“对症下药”，以市场化方式成功剥离企业低效无效资产，引入产业结构调整基金，利用资本市场配合企业重组，实现了企业治理结构、资产结构、产品结构、工艺流程、管理制度等的全面优化。另外，人民法院在准确把握破产法精神实质的基础上积极作为，协同创新，促成了重整程序中上交所首次调整资本公积金转增除权参考价格计算公式、联交所首次对召开类别股东大会进行豁免、第三方担保问题成功并案解决，既维护了社会和谐稳定，又实现了各方利益共赢，为上市公司重整提供了可复制的范例。

案例4：江苏省纺织工业（集团）进出口有限公司等六家公司破产重整案

（一）基本案情

江苏省纺织工业（集团）进出口有限公司（以下简称省纺织进出口公司）及其下属的五家控股子公司江苏省纺织工业（集团）轻纺进出口有限公司、江苏省纺织工业（集团）服装进出口有限公司、江苏省纺织工业（集团）机电进出口有限公司、江苏省纺织工业（集团）针织进出口有限公司、无锡新苏纺国际贸易有限公司，是江苏省纺织及外贸行业内有较高影响力的企业，经营范围主要为自营和代理各种进出口业务及国内贸易。在国际油价大幅下跌的背景下，因代理进口化工业务的委托方涉嫌违法及自身经营管理等原因，省纺织进出口公司及其五家子公司出现总额高达20余亿元的巨额负债，其中80%以上为金融债务，而六公司经审计总资产仅为6000余万元，资产已不足以清偿全部债务。

（二）审理情况

根据债权人的申请，江苏省南京市中级人民法院（以下简称南京中院）分别于2017年1月24日、6月14日裁定受理省纺织进出口公司及五家子公司（其中无锡新苏纺国际贸易有限公司经请示江苏省高级人民法院指定南京中院管辖）重整案，并指定同一管理人接管六家公司。管理人对六家公司清理后认为，六家公司存在人员、财务、业务、资产等人格高度混同的情形，据此申请对六家公司进行合并重整。南京中院在全面听证、审查后于2017年9月29日裁定省纺织进出口公司与五家子公司合并重整。基于六家公司在纺织及外贸行业的影响力及经营前景，管理人通过谈判，分别引入江苏省纺织集团有限公司及其母公司等作为战略投资人，投入股权等优质资产增资近12亿元，对债务人进行重整并进行资产重组，同时整合省纺织进出口公司与子公司的业务资源，采用“现金清偿＋以股抵债”的方式清偿债权。2017年11月22日，合并重整债权人会议及出资人组会议经过分组表决，各组均高票或全票通过管理人提交的合并重整计划草案。经管理人申请，南京中院审查后于2017年12月8日裁定批准省纺织进出口公司及五家子公司的合并重整计划；终止省纺织进出口公司及五家子公司的合并重整程序。

（三）典型意义

该案是探索关联企业实质合并重整、实现企业集团整体脱困重生的典型案例。对分别进入重整程序的母子公司，首先在程序上进行合并审理，在确认关联企业人格高度混同、资产和负债无法区分或区分成本过高以致严重损害债权人利益，并全面听取各方意见后，将关联企业进行实质合并重整。合并重整中，通过合并清理债权债务、整合关联企业优质资源，同时综合运用“现金清偿＋以股抵债”、重整的同时进行资产重组等方式对危困企业进行“综合诊治”，不仅使案件审理效率大为提升，债权人的整体清偿利益得到有效维护，还化解了20余亿元的债务危机，有效防范了金融风险，实现了六家企业整体脱困重生，凸显了破产审判的制度功能与社会价值，为国有企业深化改革提供有益经验。

案例5：云南煤化工集团有限公司等五家公司破产重整案

（一）基本案情

云南煤化工集团有限公司（以下简称煤化工集团）系云南省国资委于2005年8月组建成立的省属大型集团企业，下辖近百家企事业单位，并系上市公司云南云维股份有限公司（以下简称云维股份）的控股股东。2012年至2015年煤化工集团经营性亏损合计超过100亿元，涉及经营性债权人1000余家，整个集团公司债务约650亿元，云维股份则面临终止上市的紧迫情形。如债权人维权行为集中爆发，煤化工集团进入破产清算，集团旗下4.3万名职工中大多数将被迫离开工作岗位，72亿元债券面临违约，数百亿金融债权将损失惨重。

（二）审理情况

2016年，债权人先后分别申请煤化工集团及下属四家企业（分别为云维集团、云维股份、云南大为、曲靖大为）重整。基于五公司的内部关联关系和不符合实质性合并条件等客观情况，云南省高级人民法院决定分别受理上述系列案件，并指定云南省昆明市中级人民法院（以下简称昆明中院）集中管辖。2016年8月23日，昆明中院裁定受理了上述五家企业破产案件，确保了该系列案的统一协调、系统处理和整体推进，提升了破产案件的处理效率,减少了破产费用。

由于煤化工集团五家公司之间存在四级股权关系,债权结构复杂,偿债资源分布不均匀,呈现出“自下而上,债务总额越来越大,偿债资源越来越少”的趋势。为了最大化实现债权人在煤化工集团多家重整主体的整体利益,该系列重整案确定了“自下而上”的重整顺序,由子公司先完成重整,保证了下层公司通过偿还上层公司内部借款,向上输送偿债资源,解决了债务和偿债资源不匹配的问题,奠定了成功实现重整整体目标的基础。云维股份及其子公司率先完成重整,确保云维股份保壳成功,同时通过资本公积金转增股票向云维集团和煤化工集团提供股票,并通过债务关系、担保关系实现偿债资源的有序输送,使两家公司能够制定最为合理的重整计划,绝大部分金融债权能够获得100%兜底清偿。该系列重整案前后历时十个月,五公司重整方案均获得债权人会议表决通过,重整计划付诸实际执行,系列重整案件基本圆满终结。

(三)典型意义

本案是在供给侧结构性改革及“去产能、调结构”背景下,人民法院切实发挥破产审判功能,积极化解产能过剩,保障地方就业稳定,并最终实现困境企业“涅槃重生”的典型案例。通过重整程序,集团旗下关闭煤矿18家,清理过剩煤炭产能357万吨/年,分流安置职工14,552人,化解债务危机的同时为企业后续持续健康发展奠定基础,得到了债权人、债务人、股东、职工的高度肯定和支持。

案例6:北京理工中兴科技股份有限公司破产重整案

(一)基本案情

北京理工中兴科技股份有限公司(以下简称京中兴公司)现系在全国

中小企业股转系统代办股份转让的非上市公众公司，成立于1992年12月1日，注册资本2.5亿余元。1993年4月，经海南省证券管理办公室批准，公司定向募集1.2亿股在中国证券交易系统（NET系统）上市交易，流通股17,090万股，股东达1.4万余名。截至2017年，公司资产总额979.66万元，负债总额近亿元，已严重资不抵债。债权人以不能清偿到期债务为由，向北京市第一中级人民法院（以下简称北京一中院）申请京中兴公司破产重整，该院于2017年9月15日裁定受理。

（二）审理情况

为提高重整成功率，北京一中院采用预重整模式，以听证形式多次组织相关主体开展谈判协商，并在对公司是否具有重整价值和挽救可能进行有效识别的基础上，引导主要债权人与债务人、投资方签署“预重整工作备忘录”等文件，就债权调整、经营方案以及重整路径等主要问题达成初步意向。同时，还通过预先摇号方式选定管理人提前开展工作。

通过有效对接预重整工作成果，加快审理节奏，本案在受理八十余天便召开债权人会议表决重整计划草案，债权人组100%表决通过（申报债权均为普通债权），出资人组经现场和网络投票，通过率亦超87%。2017年12月21日，北京一中院裁定批准破产重整计划，终止重整程序。根据重整计划，投资人承诺在受让京中兴公司1万股后，注入不低于8亿元的优质旅游资产并转增股份用于偿还公司债务，预计债权清偿率达69.25%（不含复牌后可能溢价的部分）。

截至2018年2月底，投资人已实际受让1万股，并完成对注入资产的审计评估工作，重大资产重组的相关工作亦进展顺利。

（三）典型意义

本案系全国首例在全国证券交易自动报价系统（STAQ系统）和NET系统（以下简称“两网”系统）流通转让股票的股份公司破产重整案。1999

年9月,上述"两网"系统停止运行后,"两网"公司普遍存在经营困难、股份流动性差等问题,但由于存在可能申请公开发行的政策优势,因而仍具有一定的重整价值。本案中,京中兴公司通过重整引入优质旅游资产,实现社会资源的重新整合配置,培育了发展新动能,并为公司在符合法律规定条件时申请公开发行奠定了基础,也为其他"两网"公司通过重整重返资本市场提供了借鉴。同时,对拓宽企业投融资渠道,落实北京金融工作会议关于"促进首都多层次金融市场体系建设,把企业上市作为一个重要增长点来抓"的要求,对于营造稳定公平透明、可预期的首都营商环境亦具有积极意义。

此外,本案中北京一中院采用预重整方式,通过对识别机制、重整听证程序、沟通协调机制的综合运用,大大提高重整的效率和成功率,充分发挥了预重整的成本优势和效率优势,实现了多方利益的共赢。

案例7:庄吉集团有限公司等四家公司破产重整案

(一)基本案情

庄吉服装是温州地区知名服装品牌,庄吉集团有限公司(以下简称庄吉集团)、温州庄吉集团工业园区有限公司(以下简称园区公司)、温州庄吉服装销售有限公司(以下简称销售公司)、温州庄吉服装有限公司(以下简称服装公司)四企业长期经营服装业务,且服装业务一直经营良好。但因盲目扩张,投资了并不熟悉的造船行业,2014年受整体经济下行影响,不但导致投入造船业的巨额资金血本无归,更引发了债务人的银行信用危机。2014年10月9日,除服装公司外,其余三家公司向浙江省温州市中级人民法院(以下简称温州中院)申请破产重整。

(二)审理情况

2015年2月27日,温州中院裁定受理庄吉集团、园区公司、销售公司三企业的重整申请,并根据企业关联程度较高的情况,指定同一管理人。本案中债权人共有41人,申报债权约20亿元,确认约18亿元。2015年8月20日,管理人请求温州中院将重整计划草案提交期限延长三个月。2016年1月27日,服装公司亦进入重整程序。由于四企业存在人格高度混同的情形,符合合并重整的基础条件,且合并重整有利于公平清偿债务,符合《企业破产法》的立法宗旨。温州中院在经债权人会议决议通过四企业合并重整的基础上,经过该院审委会讨论决定,对管理人提出的实质合并重整申请予以准许。随后管理人制定整体性的重整计划草案,并在债权人会议表决的过程中获得了绝大部分债权人的认可,仅出资人组部分股东不同意。经与持反对意见的股东沟通,其之所以反对主要是对大股东经营决策失误有怨言,对重整计划本身并无多大意见。2016年3月17日,温州中院强制裁定批准该重整计划草案。在重整计划草案通过后,温州中院及时根据《中共温州市委专题会议纪要》[(2016)9号文件]对重整企业进行信用修复,使得重整企业隔断历史不良征信记录、恢复正常使用包括基本户在内的银行账户、正常开展税务活动、解除法院执行部门的相关执行措施,为重整企业营造了良好的经营环境。

(三)典型意义

本案是法院依法审慎适用重整计划草案强制批准权、积极协调保障企业重整后正常经营的典型案例。实践中,一些企业在重整计划通过后,因相关配套制度的缺失又重新陷入困境。因此,重整是否成功,并不仅仅体现在重整计划的通过上,虽然重整司法程序在法院裁定批准后终止,但重整后的企业能否迅速恢复生机,还需要在信用修复、适当的税收优惠等方面予以支持,使其顺利恢复生产经营活动,才是完整发挥重整制度价值的关键。本案中,在庄吉服装系列公司重整计划通过后,温州中院积极协调,为重整后的庄吉服装系列公司赢得良好经营环境。此外,法院依法审慎适用强制批准权,维护了各方主体利益平衡以及整体利益最大化,庄吉服装系列公司在重整成功后的第一个年度即成为当地第一纳税大户。

案例8:福建安溪铁观音集团股份有限公司及其关联企业破产重整案

(一)基本案情

福建省安溪茶厂有限公司(以下简称安溪茶厂)成立于1952年,是我国历史最为悠久的三大国营茶厂之一,系福建安溪铁观音集团股份有限公司(以下简称铁观音集团)全资子公司。铁观音集团成立后,投入大量资金用启动上市计划并于2012年6月进行IPO预披露,由于国家政策及市场变动等因素,2013年铁观音集团终止上市计划。之后随着国家宏观经济下行、消费环境变化和市场调整等不利因素的影响,尤其是担保链断裂等因素,铁观音集团和安溪茶厂陷入资金和经营困境。2016年1月,债权人分别申请铁观音集团和安溪茶厂重整,泉州市中级人民法院(以下简称泉州中院)、安溪县人民法院(以下简称安溪法院)分别受理两个案件。安溪法院受理后以案件疑难复杂为由将案件移送泉州中院审理。

(二)审理情况

泉州中院受理后,共裁定确认铁观音集团债权41家合计约4.78亿元、安溪茶厂债权137家合计约3.32亿元(其中茶农债权人83名,债权金额合计约776万元)。管理人采用公开遴选的方式,引入投资人向铁观音集团增资2.2亿元,持有铁观音集团股权76.2%,原股东的股权稀释为23.8%;铁观音集团普通债权清偿率7.54%(其中10万元以下部分清偿率30%),比清算条件下的清偿率提高三倍;安溪茶厂普通债权清偿率16%(其中10

万元以下部分清偿率40%），两案重整计划草案均获得高票通过。2016年11月3日，泉州中院裁定批准重整计划，终止重整程序。2017年8月31日重组方投资全部到位，2017年10月31日，泉州中院裁定确认两案的重整计划执行完毕。

（三）典型意义

本案是通过破产重整制度促进传统农业企业转型升级的典型案例。安溪茶厂、铁观音集团等企业共同形成了茶叶种植、生产、研发、销售的产、供、销一体化涉农企业。重整成功使"安溪铁观音集团"这一著名商号得以保留，带动茶农、茶配套生产商、茶叶营销加盟商相关产业发展；且投资方"互联网+"思维模式、合伙制商业模式、"制茶大师工作室"等创新模式的引入，对传统农业企业从营销模式、产品定位、科研创新等方面进行升级转型，同时化解了金融债权约5.8亿元，有效防控金融风险。此外，本案中，经审计机构和管理人调查，两家企业在主要财产、交易渠道、账册等方面不存在高度混同情形，故未采用实质性合并重整的方式，而是采取分中有合、合中有分的审理模式对于安溪茶厂和铁观音集团两个关联企业进行重整。基于两家企业母子公司的关系，招募同一个投资人作为重整案件的重组方，最大限度整合两家企业的资源，提高重整的价值，实现债务人和债权人利益最大化。

案例9：中顺汽车控股有限公司破产重整案

（一）基本案情

中顺汽车控股有限公司（以下简称中顺汽车）成立于2002年，主要业务为轻型客车的制造、销售。受2008年全球金融危机和市场竞争加剧等因素影响，企业陷入困境。2009年开始停产，诉讼集中暴发，职工大规模上访。截至2017年1月，累计负债27亿元，其中拖欠职工工资、社保1440人，普通债权人130余家，相关执行案件130余件，严重资不抵债。2017年1月13日，辽宁省沈阳市中级人民法院(以下简称沈阳中院)根据债权人申请，裁定受理中顺汽车破产重整案件。

(二)审理情况

法院裁定受理后，基于该企业停产时间长、社会稳定压力突出、协调审批事项复杂等现实情况，法院通过“沈阳工业企业依法破产(重整)工作小组”会商后决定指定清算组担任管理人。在重整工作中，法院牵头抓总，主导重整程序推进；清算组除管理人基本职责外，侧重解决职工安置、维护稳定，协调、审批，产业政策把握等事务。

针对企业的困境成因，在重整计划草案制定中，一方面立足于化解债务问题，保证公平清偿；另一方面着眼于促进企业提质增效，增强盈利能力。在重整投资人引入过程中，采用市场化招募方式，将引入新能源产业作为目标，指导管理人利用全国企业破产重整案件信息网发布招募公告，将符合国家政策支持导向并具有技术创新能力作为核心要件，通过严格的招募遴选程序，从报名的主体中择优选定威马汽车制造温州有限公司及其子公司沈阳思博智能汽车技术有限公司作为重整投资人。威马汽车作为致力于新能源汽车研发、生产的企业，给中顺汽车注入活力，构建绿色出行，智慧出行，实现了中顺汽车由传统汽车制造企业向新能源汽车产业基地的转型升级。2017年6月30日，债权人会议各组均表决通过重整计划草案。2017年7月6日，沈阳中院裁定批准重整计划。2018年1月，中顺汽车管理人提交重整计划执行完毕报告。

(三)典型意义

中顺汽车重整案是充分发挥政府与法院协调机制的优势，以常态化工作平台有针对性指导个案，同步化解困境企业债务和经营问题，促进实体经济转型升级、实现振兴的典型案例。中顺汽车案件审理中,充分利用"沈阳工业企业依法破产(重整)工作小组"平台优势,判断企业的救治价值和可能性,把握重整产业发展方向,搭建引资平台,促进项目落地,并在重整计划执行阶段,督促、协调有关部门快速完成变更、审批事项,在法院依法完成程序推进工作的基础上,共同实现成功重整,助力老工业基地产业结构调整。

案例10:桂林广维文华旅游文化产业有限公司破产重整案

(一)基本案情

桂林广维文华旅游文化产业有限公司(以下简称广维公司)拥有全球第一部山水实景演出、广西旅游活名片、阳朔旅游晴雨表的《印象·刘三姐》剧目。该公司为股东及其关联控制人代偿或担保债务涉及总额超过15亿元,导致不能清偿到期债务且资不抵债,据此提出破产重整申请。

(二)审理情况

2017年8月15日,广西壮族自治区高级人民法院(以下简称广西高院)裁定受理本案并指定管理人。管理人采取邀请招标方式并经公开开标,从交纳投标保证金、具体重整方案的细化可行性情况确定北京天创文投演艺有限公司(以下简称文投公司)以7.5亿元出资额成为重整投资方。2017年11月8日,第一次债权人会议召开,重整计划草案确定相关债权数额并将出资人权益调整为零,明确文投公司义务。享有担保权的债权组,代表债权金额275,892,800.36元,表决通过该草案;普通债权组过半数同意,代表债权金额761,128,974.33元,占该组债权总额的77.30%,超过三分之二以上;出资人组表决未通过该草案。2017年12月4日,广西高院裁定批准重整计划草案,终止重整程序。2018年1月,文投公司出资资金到位;1 月 26 日,广西高院裁定确认柳州银行股份有限公司等 15 位债权人债权共计 1,469,526,673.18 元,其受偿金额分配共计 589,207,646.36 元;2 月中旬,文投公司完成股权过户。

(三)典型意义

本案系全国首个直接由高级法院受理的破产重整案件。由于考虑到公司经营项目为国际知名大型实景《印象·刘三姐》剧目,对广西旅游业、地方经济影响较大,且公司所有资产被国内、区内数十家法院查封、涉及职工人数众多且成分复杂等情况,广西高院依据我国《企业破产法》第四条、《民事诉讼法》第三十八条第一款之规定,将本案作为全区重大有影响案件裁定立案受理。为确保《印象·刘三姐》剧目演出不受破产重整影响,本案实行演出相关业务自行经营、管理人监督、法院总协调的模式,确保重整期间公司正常经营,各项收入不减反增。该案历经 3 个月 21 天顺利终结并进入重整计划执行阶段,广维公司摆脱债务困境重焕活力,确保800 多名演职人员就业机会也解决关联公司 548 名职工安置问题,相关产业通过《印象·刘三姐》项目实现升级改造,推动了地方经济发展。

第三节　海南三亚鹿回头实质合并重整案例[①]

案情简介

海南省三亚市中级人民法院(以下简称三亚中院)于 2018 年 8 月 27 日、31 日分别裁定受理了三亚市吉阳区税务局对三亚鹿回头旅游区开发有

① 海南省三亚市中级人民法院民事裁定书(2018)琼 02 破 2 号之二。

限公司等十二家公司破产重整案的申请,并采取竞争方式选任了管理人。管理人在履行职责的过程中发现,三亚鹿回头旅游区开发有限公司等十二家公司与三亚中弘弘熹房地产开发有限公司等十一家公司之间存在关联关系,并以二十三家公司存在法人人格高度混同,各企业已经严重丧失法人意志独立性和法人财产独立性,分别重整存在资产负债区分成本过高的困难,且将严重损害债权人公平清偿利益为由,于2019年5月20日向本院申请对鹿回头公司等十二家公司与爱地公司等十一家公司进行实质合并重整,将二十三家公司的财产整体合并后作为统一的破产财产,由其债权人在同一程序中按照法定顺序公平受偿。

2019年6月13日,三亚中院组织申请人、二十三家被申请人及相关利害关系人进行了公开听证,充分听取了管理人提出实质合并重整的事实和理由以及利害关系人提出异议的理由。中介机构出具了《关于三亚中弘弘熹房地产开发有限公司等二十三家公司资金及财务混同专项调查报告》(以下简称混同专项调查报告),从组织架构管理、经营管理、资产管理、资金财务管理、业务管理、人事管理等方面阐述了关联企业存在混同的事实和理由。

三亚中院经过审查以后认为:三亚鹿回头旅游区开发有限公司等十七家公司适用关联企业实质合并重整方式审理。

申请人:三亚鹿回头旅游区开发有限公司管理人。

申请人:海南新佳旅业开发有限公司管理人。

申请人:三亚东海旭日酒店有限公司管理人。

申请人:三亚鹿辰实业有限公司管理人。

申请人:三亚鹿影实业有限公司管理人。

申请人:三亚鹿洲实业有限公司管理人。

申请人:三亚万通房地产开发有限公司管理人。

申请人:三亚鹿南实业有限公司管理人。

申请人:三亚鹿璟实业有限公司管理人。

申请人:三亚润丰建设投资有限公司管理人。

申请人:三亚鹿海实业有限公司管理人。

申请人:三亚鹿湾实业有限公司管理人。

上述十二家公司管理人负责人:李雄伟。

上述十二家公司管理人共同委托诉讼代理人:魏琨,该十二家公司管理人工作人员。

上述十二家公司管理人共同委托诉讼代理人:晏承刚,该十二家公司管理人工作人员。

被申请人:三亚鹿回头旅游区开发有限公司,住所地海南省三亚市吉阳区小东海路6号。

法定代表人:陈冬青,该公司董事长。

被申请人:海南新佳旅业开发有限公司,住所地海南省三亚市吉阳区鹿回头路三亚明申锦江高尔夫酒店2号楼。

法定代表人:詹琰,该公司经理。

被申请人:三亚东海旭日酒店有限公司,住所地海南省三亚市吉阳区小东海路6号。

法定代表人:詹琰,该公司执行董事。

被申请人:三亚鹿辰实业有限公司,住所地海南省三亚市吉阳区小东海路6号。

法定代表人:詹琰,该公司董事长。

被申请人:三亚鹿影实业有限公司,住所地海南省三亚市吉阳区小东海路6号B栋207房。

法定代表人:詹琰,该公司董事长。

被申请人：三亚鹿洲实业有限公司，住所地海南省三亚市吉阳区小东海路6号B栋206房。

法定代表人：詹琰，该公司董事长。

被申请人：三亚万通房地产开发有限公司，住所地海南省三亚市鹿鸣小区三型6号。

法定代表人：詹琰，该公司执行董事。

被申请人：三亚鹿南实业有限公司，住所地海南省三亚市吉阳区小东海路6号B栋203房。

法定代表人：詹琰，该公司董事长。

被申请人：三亚鹿璟实业有限公司，住所地海南省三亚市吉阳区小东海路6号B栋204房。

法定代表人：詹琰，该公司董事长。

被申请人：三亚润丰建设投资有限公司，住所地海南省三亚市红沙镇荔枝山庄C1栋。

法定代表人：陈冬青，该公司董事长。

被申请人：三亚鹿海实业有限公司，住所地海南省三亚市吉阳区小东海路6号B栋202房。

法定代表人：詹琰，该公司董事长。

被申请人：三亚鹿湾实业有限公司，住所地海南省三亚市吉阳区小东海路6号B栋201房。

法定代表人：吴新文，该公司董事长。

被申请人：三亚中弘弘熹房地产开发有限公司，住所地海南省三亚市吉阳区小东海路6号C栋301~309室。

法定代表人：何礼萍，该公司执行董事兼经理。

委托诉讼代理人：侯健，北京市时代九和律师事务所律师。

被申请人:三亚源浦实业有限公司,住所地海南省三亚市吉阳区小东海路6号C栋306房。

法定代表人:詹琰,该公司执行董事。

被申请人:三亚源融实业有限公司,住所地海南省三亚市吉阳区小东海路6号C栋305房。

法定代表人:詹琰,该公司执行董事。

被申请人:三亚半山半岛投资有限公司,住所地海南省三亚市吉阳区小东海路6号鹿回头旅游区开发有限公司D幢301室。

法定代表人:范红,该公司董事长。

被申请人:三亚鹿昌实业有限公司,住所地海南省三亚市吉阳区小东海路6号B栋205房。

法定代表人:詹琰,该公司董事长。

本院于2018年8月27日、31日分别裁定受理国家税务总局三亚市吉阳区税务局(以下简称吉阳区税务局)对三亚鹿回头旅游区开发有限公司(以下简称鹿回头公司)、海南新佳旅业开发有限公司(以下简称新佳公司)、三亚东海旭日酒店有限公司(以下简称旭日公司)、三亚鹿辰实业有限公司(以下简称鹿辰公司)、三亚鹿影实业有限公司(以下简称鹿影公司)、三亚鹿洲实业有限公司(以下简称鹿洲公司)、三亚万通房地产开发有限公司(以下简称万通公司)、三亚鹿南实业有限公司(以下简称鹿南公司)、三亚鹿璟实业有限公司(以下简称鹿璟公司)、三亚润丰建设投资有限公司(以下简称润丰公司)、三亚鹿海实业有限公司(以下简称鹿海公司)、三亚鹿湾实业有限公司(以下简称鹿湾公司)(上述十二家公司以下简称鹿回头公司等十二家公司)的重整申请。经采取竞争方式选任,2018年10月18日,本院均指定北京德恒律师事务所担任鹿回头公司等十二家公司的管理人(以下简称管理人)。管理人接受本院指定后,在履行管理人职责中发现,鹿回头公司等十二家公司与三亚中弘弘熹房地产开发有限公司(以下简称三亚弘熹公司)、三亚爱地房地产开发有限公司(以下简称爱地公司)、三亚源浦实业有限公司(以下简称源浦公司)、三亚源融实业有限公司(以下简称源融公司)、海南钱江投资有限公司(以下简称钱江公司)、三亚小洲岛酒店投资管理有限公司(以下简称小洲岛公司)、三亚半山半岛帆船港有限责任公司(以下简称帆船港公司)、三亚半山半岛投资有限公司(以下简称投资公司)、三亚鹿昌实业有限公司(以下简称鹿昌公司)、三亚阜外心脑血管康复中心有限公司(以下简称阜外公司)、三亚半山半岛物业管理服务有限公司(以下简称物业公司)等十一家公司(上述十一家公司以下简称爱地公司等十一家公司)之间存在关联关系,并以二十三家公司存在法人人格高度混同,各企业已经严重丧失法人意志独立性和法人财产独立性,分别重整存在资产负债区分成本过高的困难,且将严重损害债权人公平清偿利益为由,于 2019 年 5 月 20 日向本院申请对鹿回头公司等十二家公司与爱地公司等十一家公司进行实质合并重整,将二十三家公司的财产整体合并后作为统一的破产财产,由其债权人在同一程序中按照法定顺序公平受偿。2019 年 6 月 13 日,本院组织申请人、二十三家被申请人及相关利害关系人进行了公开听证。申请人管理人负责人李雄伟及其共同委托诉讼代理人魏琨、晏承刚,被申请人新佳公司、旭日公司、鹿辰公司、鹿影公司、鹿洲公司、万通公司、鹿南公司、鹿璟公司、鹿海公司、源浦公司、源融公司、鹿昌公司、物业公司的共同法定代表人詹琰,被申请人鹿回头公司、润丰公司、阜外公司的共同法定代表人陈冬青,被申请人鹿湾公司的法定代表人吴新文及被申请人三亚弘熹公司的委托诉讼代理人侯健、小洲岛公司的委托诉讼代理人邓坚、帆船港公司的委托诉讼代理人刘成良及部分被申请人出资人代表、债权人代表等利害关系人参加了听证会。被申请人爱地公司、钱江公司、投资公司未参加听证会,亦未提交书面异议材料。本院审查期间，管理人撤回对爱地公司、钱江公司、小洲岛公司、帆船港公司、阜外公司、物业公司六家公司与鹿回头公司等十二家公司合并重整的申请，本院已作出(2018)琼02破2号之一民事裁定准许管理人撤回申请。

管理人申请合并重整的事实和理由：

(一)管理人通过核查鹿回头公司等十二家公司与三亚弘熹公司、源浦公司、源融公司、投资公司、鹿昌公司(上述五家公司以下简称投资公司等五家公司)等共计十七家公司(上述十七家公司以下简称三亚弘熹公司等十七家公司)的工商登记资料及各公司最新股东名册、公司章程发现，三亚弘熹公司等十七家公司均为王永红控制下的关联公司。

中弘卓业集团有限公司(以下简称中弘集团)是王永红100%持股的一人公司。2015年11月26日至2016年12月31日，王永红控制下的中弘集团通过签订相关《股权转让协议》，操控设立天津世隆资产管理合伙企业(有限合伙)[2017年9月更名天津世隆企业管理咨询合伙企业(有限合伙)，以下简称天津世隆]，指定中弘控股股份有限公司(以下简称中弘股份公司)子公司新疆中弘永昌股权投资管理有限公司(以下简称新疆中弘公司)认购天津世隆的劣后级合伙份额，并用签署一系列合作协议等方式收购了爱地公司、天福有限公司(以下简称天福公司)，进而间接控制了旭日公司、新佳公司以及鹿回头公司及其下属子公司润丰公司、万通公司、投资公司等公司。上述收购完成后，王永红控制的中弘集团通过爱地公司、天福公司间接控制了鹿回头公司、新佳公司及鹿回头公司新设的子公司源融公司、鹿影公司、鹿辰公司、鹿洲公司、鹿海公司、鹿南公司、鹿湾公司、鹿璟公司、鹿昌公司等。同时，王永红作为中弘股份公司的实际控制人间接控制了源浦公司、三亚弘熹公司。

王永红控制的中弘集团已经完成了对新佳公司、鹿回头公司、旭日公司、万通公司等公司包括但不限于印章、证照、金融债权债务相关资料、财务资料、土地规划建设及房屋权属证书等的接管，并通过任命三亚弘熹公司行政部副经理詹琰担任鹿海公司、鹿南公司、万通公司、鹿璟公司、鹿影公司、鹿辰公司、鹿洲公司、旭日公司、新佳公司、鹿昌公司、源浦公司、源融公司等公司的法定代表人以及三亚弘熹公司的员工在上述公司担任董事、监事、总经理等职务的方式，实现对上述公司的控制。

为方便项目管理，王永红在中弘股份公司下设“三亚区域公司”等九个虚拟区域公司，其中半山半岛项目、半岛蓝湾项目等三亚区域内的项目均由“三亚区域公司”统一管理。三亚弘熹公司等十七家公司的核心控制企业三亚弘熹公司系虚拟管理公司“三亚区域公司”的法人载体，“三亚区域公司”的高管均与三亚弘熹公司订立劳动合同，并且“三亚区域公司”绝大部分中层管理人员与普通员工均与三亚弘熹公司订立劳动合同(包括全部新员工与大部分换签的老员工，仅有少量老员工因为个人原因未参与劳动合同主体换签)。王永红通过中弘集团控制的中弘股份公司间接控制三亚弘熹公司，由王永红通过中弘股份公司或三亚弘熹公司委派高管、中层管理人员及普通员工至“三亚区域公司”任职，并通过三亚弘熹公司组建“三亚区域公司”作为三亚区域内的核心管理机构，从而控制除三亚弘熹公司之外的其他十六家公司。

综上，三亚弘熹公司等十七家公司构成关联关系，且实际控制人均为王永红。

(二)三亚弘熹公司等十七家公司之间的法人人格高度混同，致使债权债务难以区分，且区分各关联企业成员财产的成本过高。

1.除三亚弘熹公司之外的其他十六家公司在经营管理、资产管理、资金财务管理、业务流程及管理、人事管理等方面均由王永红通过中弘股份公司或“三亚区域公司”(三亚弘熹公司)进行控制，各公司已经严重丧失法人意志独立性，无自主决定权。

2. 三亚弘熹公司等十七家公司在经营管理（包括经营场所、经营范围、董事、监事、高级管理人员、办公用品采购、办公资料归档、常年法律服务协议签订等具体经营管理事项等）、资产管理（包括土地、房屋、车辆、办公设施等资产的使用、处置等）、资金财务管理（包括各类费用的承担、各类款项的收取、关联往来及融资行为等）、业务管理（包括具体业务流程、存在非正常关联业务往来等）、人员管理（包括中层管理人员、普通员工交叉任职、交叉用工等）等方面存在大量、持续、稳定的混同现象，已构成法人人格高度混同。

（三）投资公司等五家未进入重整程序的公司，均存在不能清偿到期债务，且资产不足以清偿全部债务或流动资金严重不足，明显缺乏清偿能力或有明显丧失清偿能力可能的情形，符合《中华人民共和国企业破产法》（以下简称企业破产法）第二条规定的重整条件。

（四）三亚弘熹公司等十七家公司如不合并重整，将严重侵害债权人的公平受偿权。

1. 合并重整是实现重整价值的必然要求。三亚弘熹公司等十七家公司之间存在高度关联性：(1) 三亚弘熹公司等十七家公司之间存在大量的资产调拨情形，主要为母公司将土地、房产无偿转让给子公司。因该无偿转让行为目的仅为切割资产，导致该等为切割资产而设立的鹿海公司、鹿南公司、鹿湾公司、鹿璟公司、鹿辰公司、鹿洲公司、鹿影公司等公司（上述公司以下简称小鹿公司）仅有土地、房产等实物资产，无工作人员、无主营业务。(2) 由于半山半岛项目规划所需，存在大量的因区域划分而成立的项目公司，这些项目公司分别享有不同区域的土地使用权，在同一期的地块上甚至存在几个公司均享有土地使用权的情况，如半山半岛六期，由新佳公司、鹿回头公司、旭日公司共有项目产权。若对几家公司单独重整，对其资产分别进行处置，必将因为相关资产、资质的拆分使得各公司的重整价值大幅下降,不利于公司将来继续经营,致使该等企业均不具备重整价值。可能会出现各企业重整方案的通过及实施互为条件的情况,为重整方案的通过及实施带来极大的不确定性。相反,如将该等公司合并重整,可充分利用、盘活现有资产,最大限度地提升资产价值,有利于引进战略投资者,提升各公司的整体重整价值。

2. 合并重整是法律公平原则的必然要求。三亚弘熹公司等十七家公司之间存在的大量资产调拨行为不符合商业逻辑,严重违反市场原则。若不合并重整,母公司的破产财产则不包括分割至小鹿公司名下的土地房产,仅包括其持有的资不抵债的子公司股权,该资产切割行为使母公司破产财产大幅减损,母公司债权人清偿利益将受到严重损害。对于小鹿公司而言,其可能因母子公司间隐秘的资金输送或未遵循公允原则的关联交易致使破产财产不当减损,同样损害了子公司债权人的清偿利益。三亚弘熹公司等十七家公司之间存在大量的互保行为,主要为子公司以其名下的土地使用权为母公司的借款提供担保,但未收取任何资金占用费及担保费用,母子公司相应债权人的清偿利益显著失衡。三亚弘熹公司等十七家公司人员混同,部分员工与多家公司存在用工关系,导致部分企业职工安置责任增加。

若将三亚弘熹公司等十七家公司合并重整,则根据《全国法院破产审判工作会议纪要》(以下简称破产会议纪要)第三十六条的规定,各关联企业成员之间的债权债务将归于消灭,由此可核销数额庞大的关联债务。同时,因合并重整,债权人对各关联企业重复申报的巨额担保债务同样将归于消灭,如此可较大程度地降低破产企业整体负债,提高三亚弘熹公司等十七家公司债权人的整体清偿率,最大限度地保障各关联企业债权人的整体清偿利益。相反,如果不将三亚弘熹公司等十七家公司合并重整,将导致绝大部分公司债权人的清偿利益受到损害,有违公平原则。

3. 合并重整是追求司法效率和程序经济的必然要求。

4. 不合并重整将严重影响社会稳定。重整成功与否，关系到1053名职工、3500多户购房人及广大债权人的权益，重整成功对职工安置、债权人权利的保护以及维护鹿回头区域社会稳定等方面具有积极意义。

管理人提交了十三组共计36册证据证明其主张，并委托天职国际会计师事务所（特殊普通合伙）（以下简称天职会计所）对包括三亚弘熹公司等十七家公司在内的二十三家公司的资金及财务混同情况进行专项调查。天职会计所出具了《关于三亚中弘弘熹房地产开发有限公司等二十三家公司资金及财务混同专项调查报告》（以下简称混同专项调查报告）。

鹿回头公司等十二家公司、源浦公司、源融公司、鹿昌公司对申请人的申请事项均表示无异议，同意合并重整。投资公司未提出异议。

三亚弘熹公司提出异议称，三亚弘熹公司系中弘股份公司下属四级全资子公司，王永红实际只持有中弘股份公司26.55%的股份，与已进入破产重整的公司未产生股东混同的情况。将三亚弘熹公司纳入合并重整范围，将会严重损害公司及逾21万中小股东的权益，影响社会稳定。

北京盛嘉投资有限公司（以下简称盛嘉公司）提出异议称，同意鹿回头公司等十二家公司与投资公司、鹿昌公司进行合并重整，不同意三亚弘熹公司、源浦公司、源融公司（以下简称源浦公司等三家公司）与鹿回头公司等十二家公司进行合并重整。源浦公司等三家公司中，三亚弘熹公司与鹿回头公司等十二家公司不存在同一控制关系，其他二家公司关联性不大，将其合并重整有违“关联企业实质合并破产的审慎适用”原则。鹿回头公司等十二家公司与投资公司、鹿昌公司的实际控制人为北京市供销合作总社、北京国际信托有限公司、北京银行股份有限公司、加拿大丰业银行，并非王永红。源浦公司等三家公司属于“中弘系”，三亚弘熹公司与鹿回头公司等十二家公司在股权控制上毫无关系，并不存在同一控制关系；源融公司、源浦公司虽与鹿回头公司等十二家公司处于王永红的同一控制，但与核心开发主体鹿回头公司和新佳公司并不存在股权控制关系，也不存在历史沿革、业务开发、运营管理、资产混同等方面的关联关系。新佳公司、鹿回头公司名下资产除以投资方式注入子公司名下外，并未发生对外转移，更不存在与源浦公司等三家公司资产混同的问题。三亚弘熹公司的股东为中弘股份公司，目前已经退市，将其进行合并重整势必影响广大公众投资人的利益，增加合并重整难度。

天津世隆提出异议称，源融公司、源浦公司、投资公司、鹿昌公司（以下简称源融公司等四家公司）系天津世隆实际控制，不应当纳入重整范围。1. 源融公司等四家公司与鹿回头公司等十二家公司的法定代表人、高管人员、办公地址和财务不构成一一对应的人格混同情形。源融公司等四家公司属于天津世隆资产结构下独立运营的公司，与鹿回头公司等十二家公司的业务范围和财产管理相互独立，不存在法人人格混同情况。2. 管理人申请合并重整的法律适用错误。《企业破产法》第二条并非合并重整的规定；鹿回头公司等十二家公司不是源融公司等四家公司的债权人，各方之间不存在相对的权利义务；管理人未提供充分证据证明源融公司等四家公司存在明显缺乏清偿能力的情形。3. 管理人基于王永红实际控制的理由申请合并重整，则也应将中弘股份公司和中弘集团纳入合并重整范围。

中弘集团提出异议称，在没有充分法律依据的前提下进行合并重整，不符合审慎适用的原则。

卢炜槟、钟晓聪、上海卓利浩业置业有限公司、深圳市恒谦科电子有限公司、武小艳、钟婉玟等提出异议称：1. 投资公司等五家公司与鹿回头公司等十二家公司不存在关联关系。2. 三亚弘熹公司等十七家公司中大部分公司均存有巨额负债且名下无任何资产，进行合并重整直接造成债权人的债权在破产债权中所占比例变小，造成债权人的经济损失。三亚弘熹公司等十七家公司合并重整会造成重整期限延长，使债权人的债权不能及时清偿。3. 管理人的合并重整申请违反法律法规。鹿回头公司等十二家公司破产重整案件的重整期限已经届满，应当裁定重整失败，并宣告破产清算；三亚弘熹公司等十七家公司均系有限责任公司，有独立法人人格，其股东均是独立的民事主体，不存在人格混同的情形；自裁定受理鹿回头公司等十二家公司的重整案件至今，管理人未确认债权人申报的破产债权金额，也未提出任何破产重整方案，违反了《最高人民法院关于适用〈中华人民共和国企业破产法〉若干问题的规定（三）》的规定。

杨耀伟提出异议称，首先，合并重整会损害鹿回头公司等十二家公司债权人的合法权益。其次，没有证据证明三亚弘熹公司等十七家公司均是王永红实际控制的关联公司，且公司之间存在法人人格高度混同和区分关联企业成员财产成本过高的事实。

大连银行股份有限公司北京分行（以下简称大连银行北京分行）、深圳东方创业投资有限公司、东富（天津）股权投资基金管理有限公司、珠海东方藏山资产管理有限公司提出异议称，不同意合并重整。1. 申请书中部分内容不符合法律规定或与事实不符。（1）管理人主体不适格，应先将投资公司等五家公司各自裁定进入破产重整程序后，再论证是否符合合并重整的条件。（2）证明混同的部分论据不符合事实、逻辑混乱。土地并非无偿过户至鹿南公司、鹿璟公司、鹿湾公司、鹿洲公司（上述四公司以下简称鹿南公司等四家公司），而是以土地作价出资的方式剥离至鹿南公司等四家公司，同时鹿南公司等四家公司承担了土地上的原有抵押金融债务，并非无偿获得土地等资产。该行为属于正常交易，是房地产行业的“惯例”，即以“项目公司”为主体对土地进行开发经营，以便于账务、工程、融资管理等。而之所以以土地注资的方式设立鹿南公司等四家公司，是出于税收筹划等考虑，因此该等行为并非是为了分割财产而进行的非正常交易。鹿南公司等四家公司取得了新的不动产权证,抵押债权人亦取得了新的他项权利证书,证明了鹿南公司等四家公司的资产、负债独立。2. 管理人应对合并重整申请承担举证责任,且应按照“一法人一破产”的原则进行,不应在报告中以实质合并破产的假设和形式向债权人作误导性说明。3. 鹿回头公司等十二家公司的重整程序宜单独进行审理。三亚弘熹公司等十七家公司不存在混同情形,法人意志、财产具有独立性。合并重整将严重损害债权人权益,将导致不公平的清偿方案。即使合并重整,也应该将鹿南公司等四家公司剥离出来,鹿南公司等四家公司是完全独立的法人,不存在人格、资产、债务混同的情况。

中国民生银行股份有限公司上海分行(以下简称民生银行上海分行)提出异议称:1. 管理人未能证明三亚弘熹公司等十七家公司确属关联公司。(1)鹿回头公司和新佳公司的股东均不相同,通过股权穿透,并未查询到两家公司的实际控制人均为王永红,两家公司的关联性不明。(2)爱地公司等十一家公司关联性不足。不排除部分企业曾经存在关联关系,但目前关联关系已经消失。如果管理人认为过去的关联关系对企业目前仍有影响,则管理人应当予以论证。2. 管理人未向债权人提交关于企业法人人格混同、区分财产成本过高的证据,损害债权人的知情权,且部分认定企业人格混同的标准错误。3. 管理人未充分论证合并重整是否有利于保护全体债权人利益,事实上合并重整甚至会损害大多数债权人的利益。(1)管理人尚未全面、准确地掌握三亚弘熹公司等十七家公司的资产负债情况,尚无从判断合并重整的结果是否有利于保护全体债权人利益。(2)合并重整会拖延重整程序。4. 管理人申请合并重整的程序不符合法律规定。投资公司等五家公司尚未进入重整程序;管理人未依法制作关于债务人财产状况的报告。5. 合并重整将显著减少民生银行上海分行可实际受偿的金额,损害民生银行上海分行的合法权益。

中国长城资产管理股份有限公司海南省分公司(以下简称长城公司海南分公司)提出异议称,不同意合并重整。1. 投资公司等五家公司不应参与法院已受理的破产重整。(1)在没有债权人申请以及已裁定受理破产申请的情况下,将投资公司等五家公司与鹿回头公司等十二家公司进行合并重整没有法律依据。(2)管理人不具有申请破产重整的主体资格,无权向法院申请投资公司等五家公司破产。2. 涉案公司之间不存在关联关系,资产和负债也没有高度混同,不具备实质合并破产的条件。涉案公司之间不存在法人人格混同、财产区分成本过高的情形,不合并重整亦不会损害债权人公平清偿利益。3. 合并重整将严重损害现有债权人权益。实质合并之后清偿比例必会降低,且为债务设定的担保措施也将因此被取消,必然影响长城公司海南分公司的合法权益。

中国农业银行股份有限公司三亚分行(以下简称农行三亚分行)提出异议称,不同意合并重整。1. 合并重整违反重整宗旨。在未对投资公司等五家公司的经营情况全面了解或进行资产负债情况审计的情况下将其纳入重整范围,不利于原债权人合法利益的实现,违背原企业重整的初衷。2. 没有证据证明并经过司法裁判程序确认法人人格高度混同。只有法人人格高度混同对债权人利益造成损害才能启动合并重整程序。3. 合并重整将降低重整成功的概率。4. 合并重整会加大债权人利益损失。

国家开发银行股份有限公司三亚市分行提出异议称,不同意合并重整。1. 管理人未就其主张提供相应证据证明。2. 管理人未测算两种情形下债权受偿率,主张不合并破产重整将严重损害全体债权人的公平清偿利益缺乏依据。3. 管理人提出合并重整申请有规避未能按期提交重整计划草案之嫌。

国通信托有限责任公司提出异议称,三亚弘熹公司等十七家公司不存在法人人格高度混同、无法区分各关联企业财产的情形,合并重整会损害包括国通信托有限责任公司在内的债权人的合法权益。

国家税务总局海南省税务局稽查局、吉阳区税务局提出异议称,不同意合并重整。1. 管理人申请破产重整的主体不适格。2. 申请合并重整的条件不成立。无法确定三亚弘熹公司等十七家公司是否存在关联关系;没有充分事实和证据证明存在法人人格高度混同的情形。

深圳市工勘岩土集团有限公司虽提出异议,但未提出具体的理由及事实。

本院查明:(一)王永红是三亚弘熹公司等十七家公司的实际控制人。

1. 王永红持有中弘集团100%股份。中弘股份公司2018年3月19日《关于控股股东及实际控制人签署〈战略重组协议〉公告》记载,中弘集团为中弘股份公司的控股股东,王永红为实际控制人。

2. 2015年11月26日,中弘集团与闫琦、同富投资有限公司、王大勇签订《天福公司之股份转让协议》,收购天福公司100%的股权进而实现取得香港康瑞投资有限公司、时正资产管理有限公司、海富资产管理有限公司100%的股权和鹿回头公司40.12%的股权,并间接100%持股控制了新佳公司。同日,中弘集团又与智菲、闫琦签订《爱地公司之股权转让协议》,收购爱地公司100%的股权,进而取得旭日公司100%的股权、鹿回头公司59.88%的股权和万通公司1%的股权。中弘集团通过收购天福公司、爱地公司,直接100%持股控制了鹿回头公司,进而间接控制了润丰公司、万通公司100%的股权以及投资公司60%的股权。同日,旭日公司的股东闫琦(持股比例90%)、颉选文(持股比例10%)共同向中弘集团出具《承诺函》,同意按照《爱地公司之股权转让协议》的约定将闫琦、颉选文持有的旭日公司100%的股权转让至爱地公司名下,配合签署全部相关文件及办理相关手续,确认并同意中弘集团在《爱地公司之股权转让协议》支付的股权转让款中已经包括爱地公司应向闫琦、颉选文支付的股权转让款,爱地公司及中弘集团无须向闫琦、颉选文再支付任何转让款。2016年6月16日,北京世欣融泽投资管理有限公司（普通合伙人）、北银丰业资产管理有限公司（优先级有限合伙人）、北京国际信托有限公司（优先级有限合伙人）、北京世欣融泰投资管理有限公司（次级有限合伙人）签订《天津世隆资产管理合伙企业（有限合伙）合伙协议》，共同设立天津世隆。上述协议签订后，王永红、中弘集团及其关联公司先后与北京世欣融泰投资管理有限公司、阿拉山口市世欣华宇股权投资有限合伙企业等签订了《合作协议书》《半山半岛合作协议补充协议二》《半山半岛合作协议补充协议三》《份额转让协议》《合伙份额收购协议》《债权转让协议》等一系列合同，并以出具承诺函等方式持有天津世隆的劣后级有限合伙份额，提供回购等各种增信措施，实际支配了天津世隆的投资活动，以天津世隆全资子公司天津瑾峥科技有限公司（以下简称瑾峥公司）的名义收购爱地公司100%股权，以世隆香港贸易有限公司的名义收购天福公司100%股权。

中弘集团支付收购对价后，派人接管并实际控制了上述公司。2016年12月23日至2017年1月12日，闫琦等人按约向詹琰、杨晓青等人移交了鹿回头公司等公司的证照、印章、银行账户及U盾、合同、土地房屋权属证书等。除旭日公司等个别公司因故未能完成工商变更登记手续外，其他公司均办理了股东、法定代表人及公司高管的工商变更登记手续。

3.2016年4月14日，中弘股份公司通过其全资子公司北京弘轩鼎成房地产开发有限公司、北京中弘弘毅投资有限公司、北京中弘弘熹房地产开发有限公司，设立三亚弘熹公司（上述公司依次均为其后列公司的100%股东）。

2016年6月7日，鹿回头公司以其名下土地使用权实缴出资各3亿元分别设立了全资子公司鹿海公司、鹿南公司、鹿湾公司、鹿璟公司、鹿昌公司五家公司；新佳公司以其名下土地使用权实缴出资设立了全资子公司鹿洲公司；新佳公司、旭日公司以其名下土地使用权实缴出资各1.5亿元设立了鹿影公司，新佳公司、旭日公司各持有鹿影公司50%的股权；2016年12月22日，新佳公司以其名下土地使用权实缴出资3亿元设立了全资子公司鹿辰公司。

2017年11月13日，爱地公司以货币出资1000万元，设立全资子公司源融公司；同日，瑾峥公司以货币出资1000万元，设立全资子公司源浦公司。

（二）三亚弘熹公司等十七家公司除三亚弘熹公司之外，其他公司在经营管理、资产管理、资金财务管理、业务管理、人事管理等方面不独立，均由"三亚区域公司"控制，且三亚弘熹公司等十七家公司间存在人格混同情形。

1. 为便于管理，王永红在中弘股份公司组织架构下设置了九个区域层面管理平台即区域公司，包括"海南区域公司""三亚区域公司"等。王永红收购半山半岛项目、半岛蓝湾项目后，由"三亚区域公司"管理三亚区域内的各关联公司。"三亚区域公司"未经工商注册登记，为虚拟公司。"三亚区域公司"下设前期部、规划设计部、成本管理部、工程部/项目部、综合管理部、财务部等事业部，对三亚区域内的各关联公司进行统一管理。"三亚区域公司"的高级管理人员、绝大部分的中层管理人员与普通员工均与三亚弘熹公司订立劳动合同（包括全部新员工与大部分换签的老员工，仅有少量老员工因为个人原因未参与劳动合同主体换签）。王永红通过三亚弘熹公司委派高级管理人员、中层管理人员及普通员工至"三亚区域公司"任职，由三亚弘熹公司组建"三亚区域公司"控制三亚区域内的各关联公司。"三亚区域公司"是除三亚弘熹公司之外其他十六家关联公司的核心控制企业，三亚弘熹公司则是虚拟管理公司"三亚区域公司"的法人载体；投资公司名下无固定资产，被收购前是鹿回头公司的投资通道，其投资资金来源于鹿回头公司；源融公司、源浦公司、鹿昌公司为资金通道公司。詹琰、陈冬青、吴新文及“三亚区域公司”的其他高级管理人员均证明了上述事实。

2. 经营管理方面

(1)经营管理不独立。三亚弘熹公司等十七家公司中，除三亚弘熹公司之外其他公司未设置管理层，“三亚区域公司”管理人员与三亚弘熹公司签订劳动合同；三亚区域内各关联公司执行统一的行政管理制度、项目管理制度、财务管理制度、人事管理制度和内部资料流转程序等，由“三亚区域公司”监督实施；使用统一的 OA 办公系统进行统一管理；各种经营管理事项如人事任免、纳税申报、证照、档案的管理及使用、办公用品采购、诉讼、仲裁等法律事务、员工体检服务、车辆维修、审计业务、法律顾问合同签订、电梯维修等均由“三亚区域公司”审批。其他十六家公司实际受“三亚区域公司”统一管理和控制。

(2)经营管理混同。第一，经营场所混同。三亚弘熹公司等十七家公司中，除新佳公司、润丰公司、万通公司外，其他十四家公司注册地址均为三亚市吉阳区小东海路 6 号(鹿回头公司办公楼地址)，甚至三亚弘熹公司的经营场所直接包括了源融公司、源浦公司的经营场所在内。第二，经营范围混同。除投资公司外，其他各关联公司的经营范围类似或重叠，主要为房地产开发、酒店开发、经营管理等。第三，组织架构及职责划分混同。“三亚区域公司”下设工程部、成本管理部、规划设计部、前期部、财务部、行政部等事业部，设总经理 1 名、副总经理 7 名，除三亚弘熹公司之外的其他十六家公司内部并无机构、部门的划分，均由“三亚区域公司”进行统一管理、控制。第四，董事、监事、高级管理人员混同。除三亚弘熹公司之外的其他十六家公司的法定代表人、董事、监事、高级管理人员等存在密集的交叉任职情形，如詹琰系三亚弘熹公司行政部副经理，任鹿南公司、鹿璟公司、鹿辰公司、鹿洲公司、鹿影公司、鹿昌公司、鹿海公司董事长，万通公司、旭日公司、源浦公司、源融公司执行董事,鹿湾公司董事,新佳公司经理,同时任新佳公司、万通公司、旭日公司、鹿海公司、鹿南公司、鹿璟公司、鹿影公司、鹿辰公司、鹿洲公司、鹿昌公司、源浦公司、源融公司法定代表人;陈冬青为鹿回头公司办公室主任,任鹿回头公司、润丰公司董事长、法定代表人,投资公司董事;颉选文为旭日公司、投资公司股东,任鹿回头公司、投资公司、鹿洲公司董事;智菲为鹿回头公司员工,任润丰公司总经理,投资公司监事;王龙,任新佳公司、万通公司、旭日公司、鹿海公司、鹿辰公司、鹿影公司、鹿昌公司监事;王雷,任鹿南公司、鹿湾公司、鹿璟公司、鹿洲公司董事;杨晓青,任鹿南公司、鹿湾公司、鹿璟公司、鹿洲公司董事,万通公司、旭日公司经理;刘昶,任鹿南公司、鹿湾公司、鹿洲公司董事;吴新文,任鹿湾公司董事长、法定代表人,鹿南公司、鹿璟公司董事;金钟,任鹿南公司、鹿璟公司、鹿湾公司、鹿洲公司监事;张波,任源浦公司、源融公司经理;邱正森,任源浦公司、源融公司监事。第五,日常办公管理方面混同。三亚弘熹公司等十七家公司的常年法律服务合同以鹿回头公司为主体签订,由鹿回头公司统一支付相关法律服务费用;三亚弘熹公司等十七家公司的办公用品采购、区域内服务品质检查等事项由"三亚区域公司"统一组织采购、实施。

3. 资产管理方面

(1)资产管理不独立。三亚弘熹公司等十七家公司执行统一的资产管理制度,公司股权、房屋、车辆、办公设备等的使用、处置,如鹿回头公司、新佳公司、鹿海公司、鹿璟公司、鹿洲公司等公司分别将其资产运营管理权授权给新佳公司三亚明申高尔夫度假酒店进行统一管理;鹿回头公司、新佳公司、润丰公司名下车辆的转让事项;润丰公司开发的半岛蓝湾项目的以房抵债、更名、增减权益人、解约等事项;鹿洲公司、鹿南公司、鹿璟公司股权出质给大连银行的注销及再出质、董事变更等事项;鹿回头公司收回四期中央海景大道部分商户的经营管理权解约事项,均由“三亚区域公司”审批。除三亚弘熹公司之外,其他十六家公司在资产管理方面无自主决定权。

(2)资产管理混同。第一,“三亚区域公司”使用的车辆主要登记在鹿回头公司名下,少量车辆登记在新佳公司和润丰公司名下。鹿回头公司长期无偿将车辆提供给“三亚区域公司”管理层、各部门作为公务用车和三亚半山半岛洲际度假酒店等单位员工上下班通勤车,为半山半岛业主提供班车、接送机服务,以及生活垃圾清运等。第二,鹿回头公司长期无偿将其名下办公楼提供给三亚弘熹公司、旭日公司、鹿湾公司、鹿璟公司、鹿海公司、鹿影公司、鹿辰公司、鹿洲公司、鹿南公司、源融公司、源浦公司、投资公司、鹿昌公司办公使用。第三,业主专属餐厅、专属会所所在房屋的所有权归属于鹿回头公司,长期无偿提供给半山半岛小区业主使用。第四,鹿回头公司、新佳公司、旭日公司将其名下的土地,未经评估作价,以无偿划转的方式作为出资设立新的公司,如新佳公司、旭日公司将其名下的三土房(2012)字第11817号等15份土地房屋权证项下的土地房屋无偿过户至鹿影公司名下;鹿回头公司将其名下的三土房(2012)字第005551号、三土房(2014)字第08546号、三土房(2012)字第005550号、三土房(2013)字第13657号项下的土地房屋分别无偿过户至鹿海公司、鹿璟公司、鹿湾公司、鹿南公司名下;新佳公司将其名下的三土房(2009)字第08620号、第08621号、三土房(2007)字第2200号项下的土地房屋分别无偿过户至鹿洲公司、鹿辰公司名下。第五,2017年1月,鹿回头公司、润丰公司与三亚润丰半岛蓝湾物业服务有限公司签订《以房抵款协议》,约定以润丰公司开发的半岛蓝湾项目的商品房抵偿鹿回头公司、润丰公司拖欠的物业欠款。

4. 资金财务管理方面

(1)资金财务管理不独立。三亚弘熹公司等十七家公司均执行统一的财务管理制度,由“三亚区域公司”监督执行,如员工工资支付、社保费用支付、税金申报及缴纳、特殊经济事项提前请示制度、财务档案管理、会计政策及核算指引、合同款项支付、资金调拨、罚款缴纳、办公费用支出、费用报销等涉及资金财务管理、支出、调拨等事项均由“三亚区域公司”进行统一安排、部署、审批。三亚弘熹公司等十七家公司中,除三亚弘熹公司之外,其他公司在资金财务管理方面无自主决定权。

(2)资金财务管理混同。各类费用承担混同。第一,三亚弘熹公司等十七家公司之间互相代为支付各种款项,如鹿璟公司代鹿回头公司、鹿湾公司、鹿南公司、鹿洲公司支付融资服务费等;润丰公司代鹿回头公司、新佳公司支付社保费、借款、税款等,以半岛蓝湾商品房抵鹿回头公司和新佳公司拖欠的工程款。第二,三亚弘熹公司等十七家公司之间经内部审批后即可进行资金调拨使用,如鹿南公司、鹿湾公司向鹿洲公司调拨资金,新佳公司向万通公司、鹿辰公司、鹿影公司调拨资金等。第三,关联公司向金融机构借款后供其他公司使用,并代为偿还借款本息,如新佳公司代鹿回头公司偿还中国工商银行股份有限公司三亚分行(以下简称工行三亚分行)、长城公司海南分公司的借款本息。第四,鹿回头公司向中弘集团申请中弘集团代旭日公司、润丰公司支付税款、偿还借款、工程款。

(3)各类款项收取混同。三亚弘熹公司等十七家公司之间互相代为收取各种款项,如润丰公司代鹿回头公司收取班车费、投标保证金、餐费等;新佳公司代鹿回头公司收取购房款、税费和员工退还的借款等;鹿回头公司代新佳公司收取购房款、税费、安装费等;源融公司、源浦公司代鹿回头公司、新佳旅业、润丰公司收取售楼款、定金、面积补差款等。

(4)融资行为混同。第一,2009 年 3 月 31 日,鹿回头公司向工行三亚分行借款 5 亿元,万通公司提供抵押担保。第二,2013 年 3 月 8 日至 11 月 28 日,农行三亚分行分三次向鹿回头公司开立了合计 37 亿港元的涉外保函,新佳公司提供反担保。第三,2017 年 5 月 24 日,国民信托有限公司受浙江中泰创展企业管理有限公司指令向新佳公司放款 13 亿元,鹿回头公司、润丰公司、万通公司分别提供无限连带责任保证。第四,2013 年 9 月 18 日至 2013 年 11 月 1 日,鹿回头公司分三次向民生银行上海分行借款共计 29.9 亿元,万通公司、润丰公司提供抵押担保,润丰公司提供存款质押,新佳公司、润丰公司、万通公司分别提供最高额 30 亿元连带责任保证。第五,2013 年 1 月 15 日,工行三亚分行受西安中恒基金管理有限合伙企业(以下简称西安中恒)委托向旭日公司放款 11 亿元,新佳公司提供抵押担保。第六,2012 年 10 月 15 日,中国光大银行股份有限公司海口分行受西安中恒委托向鹿回头公司放款 3 亿元,新佳公司、旭日公司提供抵押担保。第七,2016 年 9 月 23 日,大连银行北京分行受珠海东方景翌投资管理中心(有限合伙)的委托分别向鹿湾公司、鹿南公司、鹿璟公司放款 9 亿元、3 亿元、14 亿元,鹿回头公司均分别提供其持有的鹿湾公司、鹿南公司、鹿璟公司的 100% 股权进行质押;2016 年 9 月 23 日,大连银行北京分行受珠海东方景翌投资管理中心(有限合伙)的委托向鹿洲公司放款 34 亿元,新佳公司提供其持有的鹿洲公司的 100% 股权进行质押,鹿湾公司、鹿南公司、鹿璟公司为上述借款提供连带责任保证。第八,2011 年 11 月 30 日至 2015 年 11 月,鹿回头公司先后六次向国家开发银行股份有限公司借款 2 亿元、1.5 亿元、3.5 亿元、5 亿元、8 亿元、14 亿元,共计 34 亿元,新佳公司和旭日公司、鹿南公司、鹿湾公司、鹿洲公司、鹿璟公司分别为上述借款提供抵押担保。第九,2014 年 6 月 19 日至 9 月 15 日,长城资产管理有限公司海口办事处分三次收购了爱地公司、中国信达资产管理股份有限公司海南省分公司享有的鹿回头公司债权 4 亿元、33,375 万元、26,625 万元,共计 10 亿元,进行债务重组后,新佳公司提供抵押担保和连带责任保证。

综上,三亚弘熹公司等十七家公司间资金往来异常频繁、金额巨大,且未签订资金占用协议等类似合同、文件，无法还原公司资金原状和区分资金权属。例如，投资公司自2011年10月13日成立以来就与鹿回头公司存在长期、持续、广泛的资金混同。根据鹿回头公司的记账凭证、付款申请单、转账凭证，鹿回头公司自2011年10月24日起向投资公司支付往来款1100万元，至2016年2月29日止委托海南复地投资有限公司付投资公司往来款684.25万元，鹿回头公司共计向投资公司支付大额往来款11笔合计272,154万元，投资公司名下金额最大的两笔其他应收账款金额（应收北京安顺投资管理有限公司20.62亿元、应收山西金瑞投资有限公司2.7亿元）与鹿回头公司向其支付的往来款金额完全一致。

5. 业务管理方面

（1）业务管理不独立。半山半岛项目、半岛蓝湾项目在开发、建设过程中，在“三亚区域公司”的监督管理下，执行统一的业务管理制度。新佳公司、鹿回头公司、润丰公司、旭日公司、鹿南公司、鹿海公司、鹿辰公司、鹿洲公司、鹿湾公司等公司在采购、施工、结算等开发阶段及销售、运营维护阶段等整个业务流程中，虽然由各企业作为合同主体签订合同，但各项业务计划的制订、合同的磋商、审批等均由“三亚区域公司”控制。三亚弘焘公司等十七家公司除三亚弘焘公司之外，其他公司无自主决定权。

（2）业务混同。半山半岛项目土地、房屋分别登记在不同公司名下，在开发过程中，三亚弘焘公司等十七家公司中的一家或几家企业在未就相关项目的开发、结算、销售、运营维护等阶段各项事务订立合作协议的情形下，由一家企业开发属于另一家企业单独所有或与之共有的地块，结算、销售、运营维护与该地块相关的项目或项目资产，同时在OA系统中存在多项由“三亚区域公司”针对分别属于几个关联企业的地块、相关项目及项目资产进行开发、销售、运营维护等事项发起审批的记录，各关联企业没有自主决定权，如四期中央海景大道项目（A26、A27地块）登记在新佳公司和鹿回头公司名下,项目开发由鹿回头公司负责;六期未来水世界项目(A33、A34地块)登记在旭日公司、新佳公司和鹿回头公司名下,项目开发由鹿回头公司负责;七期美高梅公寓项目(B3 地块)登记在新佳公司和鹿回头公司名下,项目开发由新佳公司负责;B20 地块登记在鹿海公司名下,由鹿回头公司签订物业服务合同;节庆广场项目(B23、B23－1 地块)登记在新佳公司和鹿回头公司名下,项目开发由新佳公司负责;安纳塔拉度假酒店项目(A30、A30－1 地块)对应土地原为新佳公司和旭日公司共有,项目开发由鹿回头公司负责,安纳塔拉度假酒店由鹿回头公司委托经营。2011 年 10 月 27 日,鹿回头公司将委托经营管理合同全部权利义务概括转让给旭日公司。2016 年 7 月,旭日公司与新佳公司将该项目产权无偿转让给鹿影公司,且鹿影公司未重新订立委托经营管理协议而继续由原委托经营方继续管理;洲际酒店项目包括 A16、A16－2 和 A29、A29－1 地块,其中 A16、A16－2 地块属于鹿回头公司所有,A29、A29－1 地块属于万通公司所有,德国啤酒工厂项目位于 A29 地块。德国啤酒工厂项目由鹿回头公司负责办理园林绿化绿地指标、绿化工程施工审核、消防验收、城市给排水许可等手续;节庆广场项目产权系鹿回头公司和新佳公司共有,高尔夫球会项目产权系新佳公司所有。上述项目的厨房设备供货安装合同的签订、履行、支付工程款、退质保金、合同终止履行等相关事项均由新佳公司负责,由"三亚区域公司"召开统一协调会统一处理;B17、B18 地块登记在鹿洲公司名下,B19－1 地块登记在鹿辰公司名下,由鹿洲公司对外签订了地形测绘及方格网数据采集合同并负责实际履行;B17、B18 地块登记在鹿洲公司名下,B20 地块登记在鹿海公司名下。2018 年 2 月,由鹿洲公司和鹿海公司共同发起上述地块高低压变配电专项设计合同的审批,并共同签订高低压变配电专项设计合同;B2、A19 地块系鹿回头公司所有,B4、B15、B16 地块系新佳公司所有,B20 地块系鹿海公司所有,红沙 85#地块系鹿南公司所有。但上述地块的岩土工程初勘详勘及地形测绘、内涝防治工程、海绵城市低影响方案的招标、定标、中标通知等相关事项由“三亚区域公司”同时发起审批并通过，由鹿回头公司向中标单位发出中标通知书；六期项目产权系鹿回头公司、新佳公司、旭日公司共有，半山半岛四期、七期项目产权系鹿回头公司和新佳公司共有，上述项目的分销事项由新佳公司发起审批，由鹿回头公司负责四期项目销售相关事项，由新佳公司负责六期、七期项目销售相关事项；七期、节庆广场项目产权系鹿回头公司、新佳公司共有，上述项目基底及竣工图测绘合同的签订、结算等事项由新佳公司负责；一期、八期、安置区项目产权系鹿回头公司所有，四期项目产权系鹿回头公司、新佳公司共有，六期项目产权系鹿回头公司、新佳公司、旭日公司共有，上述项目基底及竣工图测绘合同的签订、结算等事项由鹿回头公司负责；八期项目产权系鹿回头公司所有，节庆广场项目产权系鹿回头公司、新佳公司共有。上述项目的防雷检测相关业务事项，由“三亚区域公司”统一提起审批、对外协商，之后安排各项目对应公司签订业务合同；洲际酒店、鼎鼎香餐厅项目产权系鹿回头公司所有，四期、七期、节庆广场项目产权系鹿回头公司与新佳公司共有，五期项目产权系新佳公司所有，安纳塔拉度假酒店项目产权原系新佳公司和旭日公司共有，之后于2016年7月无偿转让给鹿影公司。洲际酒店、四期、鼎鼎香餐厅、安纳塔拉度假酒店项目的家具、餐椅采购合同签订、审价、对账、付款等业务由鹿回头公司负责。安纳塔拉度假酒店由鹿回头公司委托第三方经营管理；五期、七期、节庆广场项目的家具采购合同签订、审价、对账、付款等业务由新佳公司负责；B18地块原属新佳公司所有，2016年6月，新佳公司将B18地块所有权无偿转让至鹿洲公司。但地块转让前后的设计相关事项均由三亚弘熹公司负责。

6. 人事管理方面

(1)人事管理不独立。三亚弘熹公司等十七家公司执行统一的人事管理制度，由“三亚区域公司”监督执行，除三亚弘熹公司外，其他公司人事管理各方面均不独立。具体表现在：第一，员工招聘基本上由“三亚区域公司”负责，与三亚弘熹公司签订劳动合同。部分员工与鹿回头公司或新佳公司签订劳动合同后，统一在“三亚区域公司”内任职。按工作需要对应各关联公司；实习生的录用由“三亚区域公司”负责，由三亚弘熹公司下发实习通知书并签订劳动合同。第二，鹿回头公司、新佳公司、润丰公司等公司与员工劳动合同的签订、变更、解除等事项均由“三亚区域公司”审批。第三，员工请假、休假、调休、出差、培训、考核、奖惩、调岗、调薪、离职、辞职以及劳动合同的管理等事项均由“三亚区域公司”管理或审批，除三亚弘熹公司外，其他十六家公司无自主决定权。第四，涉及员工岗位、薪资调整、培训、转正、考核、奖惩、晋升和员工申报五险一金等事项由“三亚区域公司”相应部门发起，由“三亚区域公司”审批。

(2)人事管理混同。第一，董事、监事、高级管理人员等混同。三亚弘熹公司等十七家公司工商登记资料文件显示，除三亚弘熹公司外，其他十六家公司的法定代表人、董事、监事、高级管理人员等存在密集的交叉任职情形，基本上均为由詹琰等高级管理人员组成的管理团队在各关联公司担任董事、监事、高级管理人员。第二，中层管理人员混同。除三亚弘熹公司外，其他十六家公司内部无中层管理人员，仅“三亚区域公司”存在相关部门及中层管理人员，相关中层管理人员劳动合同大多数与三亚弘熹公司订立，按照“三亚区域公司”的部门划分分管各关联公司，如人力法务部高级法务经理吴萍由三亚弘熹公司聘用，在“三亚区域公司”任职；人力法务部法务经理蔡妲琦、拆迁办土地工作总监张耀珍、预算部经理朱大庆等人由鹿回头公司、新佳公司签订劳动合同，在“三亚区域公司”任职，工资在“三亚区域公司”发放。第三，普通员工交叉任职、交叉用工。除三亚弘熹公司外，其他十六家公司内部普通员工无具体职责划分或固定职位，所有普通员工均在“三亚区域公司”任职，按照“三亚区域公司”的部门及岗位职责划分，处理相关公司的事务，普通员工交叉任职频繁，如三亚弘熹公司聘用的员工郭家玢，任“三亚区域公司”财务部出纳，多次发起了新佳公司等关联公司税金事项和用印审批申请；三亚弘熹公司员工李兆琥发起了源融公司、源浦公司增加银行账户明细及供应商的事项审批申请；三亚弘熹公司员工陈俞余发起了源融公司、源浦公司开设银行账户事宜用印申请；三亚弘熹公司员工孟享多次发起了鹿昌公司工商底档、更换银行法人信息用印申请；三亚弘熹公司员工冯彩蝶发起了鹿昌公司企业所得税汇算清缴事宜、查询工商机读档案事宜用印申请。

（三）根据管理人的委托，天职会计所对三亚弘熹公司等十七家公司间资金及财务状况进行调查，并出具了混同专项调查报告。天职会计所认为，三亚弘熹公司等十七家公司具有明显的混同特征，存在资金财务混同的经济事实。具体表现为：

1. 除新佳公司、润丰公司、万通公司外，其他十四家公司均共用位于三亚市吉阳区小东海路6号的鹿回头公司办公楼，上述公司控股股东大多相同，说明受同一方控制。经查阅，未发现上述公司之间签订办公场地租赁协议或类似文件，在账目中也未发现类似分摊固定资产折旧费用的处理，该行为导致上述公司的费用存在混同核算的情况，无法清晰区分。

2. 三亚弘熹公司等十七家公司实施统一模式管理，执行统一的财务制度，共用财务团队，仅设置一个财务部，下分若干财务团队进行账务处理，同时设置资金组，统一管理全部出纳人员；设置税务组，集中处理所有公司税务事宜；设置预算组，统一进行资金预算工作。所有重要事项、资金预算、申请、审批、支付等事项均通过OA系统进行上报、审批。共用财务人员为十分明显的混同特征，特别是成立资金组，统一管理所有出纳人员，这样对所有区域内公司的资金可以统一把控、调拨，进而混同使用。另外，公司共用财务人员，使人员的使用成本无法按服务公司进行明确分摊，严重影响人工费用的核算。三亚弘熹公司等十七家公司财务管理严重混同。

3. 资金混同特征明显。三亚弘熹公司等十七家公司的资金由王永红统一调配使用，财务部根据各关联公司的银行账户存款余额，统筹安排支付货款和工程款、归还银行借款、发放工资等。各关联公司的资金支出活动如费用报销、薪酬等均由关联公司指定的相关人员发起，经公司相关领导审批后经过OA系统上报集团相关的领导，由对应层级领导审批。

三亚弘熹公司等十七家公司之间存在融资资金使用混乱，为其他公司收取及支付费用、资金情况异常严重、大量业务销售资金统一归集处理，公司间往来款划转频繁、手续随意、内部关联往来存在较大差异等多种混同情况。通过多家关联公司借入款项，形成多头对外债权和多头对外债务挂账，导致三亚弘熹公司等十七家公司统一口径的对外债权债务分散于各关联公司，债权债务关系错综复杂难以统计。

(1)融资行为不具备自主性，且相互替还金融负债本息，导致金融负债权属难以区分，如鹿璟公司、鹿南公司、鹿湾公司、旭日公司、新佳公司、鹿洲公司等的融资行为均不具备自主性，用款目的均是为其他公司支付工程款、费用或以往来款形式转出，并非用于自身公司业务发展或公司建设。此外，公司间相互替还金融负债本息情况十分严重，该行为导致各关联公司的金融负债权属难以区分，且大多数仅进行长期挂账处理，因数额巨大，笔数众多，无法依据实际使用人、申请人或偿还人等口径进行债务划分及还原，对公司的财务费用、长期借款等科目的核算和统计形成了巨大的障碍，属于十分严重的混同行为。

(2)三亚弘熹公司等十七家公司为范围内其他企业支付各类资金、费用异常频繁，资金混同使用，权属难以区分。为其他企业支付资金后仅部分交易收到回款，绝大部分交易仅在其他应收款、其他应付款科目中进行长期挂账,不做处理,长期占用其他公司资金,且未签订任何资金占用协议等类似文件、合同,资金混同使用,权属难以区分,属于严重资金混同行为,且覆盖全部十七家公司。

(3)关联公司之间大量收取范围内其他企业业务款,资金统一归集混同使用。鹿回头公司、新佳公司、润丰公司的售房款、定金、面积补差等款项大部分由源浦公司、源融公司、万通公司及其他关联企业收取,销售款大部分均在各销售公司其他应收款中进行挂账(截至2018年8月,累计收款约1049笔共34.1亿元),再统一归集进行混同使用、分配或转出,有十分明显的统一操控痕迹,而公司之间并未签订资金使用协议等类似合同、文件,公司收入资金权属脱离自身法人人格,且无法相应补偿,为严重的资金混同使用情形。

(4)三亚弘熹公司等十七家公司往来款划转频繁、手续简单随意,金额巨大,且无商业实质,资金混同使用,无法还原资金权属。

4. 三亚弘熹公司等十七家公司存在对内大额担保,大部分均为质押担保及抵押物担保,属于使用公司自身资产为其他公司进行担保,且均为无偿担保,资产权属混同不清,突破法人人格,混同使用,获得融资资金。

5. 关联公司项目、资产产权、收入、成本混同核算。半山半岛四期、六期、七期项目产权与收入、成本不匹配。其中四期项目2#楼、3#楼登记在新佳公司名下,1#楼、4#楼、5#楼、6#楼登记在鹿回头公司名下。3#楼(除底商)销售收入在鹿回头公司核算,在四期项目成本核算方面,鹿回头公司和新佳公司采用平均方法平摊四期成本。六期项目产权登记在新佳公司,土地分别登记在新佳公司、鹿回头公司、旭日公司名下,销售收入由鹿回头公司核算,成本在鹿回头公司和新佳公司均有核算。七期项目1#楼产权登记在鹿回头公司,2#楼、3#楼产权登记在新佳公司,收入均在新佳公司核算,成本在鹿回头公司和新佳公司均有核算。鹿影公司原财务报表显示其为空壳公司,无大额资产负债,但新佳公司、旭日公司于2015年12月将旭日公司分公司安纳塔拉酒店地块权属及房产所有权以实物注资形式划拨至鹿影公司,未进行账目处理,导致鹿影公司所拥有的安纳塔拉酒店房产在旭日公司核算,核算金额313,386,646.15元;同时该房产建设资金全部为鹿回头公司出资,以往来款形式在旭日公司挂账;地块价值在旭日公司及新佳公司核算,核算金额分别为15,665,183.29元、13,636,107.99元。上述行为导致无法清晰区分各公司资产及项目收入成本配比,严重影响财务报表真实性及数据有效性。

6.三亚弘熹公司等十七家公司共用业务部门人员,人员使用成本无法准确计量。此行为严重影响企业成本、期间费用等关键财务数据准确性,存在严重的混同情况。

本院认为,破产会议纪要第32条规定:“关联企业实质合并破产的审慎适用。人民法院在审理企业破产案件时,应当尊重企业法人人格的独立性,以对关联企业成员的破产原因进行单独判断并适用单个破产程序为基本原则。当关联企业成员之间存在法人人格高度混同、区分各关联企业成员财产的成本过高、严重损害债权人公平清偿利益时,可例外适用关联企业实质合并破产方式进行审理。”从上述规定来看,是否适用合并破产,主要从关联企业成员之间是否具备法人人格高度混同、区分各关联企业成员财产的成本过高、严重损害债权人公平清偿利益等情形进行审查。

(一)关于三亚弘熹公司等十七家公司是否是关联公司的问题

《中华人民共和国公司法》(以下简称公司法)第二百一十六条规定:“本法下列用语的含义:……(三)实际控制人,是指虽不是公司的股东,但通过投资关系、协议或者其他安排,能够实际支配公司行为的人。(四)关联关系,是指公司控股股东、实际控制人、董事、监事、高级管理人员与其直接或者间接控制的企业之间的关系,以及可能导致公司利益转移的其他关系……”根据查明的事实,王永红系三亚弘熹公司等十七家公司的实际控制人。王永红收购半山半岛项目、半岛蓝湾项目后,在三亚地区设立“三亚区域公司”,下设事业部,除三亚弘熹公司之外的其他十六家公司内无管理层,基本上是以詹琰、陈冬青、吴新文、颉选文、杨晓青等人组成高管团队,采取集团化管理模式,进行统一管理和控制。“三亚区域公司”的管理层、大多数中层及普通员工均与三亚弘熹公司签订劳动合同。因此,三亚弘熹公司等十七家公司系关联公司,三亚弘熹公司是“三亚区域公司”的法人载体,“三亚区域公司”即三亚弘熹公司为核心控制企业。

(二)关于三亚弘熹公司等十七家公司是否构成法人人格高度混同的问题

公司法第三条第一款规定:“公司是企业法人,有独立的法人财产,享有法人财产权。公司以其全部财产对公司的债务承担责任。”公司的法人地位决定了公司必须有自己独立的财产,享有法人财产权,包括物权、知识产权、债权和对外投资的股权等。公司有自己独立的财产是公司能够自主经营,自负盈亏,对外独立承担责任的物质基础。公司享有法人财产权才能体现公司的法人人格,实现公司的权利能力和行为能力。公司作为独立法人,应当独立承担民事责任。控制行为本身会导致关联公司丧失意志独立性,控制行为的结果会导致关联公司在一定程度上丧失财产独立性。三亚弘熹公司等十七家公司虽然名义上是独立法人,但在王永红的实际控制下,各公司存在非市场化的利益输送,关联公司内资产、权益分配不均,资产负债率差别较大,关联公司相互担保、抵押数额巨大,存在巨额重复债权申报,债权债务无法区分的情形。上述控制行为导致除三亚弘熹公司之外的其他十六家公司丧失了意志独立性。

三亚弘熹公司等十七家公司的经营场所、经营范围多数相同或重叠,除三亚弘熹公司外各关联公司内组织架构划分无管理层,在“三亚区域公司”下设事业部对各关联公司进行管理。各关联公司的公章、证照人事档案、经营档案均由“三亚区域公司”统一管理，“三亚区域公司”操控其关联公司开展大量的交易活动，其交易行为、交易方式、交易价格都以“三亚区域公司”整体需要为准。各关联公司包括采购、销售、收款、售后服务等具体业务流程在内的经营活动，全部由“三亚区域公司”统一控制。

“三亚区域公司”适用统一的薪酬管理制度、绩效考核方法及岗位评定方法，人员统一调配，劳动关系按需使用，人事管理方面混同。各关联公司内部无业务实质的资金往来频繁，资产混同使用或资产无偿转移至关联公司，财产方面、资金调度方面、财务管理方面混同。三亚区域内各关联公司之间存在代付费用、代为借款、代还借款的融资混同，关联公司之间相互担保，自身无独立的决策权，无法独立参与市场竞争。上述控制行为的结果导致各关联公司在一定程度上丧失财产独立性。

根据企业破产法第二十五条第一款第二项的规定，管理人有权调查债务人财产状况，制作财产状况报告。而破产审计是管理人全面查清债务人资产、负债、所有者权益以及是否存在混同情形的重要手段。天职会计所出具的混同专项调查报告，在债务人或债权人未提供足以反驳的相反证据的情况下，其认定三亚弘熹公司等十七家公司之间存在资金财务混同的经济事实的专项核查意见应予采信。

因此，三亚弘熹公司等十七家公司已严重丧失法人财产独立性和法人意志独立性，且各关联公司之间存在大量、显著、广泛、持续、稳定的混同情形，应当认定三亚弘熹公司等十七家公司之间已构成法人人格高度混同。

（三）关于是否存在区分关联企业财产成本过高的问题

三亚弘熹公司等十七家公司内部存在诸如交易复杂、支付资金现象持续时间长、金额巨大、频率极高，具体费用承担类别、项目繁杂琐碎，使得各关联公司的负债、成本、费用等无法区分定性及还原。同时三亚弘熹公司等十七家公司间长期挂账不做处理，长期占用其他公司资金，各类款项收取混同情形显著，适用企业破产法上的撤销权制度、无效行为制度等区分三亚弘熹公司等十七家公司财产会导致区分破产企业财产的成本过高。

（四）关于单独重整是否会损害债权人公平清偿利益问题根据查明的事实，王永红滥用其实际控制人的地位，导致除三亚弘熹公司之外的其他十六家公司严重丧失法人财产独立性和法人意志独立性。在此前提下，除三亚弘熹公司之外，其他十六家公司在非自主情形下所从事的生产经营活动，已经导致了三亚区域内各关联公司资产负债情况产生了一定程度的不适当变化，从而对除三亚弘熹公司之外的其他十六家公司债权人的债权将来可能获得的清偿率造成一定程度的影响，进而使其债权人的债权遭受不应有的损失。

无论是《中华人民共和国民法总则》第六条规定的公平原则，还是《企业破产法》第一条规定的公平清理债权债务准则，都要求全体债权人享有公平受偿的权利。在三亚弘熹公司等十七家公司法人人格高度混同，除三亚弘熹公司之外的其他十六家公司严重丧失法人财产独立性和法人意志独立性，并损害公司债权人利益的前提下，在破产重整的框架内，对三亚弘熹公司等十七家公司合并重整就是公平原则和公平清理债权债务准则合乎逻辑的必然要求。若坚持将三亚弘熹公司等十七家公司单独重整，各关联公司债权清偿率具有较大差别，保护了少数债权人的利益，将会损害大多数债权人的实际清偿利益，使大多数债权人无法得以公平清偿。根据破产会议纪要第36条的规定，合并重整后，各关联企业成员之间的债权债务将归于消灭，由此可核销数额庞大的、各关联企业重复申报的巨额担保债务，能够降低破产企业整体负债，提高债权人的整体清偿率，最大限度地保障债权人的整体清偿利益，实现债权人公平清偿。

因此，三亚弘熹公司等十七家公司单独重整将损害债权人公平清偿利益。

(五)关于利害关系人的其他异议问题

否认公司独立人格,是股东有限责任的例外情形,只有在股东实施了滥用公司法人独立地位及股东有限责任的行为,且该行为严重损害了公司债权人利益的情况下,才能适用。而且公司人格否认不是全面、彻底、永久地否定公司的法人资格,而只是在具体案件中依据特定的法律事实、法律关系,突破股东对公司债务不承担责任的一般规则。人民法院在个案中否认公司人格的判决的既判力仅仅约束该诉讼的各方当事人,不当然适用涉及该公司的其他诉讼,不影响公司独立法人资格的存在,生效判决认定的事实可以作为证据使用。因此,否认公司法人人格不必经过独立的民事诉讼程序。

另外,除三亚弘熹公司、投资公司之外,其他十五家公司对管理人合并重整的申请均无异议,同意合并重整。

综上所述,鹿回头公司等十二家已经进入破产重整程序的公司存在法人人格高度混同、区分各关联企业成员财产的成本过高、严重损害债权人公平清偿利益的情形,管理人申请对鹿回头公司等十二家公司合并重整符合破产会议纪要第32条的规定,应予准许。

三亚弘熹公司作为三亚区域内各关联公司的核心控制企业,如不与鹿回头公司等十二家公司合并重整,不仅不利于查清三亚弘熹公司与其他十六家关联公司之间的关系,以及十七家关联公司之间复杂的资金往来关系和财产权属等混同情况,也必定极大损害鹿回头公司等十二家公司债权人的合法权益和公平清偿利益。鹿回头公司系投资公司的控股企业,投资公司多达27亿元的对外投资资金均源于鹿回头公司,且投资公司无实业、无固定资产。投资公司作为鹿回头公司的投资平台,如不将其与鹿回头公司、三亚弘熹公司合并重整,不仅不利于查清鹿回头公司的资金流向,也必定会极大地损害鹿回头公司、三亚弘熹公司债权人的合法权益和公平清偿利益。通过分析源融公司、源浦公司、鹿昌公司与三亚弘熹公司及其关联公司的资金往来数据,可知鹿昌公司、源融公司、源浦公司的主要作用是作为资金通道公司与三亚弘熹公司直接控制企业以及非直接控制关联企业之间发生资金往来。三亚弘熹公司等十七家公司主营业务中房地产业务收入占比最高,但该部分收入并未由对应项目的开发公司如鹿回头公司、新佳公司等收取,而是由源融公司、源浦公司、鹿昌公司等关联公司收取,统一归集入账后,向各关联企业统一调拨,进行资金的混同使用。而三亚弘熹公司等十七家公司间从未签署过资金使用协议、借款合同等文件,企业处置资产未获取对价或补偿,仅在财务上进行了长期挂账,各类款项收取混同情形显著,如果不将源融公司、源浦公司、鹿昌公司与三亚弘熹公司、鹿回头公司、新佳公司等公司进行合并重整,则无法查清前述多家企业之间的资金流向,从而无法确认与源融公司、源浦公司、鹿昌公司发生过资金往来的公司真实准确的资产负债情况,导致区分各关联企业财产成本过高,并将损害债权人公平清偿利益。根据破产会议纪要第33条的规定,人民法院在审查关联企业实质合并破产申请时,应当考虑的因素包括关联企业之间资产的混同程度及其持续时间、各企业之间的利益关系、债权人整体清偿利益、增加企业重整的可能性等,并不以被申请人是否具备破产重整条件以及其是否已经进入破产重整程序为前提条件。因此,即便投资公司等五家公司未被裁定进入破产重整程序或不具备单个企业破产重整条件,人民法院可以根据破产会议纪要第32条、第33条的规定在审查投资公司等五家公司确实与鹿回头公司等十二家公司之间存在法人人格高度混同、区分各关联企业成员财产的成本过高、严重损害债权人公平清偿利益情形的前提下,裁定投资公司等五家公司与鹿回头公司等十二家公司合并重整。

因此，三亚弘熹公司等十七家公司均为企业法人，可以成为重整对象。三亚弘熹公司等十七家公司中的核心控制企业“三亚区域公司”即三亚弘熹公司住所地在三亚市，故本院对本案有管辖权。除三亚弘熹公司之外的其他十六家企业虽然形式上是独立法人，但已严重丧失法人财产独立性和意志独立性，各关联公司之间构成法人人格高度混同，且区分各关联企业成员财产的成本过高。为公平清理债权债务，平等保护债权人和债务人的合法权益，实现企业重整价值最大化，鹿回头公司等十二家已进入破产重整程序的企业与投资公司等五家未被裁定进入破产重整程序的企业应当进行实质合并重整。经本院审判委员会讨论决定，依照《中华人民共和国公司法》第三条、第二十条、第二十一条、第二百一十六条、《中华人民共和国企业破产法》第四条、第七十一条、《中华人民共和国民事诉讼法》第五十二条、第一百五十四条第一款第十一项之规定，裁定如下：

对三亚鹿回头旅游区开发有限公司、海南新佳旅业开发有限公司、三亚东海旭日酒店有限公司、三亚鹿辰实业有限公司、三亚鹿影实业有限公司、三亚鹿洲实业有限公司、三亚万通房地产开发有限公司、三亚鹿南实业有限公司、三亚鹿璟实业有限公司、三亚润丰建设投资有限公司、三亚鹿海实业有限公司、三亚鹿湾实业有限公司、三亚中弘弘熹房地产开发有限公司、三亚源浦实业有限公司、三亚源融实业有限公司、三亚半山半岛投资有限公司、三亚鹿昌实业有限公司适用关联企业实质合并重整方式审理。

如不服本裁定，可自本裁定宣布之日或收到通知之日起十五日内向海南省高级人民法院申请复议，复议期间不停止裁定的执行。

第四节　宁波市中级人民法院五个典型破产重整案例启示（2021年）

案例1:华丰建设股份有限公司破产重整案

【关 键 词】建筑企业;资质平移;反向剥离出售式重整

【受理法院】宁波市中级人民法院

【管 理 人】宁波威远会计师事务所有限公司、浙江天册律师事务所

【基本案情】

华丰建设股份有限公司(以下简称华丰建设)作为曾经的"全国建筑综合实力百强企业""浙江省百强企业",拥有着国家建设部核准的"房屋建筑工程施工总承包特级资质",先后承建了上百项省市级重大工程建设,其中包括宁波市政府办公大楼(获"鲁班奖")、黄龙体育中心主体育场、萧山开元名都大酒店(浙江省第一高楼)、上海F1国际赛车场主看台、兰溪发电厂、宁波栎社机场新航站楼(获浙江省首个公建项目"鲁班奖")等。

但因企业扩张过程中过于依赖固定资产投资、管理粗放不规范、片面追求规模效益,长期以来都存在流动资金匮乏的问题,2011年"利比亚危机"更使华丰建设遭受重大损失,导致其融资渠道被切断。当年华丰系企业30多个项目被迫停工或缓建。此后,华丰建设经历了公司自救、债务重组、政府工作小组帮扶等众多救济后,最终积重难返。

2015年11月,华丰建设以不能清偿到期债务且资产不足以清偿全部债务为由,向宁波市中级人民法院申请破产重整。2015年11月16日,宁波市中级人民法院裁定受理破产重整申请并指定宁波威远会计师事务所

有限公司、浙江天册律师事务所为华丰建设联合破产管理人。

【审理情况】

管理人在履行职责过程中发现,华丰建设资产与负债情况异常复杂、资不抵债情况远比其申请破产时披露的情况严重,如转为破产清算,普通债权人的清偿率基本为零。基于此,华丰建设第一次债权人会议通过了《关于提请债权人会议决议华丰建设继续营业事宜的议案》,并在此后通过公开招募方式确定了正式重整投资人。经第二次债权人会议审议通过了《重整计划草案》,根据最终重整方案,保留华丰建设壳资源及相关无形资产、部分在建工程项目、留岗人员三项内容作为重整内容,其余资产和债务由管理人另行处理,资产处置所得纳入破产财产。此外,由华丰建设成立全资子公司,将华丰建设资质、业绩平移到该公司,并由重整投资人受让该公司 100% 股权,完成重整。

2016 年 11 月 28 日,宁波市中级人民法院裁定批准华丰建设股份有限公司重整计划,重整程序终止。2019 年 6 月,重整计划执行完毕。

【典型意义】

通过"信誉修复""资质平移"等一系列措施,创造性地实现了"反向剥离出售式重整",从根本上解决了建筑企业壳资源重整难以恢复正常经营的难题。由于建筑企业在进入破产程序前,往往已被列入失信被执行人名单,同时存在大量金融不良征信记录,在受理破产重整后,却缺乏删除失信信息和金融不良征信的程序,同时各地法院由于并不知悉债务人已经重整,仍然会不断地提起对债务人此前债务的执行程序,将债务人纳入失信被执行人名单。这导致在以往案例中建筑企业即便通过了重整计划,实际上仍然难以恢复正常经营,造成了建筑企业客观上难以实现真正重整的难题。本案中,通过上级法院协调,全国各法院暂时性地删除对华丰建设的失信信息(根据住建部规定,存在失信信息的企业不能进行资质平移)。华丰建设获得住建部同意，将其名下建筑装修装饰工程专业承包壹级、建筑机电安装工程专业承包壹级、地基基础工程专业承包壹级和钢结构工程专业承包贰级资质转移至新设立的华丰建设全资子公司“中和华丰建设有限责任公司”，再由重整方以重整对价完成对“中和华丰”100%股权的收购。通过以上操作，最终实现了华丰建设壳资源的完整保留，同时确保重整后的壳资源公司无论在司法征信还是金融征信上都是“清洁”的，从实质上实现了建筑企业的重整经营。

案例2：华鑫化纤科技集团有限公司、余姚市新华鑫纤维销售有限公司合并破产重整案

【关 键 词】合并破产重整；拍卖；重整投资权

【受理法院】余姚市人民法院

【管 理 人】毕马威华振会计师事务所、浙江导司律师事务所、上海市方达律师事务所

【基本案情】

华鑫化纤科技集团有限公司（以下简称华鑫集团）成立于2003年6月，注册资本为8350万美元，曾是余姚市的“一号工程”。余姚市新华鑫纤维销售有限公司（以下简称新华鑫公司）成立于2014年4月，注册资本为100万元，是华鑫集团的关联公司。华鑫集团主要从事化纤类原料的制造，其自身经营状况尚可。由于管理混乱，华鑫集团的大量资金被随意用于对外投资，主要投向为房地产及钢厂。由于对外投资失败，且华鑫集团为关联企业担保，华鑫集团资金链断裂，陷入巨大债务危机，诉讼频发，严重影响其正常经营。因此，华鑫集团自2016年1月起停业。华鑫集团停业后，新华鑫公司整体承租了华鑫集团厂区内的固定资产（包括厂房、生产设备

等)继续经营,后又由案外人整体承租了华鑫集团厂区内的固定资产。经温州银行股份有限公司宁波余姚支行申请,余姚市人民法院于2017年6月12日裁定受理华鑫集团破产清算一案并指定管理人。

【审理情况】

2017年8月30日,第一次债权人会议召开。2018年5月21日,因华鑫集团、新华鑫公司在实际控制人、资产划分、资金往来、企业职工、主营业务方面均存在高度混同,余姚市人民法院裁定受理新华鑫公司破产清算一案。因华鑫集团、新华鑫公司主营的化纤类业务盈利能力较强,具有重整价值,余姚市人民法院于2018年6月14日裁定对华鑫集团、新华鑫公司进行合并重整。华鑫集团、新华鑫公司合并破产重整第一次债权人会议于2018年7月13日召开,对《关于华鑫化纤科技集团有限公司与余姚市新华鑫纤维销售有限公司之合并重整计划草案》进行了表决,未获得通过。后破产管理人对重整计划草案进行了调整,确认采用"拍卖重整投资权"的方式,以4亿元为起拍价,公开拍卖华鑫集团、新华鑫公司的重整投资权,出价最高的竞买人将成为华鑫集团、新华鑫公司的重整投资人。调整后的重整计划草案经全体债权人再次表决获得通过,该院裁定批准《关于华鑫化纤科技集团有限公司与余姚市新华鑫纤维销售有限公司之合并重整计划草案》。2019年11月4日至5日,华鑫集团、新华鑫公司的重整投资权以4亿元为起拍价在阿里拍卖破产强清频道公开竞拍,最终,宁波大沃化纤科技有限公司(以下简称大沃公司)以8.26亿元的成交价竞得该重整投资权。截至2020年6月29日,大沃公司已经将8.26亿元款项全额支付。余姚市人民法院于2020年10月26日裁定确认大沃公司以8.26亿元注资成为华鑫集团、新华鑫公司的重整投资人。2020年11月23日,破产管理人与大沃公司进行了华鑫集团、新华鑫公司重整案件的资产移交仪式。

【典型意义】

传统的破产重整方式通常遵循破产管理人在报纸上刊登重整投资人招募公告、意向重整投资人报名、管理人筛选后确定一个意向重整投资人进行定向重整的流程。但是随着技术越来越进步、信息越来越发达，破产案件的债权人往往不能满足于封闭式的定向重整方式，定向重整的方案也很难获得通过。本案在定向重整方案未能获得通过的情况下，创新性地提出通过在网络平台上"拍卖重整投资权"的方式进行开放性的不定向重整，将重整金额从定向重整的4亿元提高到了8.26亿元，这种通过广为人知的拍卖平台向不特定对象招募重整投资人的方式，公开公平，最大限度实现了债务人的价值，最大限度维护了债权人的利益。从企业本身来讲，破产重整既能使民营企业继续按原有产业类型继续生产，又能保留企业的环评资质等隐性资产，还保证了企业职工的稳定，实现了民营企业就地重生，保障了社会和谐稳定。

案例3：宁波大成新材料股份有限公司破产重整案

【关 键 词】破产清算转重整；网格法官；共益债融资释放抵押物；军工资质深潜力

【受理法院】慈溪市人民法院

【管 理 人】宁波科信会计师事务所有限公司

【基本案情】

宁波大成新材料股份有限公司（以下简称大成公司）位处浙江省慈溪市，成立于1994年，从事高分子新材料及高性能防弹复合材料系列研发研制和生产，拥有多项发明专利权以及军工装备资质证书等资质认证，是首批"国家级重点高新技术企业和国家级重点创新型企业"。2014年，大成公司为两家关联公司的债务提供连带责任保证。两年后，大成公司经营不善、资金链断裂，无力清偿担保款项。

2019 年 3 月 20 日，宁波市中级人民法院裁定受理大成公司破产清算一案，并指定宁波科信会计师事务所有限公司为管理人。另于 2019 年 5 月 10 日，将本案交慈溪市人民法院审理。

【审理情况】

2019 年 8 月 9 日，慈溪法院主持召开第一次债权人会议。经核查，债权人对 13 笔共计 2.4 亿余元债权无异议，并表决通过《财产管理、变价和分配方案》《投资者招募方案》等多项议案。

在资产处置过程中发现，2016 年至 2017 年，大成公司与浙江某体育公司（以下简称体育公司）先后签订两份租赁合同，将面积共计 9000 多平方米的厂房等租赁给体育公司使用。租赁期限未满，大成公司就进入破产程序。按照规定，管理人应收回全部租赁厂房，并要求租户腾房搬离。但体育公司表示，原本动工装修已投入上千万元资金，而其主要业务为健身服务，各类会员数量高达 3000 多人，尤其是近期面临体育中考，游泳场地是关键的培训场所，一旦腾退，他们的经营和考生培训都将受到冲击。为了稳妥推进此项工作，慈溪法院在市委市政府的牵头协调下，由“网格法官”、破产管理人、属地街道负责同志一同开展协调工作，经多次沟通，最终双方达成调解，租赁合同解除，体育公司于 2020 年 2 月 29 日前腾退所有厂房。

另外，大成公司名下一处不动产已列入慈溪市政府 2019 年土地收储计划。按照通常做法，该土地将由法院拍卖。但拍卖产生税费较高，实际所得款项少，若可以实现土地收储，不仅能提高资产处置效率，也能更好保障债权人利益。但同时，这一想法又面临预缴保证金缺口、抵押权人不愿在未得到清偿前释放抵押物等困难，为此，管理人提出了共益债务融资的解决方案。法院会同国土、税务、审计等单位，多次组织召开专题协调会议，反复沟通、探讨，确保做好土地收储工作。经过多次沟通，商议方案的可行性、风险性，最终得以完成抵押物的释放，并与慈溪市土地储备中心正式签订房地产收购合同，启动土地收储程序。2019年12月30日，管理人向债权人会议提交了《关于宁波大成新材料股份有限公司不动产处置方案表决议案》，后受新冠肺炎疫情影响，管理人在法院的指导与监督下积极与全体债权人保持必要联系与沟通，另于2020年5月13日提交《不动产处置方案表决事项修正案》供债权人会议表决。经表决，债权人会议同意以政府土地收储方式处置大成公司名下房地产。

2020年6月11日，大成公司第二次债权人会议对重整计划(草案)进行了分组表决，各表决组以83%～89%的表决通过率高票通过表决议案。普通债权人组受偿率提升由10%至41%，优先债权人组全额受偿。

2020年6月20日，管理人向慈溪法院申请将清算程序转为重整程序，慈溪法院批准大成公司重整计划，并终止大成公司重整程序。

【典型意义】

在市委、市政府的牵头协调下，由“网格法官”、破产管理人及属地街道负责同志一同开展协调工作，充分发挥府院联动性，秉持以法律法规为底线，又综合考量承租户的难处，妥善解决租赁权与抵押权之间的冲突，减缓租户带来的群体性维稳压力。

在破产案件审理过程中，采用多元化形式优选方案，提高不动产处置效率，创新引用“共益债融资”以达到释放抵押权，既维护抵押权利人权益保障，又平稳衔接国有土地收储完成。同时，法院、管理人互相配合，积极寻求潜在重整投资者，深挖破产企业深潜力，由此促成本案中能够尽快寻找到重整投资者，推动大成公司破产清算短时间转为重整程序。

案例4:浙江造船有限公司破产重整案

【关 键 词】府院联动;资源整合

【受理法院】宁波市奉化区人民法院

【管 理 人】浙江造船有限公司清算工作组

【基本案情】

浙江造船有限公司(以下简称浙船公司),成立于1987年6月23日,注册资本32,000万元,公司登记机关为宁波市市场监督管理局,住所地为宁波市奉化区松岙镇湖头渡村,截至2015年12月31日,账面资产金额为4,728,176,738.41元,账面负债金额为4,080,301,728.06元,账面净资产金额为647,875,010.35元,此外为春和集团关联企业担保474,400,000元。因受到控股公司春和集团债务危机影响,致使浙船公司无法得到交付订单需要的配套融资,导致资金链濒临断裂,无法清偿到期债务,且明显缺乏清偿能力。奉化法院根据浙船公司的申请,于2016年4月14日依法裁定受理浙船公司破产重整一案,并于同日指定浙江造船有限公司清算工作组为破产管理人。

【审理情况】

浙船公司破产资产体量大,债权人数众多、金额巨大、类型复杂,破产管理人除了核定债权、处置资产以外,还需要引入资金、组织生产、遣散安置职工,各种法律问题、社会问题、政策问题相互交织,困难重重。本案受理后,管理人便接管浙船公司财产和印章,并在法院的依法审查、监督下,制定相关工作制度,着手启动浙船公司的清产核资、债权申报、登记和审查等工作。2016年7月8日,召开浙船公司破产重整第一次债权人会议,通过了包括债务人浙船公司继续营业等议案。后又分别于2017年2月10日、2018年9月15日召开了第二、三次债权人会议,在此期间管理人先后接触多家战略投资者，经过政府与法院协调、利益衡平，并结合浙船公司的实际情况，制作了重整计划草案，在第三次债权人会议上依照债权分类对重整计划草案进行了分组表决，有财产担保债权组、税款债权组、普通债权组、出资人组均表决通过了《浙江造船有限公司重整计划草案》。2018 年 10 月 8 日，管理人向法院提交了《关于提请人民法院裁定批准重整计划的报告》和《关于提请人民法院确定并收取管理人报酬的报告》。2018 年 11 月 6 日，奉化法院裁定批准浙船公司重整计划，并终止浙船公司重整程序。

【典型意义】

浙船公司破产重整案是强化府院联动机制作用，充分发挥政府在破产重整中资源整合优势，推动多方问题一体解决，确保企业和社会稳定的典型案例。一是府院联动机制作用充分发挥，整体推进，为破产重整提供根本保障。为预防和妥善处置可能引起的突发性群体事件，区委、区政府成立了政策指导组、维稳督导组、企业清算组和综合保障组，各工作小组明确了相应的成员单位和职责分工，建立了工作推进机制，确保各项工作措施落实，工作顺利推进。二是协调多部门共同参与，提供工资垫付和包括土地、税务筹划等在内的招商引资政策协调的政府公共服务，从职工矛盾化解到债权人会议召集，从招商平台共享到投资人招募，从争取债权人支持到股权强制变更，府院协调联动机制作用在各环节得到有效发挥。浙船公司破产重整案先后有近十家单位与管理人接触，但均不符合重整投资人条件，最后区政府出面协调，通过土地变性和财政奖励等相关优惠政策，最终成功吸引投资人参与重整。三是法院依法开展破产审判，推动多方问题一体解决。一方面根据重整计划，协调质押人、查封人对出资人权益进行调整，为引入重整方扫除最大障碍；另一方面依法妥善处理职工劳动关系，妥善安置破产企业职工。围绕“职工（含本工及劳务派遣员工）安置”和“劳务外包企业工程款处置”两个关键点，创造性的采取“除特殊劳动者外，全部解除职工,再根据生产经营所需定岗定编制定薪,双向选择录用”,双向录用的员工,在期满时可终止,同时管理人员薪资和重整是否成功直接挂钩。该方案大大减少了企业运营成本,调动了员工的工作积极性,为重整方的引入创造了良好的条件。

案例5:宁波华毅水产食品有限公司等华毅系三公司合并破产重整案

【关 键 词】合并破产;外商投资;清算式重整

【受理法院】象山县人民法院

【管 理 人】宁波正德会计师事务所有限公司、浙江人民联合律师事务所

【基本案情】

2016年7月7日,宁波华毅水产食品有限公司、宁波富毅华进出口有限公司、宁波健洋食品有限公司(以下简称华毅系公司)三家公司因深陷担保链泥潭,对外担保过多,负担过重,最终导致自身资产不足以清偿全部债务,于2016年7月8日向象山法院提出破产重整申请。象山法院裁定受理后,发现上述三家公司虽名义上是三个独立的法人,但在资产、业务和人事等方面存在高度混同的关联关系,实际控制人为同一人,且三家企业之间还存在大量关联债务和担保,遂于2016年11月15日依法裁定三家企业合并破产重整。

【审理情况】

债权申报期限内共有25户债权人向管理人申报了77笔债权,债权申报金额248,037,483.77元,管理人经过审核后认定了72笔债权,审定债权金额为244,447,264.57元,管理人主动调查职工债权251笔,最终审定债权323笔。

经查发现，华毅系公司虽债务量较大，但并非僵尸企业，具备较高的重整价值。为保障各方利害关系人权益和实现利益最大化，象山法院采取关联企业合并重整，以提升重整案件的司法效率。同时，象山法院对案情进行深刻剖析、主动与涉案方沟通磋商、多次召开专题讨论会议，最终确定在不影响债务人资产处置变现和全体债权人利益的情况下，对债务人进行清算式重整。随后，通过公开招募方式选定重整投资人，由投资人提供资金，保护企业现有生产力和无形资产。经过公开竞价、对投资人的能力核实以及债权人会议商讨通过后，宁波一家食品公司出资8300万元成为新的投资人。2017年9月8日，象山法院裁定批准重整计划。2019年9月5日，重整计划执行完毕。

在象山法院的努力和各方配合下，华毅系公司积极开展生产、销售工作，恢复营业后已创收232万元，共安置职工246人，提高债权人清偿率1.136%，成效日益显现。

【典型意义】

本案是象山法院依法精准服务企业，创新破产审判方式，采用对债务人进行存续经营与资产剥离清算相结合的清算式重整方式的典型案例。一是合并破产重整，重整时间加快，最大限度维护债权人利益。因华毅系三家公司是分别申请破产重整的，但是三家公司又是高度关联的公司，三家公司之间往来款项异常之多，互负债务的情况较为复杂，若逐笔区分对待，势必会增加大量审核、区分的工作，投入大，耗时长，而且对于债权人来说，一贯将三家公司作为一个整体对待，若执意区分，可能会损害部分债权人的合法利益。故象山法院积极推动三家公司的合并重整方案，在加快推进破产重整进程的同时，维护广大债权人的合法权益，也为本案最终重整成功奠定坚实的基础。二是引入外商投资，外商整体接盘华毅系三家企业，保持了企业的完整性，职工得到全部安置。在华毅系三家公司的投资人招募工作上，引导管理人通过自媒体、报纸、广告等多种渠道进行，最终确定 Castel Spaceinet and Intertrade（泰国）Company Limited 公司成为三家公司的投资人，并由该公司在象山县当地注册成立宁波中泰华毅食品有限公司出资 8300 万元，对三家公司进行整体收购，并全盘接收三家公司的全部职工。最终保持了三家公司的完整性，职工得到安置后，也解决了社会的稳定问题。三是债权清偿时间短，抵押债权实现债权成本低，保障了债权人的利益。本案重整计划规定，有财产担保债权人的债权在重整计划草案经法院批准后一个月内全额支付，职工债权、税收债权、普通债权均是在重整计划草案经批准后三个月内支付。短时间的债权清偿，保障了债权人的合法权益。国际上，一般对有不动产抵押权的债权实现成本通常是 1.6% ~2.2% 之间，但是本案中，不动产抵押权的债权实现成本仅为 0.8333% 左右，远低于国际标准。

第五节　重庆破产法庭两个典型破产重整案例启示（2020 年）

案例 1：力帆系企业破产重整案

（一）基本案情

2020 年 6 月至 8 月，重庆嘉利建桥灯具有限公司等债权人分别以力帆实业（集团）股份有限公司（以下简称力帆股份）及其十家全资子公司不能清偿到期债务，并且资产不足以清偿全部债务或者明显缺乏清偿能力为由，申请对力帆股份及其十家全资子公司破产重整。重庆力帆控股有限公司（以下简称力帆控股）等十一家公司分别以不能清偿到期债务，并且资产不足以清偿全部债务或者明显缺乏清偿能力为由，申请破产重整，并申请实质合并重整。

(二)审理情况

本院受理申请后，及时组织申请人、被申请人、利害关系人等对力帆系22家企业破产重整申请案进行听证审查，依法于2020年8月11日、21日分别裁定受理力帆系企业重整案，8月28日裁定力帆控股等十一家公司实质合并重整，并决定对力帆股份及其十家子公司重整案进行协调审理。10月13日、15日，力帆股份及其十家全资子公司、力帆控股等十一家公司召开第一次债权人会议，表决通过了《财产管理方案》。11月25日、27日，力帆股份及其十家全资子公司、力帆控股等十一家公司召开第二次债权人会议，表决通过了《重整计划草案》，11月25日，力帆股份出资人组会议表决通过《出资人权益调整方案》。11月30日，本院分别裁定批准力帆股份及其十家全资子公司、力帆控股等十一家公司重整计划，并终止重整程序。力帆系22家企业破产重整案，从裁定受理重整申请到终止重整程序，审理时长仅102天。

(三)典型意义

在审理力帆系企业重整案件中，重庆破产法庭以法治化为原则，运用法治思维办理案件。因企施策，针对不符合实质合并重整的力帆股份及其十家全资子公司，依法采用协调审理方式进行审理；针对法人人格高度混同的力帆控股等十一家公司，依法进行实质合并重整。坚持有效市场和有为政府相结合，依托“府院联动”机制，高效解决重大复杂问题。指导管理人面向市场公开招募重整投资人，创新采用“产业投资人+财务投资人”联合参与重整的形式，为企业注入大量资金，通过引入具有行业领军地位的战略投资人，构建智能换电新能源汽车产业新生态，全面优化企业经营方案，充分体现“创新、协调、绿色、开放、共享”的新发展理念，充分运用市场化手段实现对企业的拯救。为维护金融债权人的合法权益,妥善解决金融债权人的不同诉求,本案创新采用上市公司出资人让渡股权为十家子公司偿债的清偿方式,有效实现了区域性、系统性金融风险“软着陆”。力帆系企业重整期间继续营业,安置职工 5700 余人,真正做到“破产不停产”,维护了企业营运价值,保留了重庆传统知名的“力帆”品牌,保护了上下游产业链千余家企业利益,有效避免了力帆股份退市的可能,保障了 6 万余户中小投资者权益。

案例 2:重庆九七九置业有限公司破产重整案

(一)基本案情

重庆九七九置业有限公司(以下简称九七九公司)是 2016 年成立的涉房地产开发的民营企业。公司现有的江津区德感滨江新时代楼盘,是集住宅、商业于一体的优质江景房项目,项目总建设面积十万多平方米,可建住宅七万多平方米,可建商业近两万平方米,地下超市七千平方米,地下车位六百余个。在项目开发过程中,公司因治理结构混乱导致资金短缺,无法清偿到期债务并无法按期完工交房,向本院申请破产重整。

(二)审理情况

本院以公司建设项目具有未来预期价值,如得到资金支持尽早完成开发项目,能够实现挽救公司、提高债权人清偿率的目标为由,裁定受理九七九公司重整一案,并于 2020 年 5 月 11 日选任管理人。审理中,法院联同管理人与当地政府相关部门召开府院联动会,获得当地政府部门对项目复产复建的大力支持。同时,管理人在法院指导下核查公司债权债务,通过审计、评估等方式审查公司状况,对外发布招募意向投资人公告。在全面了解公司状况后,管理人多次与债权人、债务人及意向投资人沟通交流,听取各方意见,制作重整计划草案。2020年8月11日,本院主持召开债权人会议,会上重整计划草案获各组债权人高票通过。2020年8月17日,本院裁定九七九公司重整计划通过,同时终止重整程序。

(三)典型意义

本案系重庆破产法庭成立后审结的首例破产重整案件。破产重整是对具备破产原因而又存再生希望的债务人企业,保护其继续经营并挽救其生存的制度。房地产企业重整过程中普遍存在债权人利益平衡难,相关配套政策落地难,意向投资人引进难等困难,民营企业在面对上述困难时问题尤为突出。本案在指定管理人到重整计划通过的98天时间内,通过加强与债权人沟通交流、引进优质投资人及经营团队、积极运用府院联动机制等多手段并行的方式,在妥善处置公司债务问题的同时实现改善公司治理结构、经营模式,重塑公司竞争力的目标,最终使公司得以存续并逐步走向良性发展。九七九公司破产重整案是发挥重整制度挽救功能,救治困境企业的典型案例,公司的成功救治对营造稳定公平透明、可预期的营商环境也具有积极意义。

第十章 相关法律法规政策文件

中华人民共和国企业破产法

(2006年8月27日第十届全国人民代表大会常务委员会第二十三次会议通过 自2007年6月1日起施行)

第一章 总 则

第一条 为规范企业破产程序,公平清理债权债务,保护债权人和债务人的合法权益,维护社会主义市场经济秩序,制定本法。

第二条 企业法人不能清偿到期债务,并且资产不足以清偿全部债务或者明显缺乏清偿能力的,依照本法规定清理债务。

企业法人有前款规定情形,或者有明显丧失清偿能力可能的,可以依照本法规定进行重整。

第三条 破产案件由债务人住所地人民法院管辖。

第四条 破产案件审理程序,本法没有规定的,适用民事诉讼法的有关规定。

第五条 依照本法开始的破产程序,对债务人在中华人民共和国领域外的财产发生效力。

对外国法院作出的发生法律效力的破产案件的判决、裁定，涉及债务人在中华人民共和国领域内的财产，申请或者请求人民法院承认和执行的，人民法院依照中华人民共和国缔结或者参加的国际条约，或者按照互惠原则进行审查，认为不违反中华人民共和国法律的基本原则，不损害国家主权、安全和社会公共利益，不损害中华人民共和国领域内债权人的合法权益的，裁定承认和执行。

第六条　人民法院审理破产案件，应当依法保障企业职工的合法权益，依法追究破产企业经营管理人员的法律责任。

第二章　申请和受理

第一节　申　　请

第七条　债务人有本法第二条规定的情形，可以向人民法院提出重整、和解或者破产清算申请。

债务人不能清偿到期债务，债权人可以向人民法院提出对债务人进行重整或者破产清算的申请。

企业法人已解散但未清算或者未清算完毕，资产不足以清偿债务的，依法负有清算责任的人应当向人民法院申请破产清算。

第八条　向人民法院提出破产申请，应当提交破产申请书和有关证据。

破产申请书应当载明下列事项：

（一）申请人、被申请人的基本情况；

（二）申请目的；

(三)申请的事实和理由；

(四)人民法院认为应当载明的其他事项。

债务人提出申请的，还应当向人民法院提交财产状况说明、债务清册、债权清册、有关财务会计报告、职工安置预案以及职工工资的支付和社会保险费用的缴纳情况。

第九条 人民法院受理破产申请前，申请人可以请求撤回申请。

第二节 受 理

第十条 债权人提出破产申请的，人民法院应当自收到申请之日起五日内通知债务人。债务人对申请有异议的，应当自收到人民法院的通知之日起七日内向人民法院提出。人民法院应当自异议期满之日起十日内裁定是否受理。

除前款规定的情形外，人民法院应当自收到破产申请之日起十五日内裁定是否受理。

有特殊情况需要延长前两款规定的裁定受理期限的，经上一级人民法院批准，可以延长十五日。

第十一条 人民法院受理破产申请的，应当自裁定作出之日起五日内送达申请人。

债权人提出申请的，人民法院应当自裁定作出之日起五日内送达债务人。债务人应当自裁定送达之日起十五日内，向人民法院提交财产状况说明、债务清册、债权清册、有关财务会计报告以及职工工资的支付和社会保险费用的缴纳情况。

第十二条 人民法院裁定不受理破产申请的，应当自裁定作出之日起五日内送达申请人并说明理由。申请人对裁定不服的，可以自裁定送达之日起十日内向上一级人民法院提起上诉。

人民法院受理破产申请后至破产宣告前,经审查发现债务人不符合本法第二条规定情形的,可以裁定驳回申请。申请人对裁定不服的,可以自裁定送达之日起十日内向上一级人民法院提起上诉。

第十三条　人民法院裁定受理破产申请的,应当同时指定管理人。

第十四条　人民法院应当自裁定受理破产申请之日起二十五日内通知已知债权人,并予以公告。

通知和公告应当载明下列事项:

(一)申请人、被申请人的名称或者姓名;

(二)人民法院受理破产申请的时间;

(三)申报债权的期限、地点和注意事项;

(四)管理人的名称或者姓名及其处理事务的地址;

(五)债务人的债务人或者财产持有人应当向管理人清偿债务或者交付财产的要求;

(六)第一次债权人会议召开的时间和地点;

(七)人民法院认为应当通知和公告的其他事项。

第十五条　自人民法院受理破产申请的裁定送达债务人之日起至破产程序终结之日,债务人的有关人员承担下列义务:

(一)妥善保管其占有和管理的财产、印章和账簿、文书等资料;

(二)根据人民法院、管理人的要求进行工作,并如实回答询问;

(三)列席债权人会议并如实回答债权人的询问;

(四)未经人民法院许可,不得离开住所地;

(五)不得新任其他企业的董事、监事、高级管理人员。

前款所称有关人员,是指企业的法定代表人;经人民法院决定,可以包括企业的财务管理人员和其他经营管理人员。

第十六条　人民法院受理破产申请后,债务人对个别债权人的债务清偿无效。

第十七条 人民法院受理破产申请后，债务人的债务人或者财产持有人应当向管理人清偿债务或者交付财产。

债务人的债务人或者财产持有人故意违反前款规定向债务人清偿债务或者交付财产，使债权人受到损失的，不免除其清偿债务或者交付财产的义务。

第十八条 人民法院受理破产申请后，管理人对破产申请受理前成立而债务人和对方当事人均未履行完毕的合同有权决定解除或者继续履行，并通知对方当事人。管理人自破产申请受理之日起二个月内未通知对方当事人，或者自收到对方当事人催告之日起三十日内未答复的，视为解除合同。

管理人决定继续履行合同的，对方当事人应当履行；但是，对方当事人有权要求管理人提供担保。管理人不提供担保的，视为解除合同。

第十九条 人民法院受理破产申请后，有关债务人财产的保全措施应当解除，执行程序应当中止。

第二十条 人民法院受理破产申请后，已经开始而尚未终结的有关债务人的民事诉讼或者仲裁应当中止；在管理人接管债务人的财产后，该诉讼或者仲裁继续进行。

第二十一条 人民法院受理破产申请后，有关债务人的民事诉讼，只能向受理破产申请的人民法院提起。

第三章 管 理 人

第二十二条 管理人由人民法院指定。

债权人会议认为管理人不能依法、公正执行职务或者有其他不能胜任职务情形的，可以申请人民法院予以更换。

指定管理人和确定管理人报酬的办法，由最高人民法院规定。

第二十三条　管理人依照本法规定执行职务，向人民法院报告工作，并接受债权人会议和债权人委员会的监督。

管理人应当列席债权人会议，向债权人会议报告职务执行情况，并回答询问。

第二十四条　管理人可以由有关部门、机构的人员组成的清算组或者依法设立的律师事务所、会计师事务所、破产清算事务所等社会中介机构担任。

人民法院根据债务人的实际情况，可以在征询有关社会中介机构的意见后，指定该机构具备相关专业知识并取得执业资格的人员担任管理人。

有下列情形之一的，不得担任管理人：

（一）因故意犯罪受过刑事处罚；

（二）曾被吊销相关专业执业证书；

（三）与本案有利害关系；

（四）人民法院认为不宜担任管理人的其他情形。

个人担任管理人的，应当参加执业责任保险。

第二十五条　管理人履行下列职责：

（一）接管债务人的财产、印章和账簿、文书等资料；

（二）调查债务人财产状况，制作财产状况报告；

（三）决定债务人的内部管理事务；

（四）决定债务人的日常开支和其他必要开支；

（五）在第一次债权人会议召开之前，决定继续或者停止债务人的营业；

（六）管理和处分债务人的财产；

(七)代表债务人参加诉讼、仲裁或者其他法律程序;

(八)提议召开债权人会议;

(九)人民法院认为管理人应当履行的其他职责。

本法对管理人的职责另有规定的,适用其规定。

第二十六条 在第一次债权人会议召开之前,管理人决定继续或者停止债务人的营业或者有本法第六十九条规定行为之一的,应当经人民法院许可。

第二十七条 管理人应当勤勉尽责,忠实执行职务。

第二十八条 管理人经人民法院许可,可以聘用必要的工作人员。

管理人的报酬由人民法院确定。债权人会议对管理人的报酬有异议的,有权向人民法院提出。

第二十九条 管理人没有正当理由不得辞去职务。管理人辞去职务应当经人民法院许可。

第四章 债务人财产

第三十条 破产申请受理时属于债务人的全部财产,以及破产申请受理后至破产程序终结前债务人取得的财产,为债务人财产。

第三十一条 人民法院受理破产申请前一年内,涉及债务人财产的下列行为,管理人有权请求人民法院予以撤销:

(一)无偿转让财产的;

(二)以明显不合理的价格进行交易的;

(三)对没有财产担保的债务提供财产担保的;

(四)对未到期的债务提前清偿的;

(五)放弃债权的。

第三十二条　人民法院受理破产申请前六个月内，债务人有本法第二条第一款规定的情形，仍对个别债权人进行清偿的，管理人有权请求人民法院予以撤销。但是，个别清偿使债务人财产受益的除外。

第三十三条　涉及债务人财产的下列行为无效：

（一）为逃避债务而隐匿、转移财产的；

（二）虚构债务或者承认不真实的债务的。

第三十四条　因本法第三十一条、第三十二条或者第三十三条规定的行为而取得的债务人的财产，管理人有权追回。

第三十五条　人民法院受理破产申请后，债务人的出资人尚未完全履行出资义务的，管理人应当要求该出资人缴纳所认缴的出资，而不受出资期限的限制。

第三十六条　债务人的董事、监事和高级管理人员利用职权从企业获取的非正常收入和侵占的企业财产，管理人应当追回。

第三十七条　人民法院受理破产申请后，管理人可以通过清偿债务或者提供为债权人接受的担保，取回质物、留置物。

前款规定的债务清偿或者替代担保，在质物或者留置物的价值低于被担保的债权额时，以该质物或者留置物当时的市场价值为限。

第三十八条　人民法院受理破产申请后，债务人占有的不属于债务人的财产，该财产的权利人可以通过管理人取回。但是，本法另有规定的除外。

第三十九条　人民法院受理破产申请时，出卖人已将买卖标的物向作为买受人的债务人发运，债务人尚未收到且未付清全部价款的，出卖人可以取回在运途中的标的物。但是，管理人可以支付全部价款，请求出卖人交付标的物。

第四十条　债权人在破产申请受理前对债务人负有债务的，可以向管

理人主张抵销。但是,有下列情形之一的,不得抵销:

(一)债务人的债务人在破产申请受理后取得他人对债务人的债权的;

(二)债权人已知债务人有不能清偿到期债务或者破产申请的事实,对债务人负担债务的;但是,债权人因为法律规定或者有破产申请一年前所发生的原因而负担债务的除外;

(三)债务人的债务人已知债务人有不能清偿到期债务或者破产申请的事实,对债务人取得债权的;但是,债务人的债务人因为法律规定或者有破产申请一年前所发生的原因而取得债权的除外。

第五章　破产费用和共益债务

第四十一条　人民法院受理破产申请后发生的下列费用,为破产费用:

(一)破产案件的诉讼费用;

(二)管理、变价和分配债务人财产的费用;

(三)管理人执行职务的费用、报酬和聘用工作人员的费用。

第四十二条　人民法院受理破产申请后发生的下列债务,为共益债务:

(一)因管理人或者债务人请求对方当事人履行双方均未履行完毕的合同所产生的债务;

(二)债务人财产受无因管理所产生的债务;

(三)因债务人不当得利所产生的债务;

(四)为债务人继续营业而应支付的劳动报酬和社会保险费用以及由此产生的其他债务;

(五)管理人或者相关人员执行职务致人损害所产生的债务;

（六）债务人财产致人损害所产生的债务。

第四十三条　破产费用和共益债务由债务人财产随时清偿。

债务人财产不足以清偿所有破产费用和共益债务的，先行清偿破产费用。

债务人财产不足以清偿所有破产费用或者共益债务的，按照比例清偿。

债务人财产不足以清偿破产费用的，管理人应当提请人民法院终结破产程序。人民法院应当自收到请求之日起十五日内裁定终结破产程序，并予以公告。

第六章　债权申报

第四十四条　人民法院受理破产申请时对债务人享有债权的债权人，依照本法规定的程序行使权利。

第四十五条　人民法院受理破产申请后，应当确定债权人申报债权的期限。债权申报期限自人民法院发布受理破产申请公告之日起计算，最短不得少于三十日，最长不得超过三个月。

第四十六条　未到期的债权，在破产申请受理时视为到期。

附利息的债权自破产申请受理时起停止计息。

第四十七条　附条件、附期限的债权和诉讼、仲裁未决的债权，债权人可以申报。

第四十八条　债权人应当在人民法院确定的债权申报期限内向管理人申报债权。

债务人所欠职工的工资和医疗、伤残补助、抚恤费用，所欠的应当划入职工个人账户的基本养老保险、基本医疗保险费用，以及法律、行政法规规定应当支付给职工的补偿金,不必申报,由管理人调查后列出清单并予以公示。职工对清单记载有异议的,可以要求管理人更正;管理人不予更正的,职工可以向人民法院提起诉讼。

第四十九条 债权人申报债权时,应当书面说明债权的数额和有无财产担保,并提交有关证据。申报的债权是连带债权的,应当说明。

第五十条 连带债权人可以由其中一人代表全体连带债权人申报债权,也可以共同申报债权。

第五十一条 债务人的保证人或者其他连带债务人已经代替债务人清偿债务的,以其对债务人的求偿权申报债权。

债务人的保证人或者其他连带债务人尚未代替债务人清偿债务的,以其对债务人的将来求偿权申报债权。但是,债权人已经向管理人申报全部债权的除外。

第五十二条 连带债务人数人被裁定适用本法规定的程序的,其债权人有权就全部债权分别在各破产案件中申报债权。

第五十三条 管理人或者债务人依照本法规定解除合同的,对方当事人以因合同解除所产生的损害赔偿请求权申报债权。

第五十四条 债务人是委托合同的委托人,被裁定适用本法规定的程序,受托人不知该事实,继续处理委托事务的,受托人以由此产生的请求权申报债权。

第五十五条 债务人是票据的出票人,被裁定适用本法规定的程序,该票据的付款人继续付款或者承兑的,付款人以由此产生的请求权申报债权。

第五十六条 在人民法院确定的债权申报期限内,债权人未申报债权的,可以在破产财产最后分配前补充申报;但是,此前已进行的分配,不再对其补充分配。为审查和确认补充申报债权的费用,由补充申报人承担。

债权人未依照本法规定申报债权的，不得依照本法规定的程序行使权利。

第五十七条　管理人收到债权申报材料后，应当登记造册，对申报的债权进行审查，并编制债权表。

债权表和债权申报材料由管理人保存，供利害关系人查阅。

第五十八条　依照本法第五十七条规定编制的债权表，应当提交第一次债权人会议核查。

债务人、债权人对债权表记载的债权无异议的，由人民法院裁定确认。

债务人、债权人对债权表记载的债权有异议的，可以向受理破产申请的人民法院提起诉讼。

第七章　债权人会议

第一节　一 般 规 定

第五十九条　依法申报债权的债权人为债权人会议的成员，有权参加债权人会议，享有表决权。

债权尚未确定的债权人，除人民法院能够为其行使表决权而临时确定债权额的外，不得行使表决权。

对债务人的特定财产享有担保权的债权人，未放弃优先受偿权利的，对于本法第六十一条第一款第七项、第十项规定的事项不享有表决权。

债权人可以委托代理人出席债权人会议，行使表决权。代理人出席债权人会议，应当向人民法院或者债权人会议主席提交债权人的授权委托书。

债权人会议应当有债务人的职工和工会的代表参加，对有关事项发表意见。

第六十条 债权人会议设主席一人,由人民法院从有表决权的债权人中指定。

债权人会议主席主持债权人会议。

第六十一条 债权人会议行使下列职权:

(一)核查债权;

(二)申请人民法院更换管理人,审查管理人的费用和报酬;

(三)监督管理人;

(四)选任和更换债权人委员会成员;

(五)决定继续或者停止债务人的营业;

(六)通过重整计划;

(七)通过和解协议;

(八)通过债务人财产的管理方案;

(九)通过破产财产的变价方案;

(十)通过破产财产的分配方案;

(十一)人民法院认为应当由债权人会议行使的其他职权。

债权人会议应当对所议事项的决议作成会议记录。

第六十二条 第一次债权人会议由人民法院召集,自债权申报期限届满之日起十五日内召开。

以后的债权人会议,在人民法院认为必要时,或者管理人、债权人委员会、占债权总额四分之一以上的债权人向债权人会议主席提议时召开。

第六十三条 召开债权人会议,管理人应当提前十五日通知已知的债权人。

第六十四条 债权人会议的决议,由出席会议的有表决权的债权人过半数通过,并且其所代表的债权额占无财产担保债权总额的二分之一以上。但是,本法另有规定的除外。

债权人认为债权人会议的决议违反法律规定,损害其利益的,可以自债权人会议作出决议之日起十五日内,请求人民法院裁定撤销该决议,责令债权人会议依法重新作出决议。

债权人会议的决议,对于全体债权人均有约束力。

第六十五条 本法第六十一条第一款第八项、第九项所列事项,经债权人会议表决未通过的,由人民法院裁定。

本法第六十一条第一款第十项所列事项,经债权人会议二次表决仍未通过的,由人民法院裁定。

对前两款规定的裁定,人民法院可以在债权人会议上宣布或者另行通知债权人。

第六十六条 债权人对人民法院依照本法第六十五条第一款作出的裁定不服的,债权额占无财产担保债权总额二分之一以上的债权人对人民法院依照本法第六十五条第二款作出的裁定不服的,可以自裁定宣布之日或者收到通知之日起十五日内向该人民法院申请复议。复议期间不停止裁定的执行。

第二节 债权人委员会

第六十七条 债权人会议可以决定设立债权人委员会。债权人委员会由债权人会议选任的债权人代表和一名债务人的职工代表或者工会代表组成。债权人委员会成员不得超过九人。

债权人委员会成员应当经人民法院书面决定认可。

第六十八条 债权人委员会行使下列职权:

(一)监督债务人财产的管理和处分;

(二)监督破产财产分配;

(三)提议召开债权人会议;

(四)债权人会议委托的其他职权。

债权人委员会执行职务时,有权要求管理人、债务人的有关人员对其职权范围内的事务作出说明或者提供有关文件。

管理人、债务人的有关人员违反本法规定拒绝接受监督的,债权人委员会有权就监督事项请求人民法院作出决定;人民法院应当在五日内作出决定。

第六十九条 管理人实施下列行为,应当及时报告债权人委员会:

(一)涉及土地、房屋等不动产权益的转让;

(二)探矿权、采矿权、知识产权等财产权的转让;

(三)全部库存或者营业的转让;

(四)借款;

(五)设定财产担保;

(六)债权和有价证券的转让;

(七)履行债务人和对方当事人均未履行完毕的合同;

(八)放弃权利;

(九)担保物的取回;

(十)对债权人利益有重大影响的其他财产处分行为。

未设立债权人委员会的,管理人实施前款规定的行为应当及时报告人民法院。

第八章 重 整

第一节 重整申请和重整期间

第七十条 债务人或者债权人可以依照本法规定,直接向人民法院申请对债务人进行重整。

债权人申请对债务人进行破产清算的,在人民法院受理破产申请后、宣告债务人破产前,债务人或者出资额占债务人注册资本十分之一以上的出资人,可以向人民法院申请重整。

第七十一条　人民法院经审查认为重整申请符合本法规定的,应当裁定债务人重整,并予以公告。

第七十二条　自人民法院裁定债务人重整之日起至重整程序终止,为重整期间。

第七十三条　在重整期间,经债务人申请,人民法院批准,债务人可以在管理人的监督下自行管理财产和营业事务。

有前款规定情形的,依照本法规定已接管债务人财产和营业事务的管理人应当向债务人移交财产和营业事务,本法规定的管理人的职权由债务人行使。

第七十四条　管理人负责管理财产和营业事务的,可以聘任债务人的经营管理人员负责营业事务。

第七十五条　在重整期间,对债务人的特定财产享有的担保权暂停行使。但是,担保物有损坏或者价值明显减少的可能,足以危害担保权人权利的,担保权人可以向人民法院请求恢复行使担保权。

在重整期间,债务人或者管理人为继续营业而借款的,可以为该借款设定担保。

第七十六条　债务人合法占有的他人财产,该财产的权利人在重整期间要求取回的,应当符合事先约定的条件。

第七十七条　在重整期间,债务人的出资人不得请求投资收益分配。

在重整期间,债务人的董事、监事、高级管理人员不得向第三人转让其持有的债务人的股权。但是,经人民法院同意的除外。

第七十八条 在重整期间,有下列情形之一的,经管理人或者利害关系人请求,人民法院应当裁定终止重整程序,并宣告债务人破产:

(一)债务人的经营状况和财产状况继续恶化,缺乏挽救的可能性;

(二)债务人有欺诈、恶意减少债务人财产或者其他显著不利于债权人的行为;

(三)由于债务人的行为致使管理人无法执行职务。

第二节 重整计划的制定和批准

第七十九条 债务人或者管理人应当自人民法院裁定债务人重整之日起六个月内,同时向人民法院和债权人会议提交重整计划草案。

前款规定的期限届满,经债务人或者管理人请求,有正当理由的,人民法院可以裁定延期三个月。

债务人或者管理人未按期提出重整计划草案的,人民法院应当裁定终止重整程序,并宣告债务人破产。

第八十条 债务人自行管理财产和营业事务的,由债务人制作重整计划草案。

管理人负责管理财产和营业事务的,由管理人制作重整计划草案。

第八十一条 重整计划草案应当包括下列内容:

(一)债务人的经营方案;

(二)债权分类;

(三)债权调整方案;

(四)债权受偿方案;

(五)重整计划的执行期限;

(六)重整计划执行的监督期限;

(七)有利于债务人重整的其他方案。

第八十二条　下列各类债权的债权人参加讨论重整计划草案的债权人会议,依照下列债权分类,分组对重整计划草案进行表决:

(一)对债务人的特定财产享有担保权的债权;

(二)债务人所欠职工的工资和医疗、伤残补助、抚恤费用,所欠的应当划入职工个人账户的基本养老保险、基本医疗保险费用,以及法律、行政法规规定应当支付给职工的补偿金;

(三)债务人所欠税款;

(四)普通债权。

人民法院在必要时可以决定在普通债权组中设小额债权组对重整计划草案进行表决。

第八十三条　重整计划不得规定减免债务人欠缴的本法第八十二条第一款第二项规定以外的社会保险费用;该项费用的债权人不参加重整计划草案的表决。

第八十四条　人民法院应当自收到重整计划草案之日起三十日内召开债权人会议,对重整计划草案进行表决。

出席会议的同一表决组的债权人过半数同意重整计划草案,并且其所代表的债权额占该组债权总额的三分之二以上的,即为该组通过重整计划草案。

债务人或者管理人应当向债权人会议就重整计划草案作出说明,并回答询问。

第八十五条　债务人的出资人代表可以列席讨论重整计划草案的债权人会议。

重整计划草案涉及出资人权益调整事项的,应当设出资人组,对该事项进行表决。

第八十六条　各表决组均通过重整计划草案时,重整计划即为通过。

自重整计划通过之日起十日内,债务人或者管理人应当向人民法院提出批准重整计划的申请。人民法院经审查认为符合本法规定的,应当自收到申请之日起三十日内裁定批准,终止重整程序,并予以公告。

第八十七条 部分表决组未通过重整计划草案的,债务人或者管理人可以同未通过重整计划草案的表决组协商。该表决组可以在协商后再表决一次。双方协商的结果不得损害其他表决组的利益。

未通过重整计划草案的表决组拒绝再次表决或者再次表决仍未通过重整计划草案,但重整计划草案符合下列条件的,债务人或者管理人可以申请人民法院批准重整计划草案:

(一)按照重整计划草案,本法第八十二条第一款第一项所列债权就该特定财产将获得全额清偿,其因延期清偿所受的损失将得到公平补偿,并且其担保权未受到实质性损害,或者该表决组已经通过重整计划草案;

(二)按照重整计划草案,本法第八十二条第一款第二项、第三项所列债权将获得全额清偿,或者相应表决组已经通过重整计划草案;

(三)按照重整计划草案,普通债权所获得的清偿比例,不低于其在重整计划草案被提请批准时依照破产清算程序所能获得的清偿比例,或者该表决组已经通过重整计划草案;

(四)重整计划草案对出资人权益的调整公平、公正,或者出资人组已经通过重整计划草案;

(五)重整计划草案公平对待同一表决组的成员,并且所规定的债权清偿顺序不违反本法第一百一十三条的规定;

(六)债务人的经营方案具有可行性。

人民法院经审查认为重整计划草案符合前款规定的,应当自收到申请之日起三十日内裁定批准,终止重整程序,并予以公告。

第八十八条 重整计划草案未获得通过且未依照本法第八十七条的

规定获得批准,或者已通过的重整计划未获得批准的,人民法院应当裁定终止重整程序,并宣告债务人破产。

第三节　重整计划的执行

第八十九条　重整计划由债务人负责执行。

人民法院裁定批准重整计划后,已接管财产和营业事务的管理人应当向债务人移交财产和营业事务。

第九十条　自人民法院裁定批准重整计划之日起,在重整计划规定的监督期内,由管理人监督重整计划的执行。

在监督期内,债务人应当向管理人报告重整计划执行情况和债务人财务状况。

第九十一条　监督期届满时,管理人应当向人民法院提交监督报告。自监督报告提交之日起,管理人的监督职责终止。

管理人向人民法院提交的监督报告,重整计划的利害关系人有权查阅。

经管理人申请,人民法院可以裁定延长重整计划执行的监督期限。

第九十二条　经人民法院裁定批准的重整计划,对债务人和全体债权人均有约束力。

债权人未依照本法规定申报债权的,在重整计划执行期间不得行使权利;在重整计划执行完毕后,可以按照重整计划规定的同类债权的清偿条件行使权利。

债权人对债务人的保证人和其他连带债务人所享有的权利,不受重整计划的影响。

第九十三条　债务人不能执行或者不执行重整计划的,人民法院经管理人或者利害关系人请求,应当裁定终止重整计划的执行,并宣告债务人破产。

人民法院裁定终止重整计划执行的，债权人在重整计划中作出的债权调整的承诺失去效力。债权人因执行重整计划所受的清偿仍然有效，债权未受清偿的部分作为破产债权。

前款规定的债权人，只有在其他同顺位债权人同自己所受的清偿达到同一比例时，才能继续接受分配。

有本条第一款规定情形的，为重整计划的执行提供的担保继续有效。

第九十四条　按照重整计划减免的债务，自重整计划执行完毕时起，债务人不再承担清偿责任。

第九章　和　　解

第九十五条　债务人可以依照本法规定，直接向人民法院申请和解；也可以在人民法院受理破产申请后、宣告债务人破产前，向人民法院申请和解。

债务人申请和解，应当提出和解协议草案。

第九十六条　人民法院经审查认为和解申请符合本法规定的，应当裁定和解，予以公告，并召集债权人会议讨论和解协议草案。

对债务人的特定财产享有担保权的权利人，自人民法院裁定和解之日起可以行使权利。

第九十七条　债权人会议通过和解协议的决议，由出席会议的有表决权的债权人过半数同意，并且其所代表的债权额占无财产担保债权总额的三分之二以上。

第九十八条　债权人会议通过和解协议的，由人民法院裁定认可，终止和解程序，并予以公告。管理人应当向债务人移交财产和营业事务，并向人民法院提交执行职务的报告。

第九十九条　和解协议草案经债权人会议表决未获得通过，或者已经债权人会议通过的和解协议未获得人民法院认可的，人民法院应当裁定终止和解程序，并宣告债务人破产。

第一百条　经人民法院裁定认可的和解协议，对债务人和全体和解债权人均有约束力。

和解债权人是指人民法院受理破产申请时对债务人享有无财产担保债权的人。

和解债权人未依照本法规定申报债权的，在和解协议执行期间不得行使权利；在和解协议执行完毕后，可以按照和解协议规定的清偿条件行使权利。

第一百零一条　和解债权人对债务人的保证人和其他连带债务人所享有的权利，不受和解协议的影响。

第一百零二条　债务人应当按照和解协议规定的条件清偿债务。

第一百零三条　因债务人的欺诈或者其他违法行为而成立的和解协议，人民法院应当裁定无效，并宣告债务人破产。

有前款规定情形的，和解债权人因执行和解协议所受的清偿，在其他债权人所受清偿同等比例的范围内，不予返还。

第一百零四条　债务人不能执行或者不执行和解协议的，人民法院经和解债权人请求，应当裁定终止和解协议的执行，并宣告债务人破产。

人民法院裁定终止和解协议执行的，和解债权人在和解协议中作出的债权调整的承诺失去效力。和解债权人因执行和解协议所受的清偿仍然有效，和解债权未受清偿的部分作为破产债权。

前款规定的债权人，只有在其他债权人同自己所受的清偿达到同一比例时，才能继续接受分配。

有本条第一款规定情形的,为和解协议的执行提供的担保继续有效。

第一百零五条 人民法院受理破产申请后,债务人与全体债权人就债权债务的处理自行达成协议的,可以请求人民法院裁定认可,并终结破产程序。

第一百零六条 按照和解协议减免的债务,自和解协议执行完毕时起,债务人不再承担清偿责任。

第十章 破产清算

第一节 破产宣告

第一百零七条 人民法院依照本法规定宣告债务人破产的,应当自裁定作出之日起五日内送达债务人和管理人,自裁定作出之日起十日内通知已知债权人,并予以公告。

债务人被宣告破产后,债务人称为破产人,债务人财产称为破产财产,人民法院受理破产申请时对债务人享有的债权称为破产债权。

第一百零八条 破产宣告前,有下列情形之一的,人民法院应当裁定终结破产程序,并予以公告:

(一)第三人为债务人提供足额担保或者为债务人清偿全部到期债务的;

(二)债务人已清偿全部到期债务的。

第一百零九条 对破产人的特定财产享有担保权的权利人,对该特定财产享有优先受偿的权利。

第一百一十条 享有本法第一百零九条规定权利的债权人行使优先受偿权利未能完全受偿的,其未受偿的债权作为普通债权;放弃优先受偿权利的，其债权作为普通债权。

第二节　变价和分配

第一百一十一条　管理人应当及时拟订破产财产变价方案，提交债权人会议讨论。

管理人应当按照债权人会议通过的或者人民法院依照本法第六十五条第一款规定裁定的破产财产变价方案，适时变价出售破产财产。

第一百一十二条　变价出售破产财产应当通过拍卖进行。但是，债权人会议另有决议的除外。

破产企业可以全部或者部分变价出售。企业变价出售时，可以将其中的无形资产和其他财产单独变价出售。

按照国家规定不能拍卖或者限制转让的财产，应当按照国家规定的方式处理。

第一百一十三条　破产财产在优先清偿破产费用和共益债务后，依照下列顺序清偿：

（一）破产人所欠职工的工资和医疗、伤残补助、抚恤费用，所欠的应当划入职工个人账户的基本养老保险、基本医疗保险费用，以及法律、行政法规规定应当支付给职工的补偿金；

（二）破产人欠缴的除前项规定以外的社会保险费用和破产人所欠税款；

（三）普通破产债权。

破产财产不足以清偿同一顺序的清偿要求的，按照比例分配。

破产企业的董事、监事和高级管理人员的工资按照该企业职工的平均工资计算。

第一百一十四条　破产财产的分配应当以货币分配方式进行。但是，债权人会议另有决议的除外。

第一百一十五条　管理人应当及时拟订破产财产分配方案,提交债权人会议讨论。

破产财产分配方案应当载明下列事项:

(一)参加破产财产分配的债权人名称或者姓名、住所;

(二)参加破产财产分配的债权额;

(三)可供分配的破产财产数额;

(四)破产财产分配的顺序、比例及数额;

(五)实施破产财产分配的方法。

债权人会议通过破产财产分配方案后,由管理人将该方案提请人民法院裁定认可。

第一百一十六条　破产财产分配方案经人民法院裁定认可后,由管理人执行。

管理人按照破产财产分配方案实施多次分配的,应当公告本次分配的财产额和债权额。管理人实施最后分配的,应当在公告中指明,并载明本法第一百一十七条第二款规定的事项。

第一百一十七条　对于附生效条件或者解除条件的债权,管理人应当将其分配额提存。

管理人依照前款规定提存的分配额,在最后分配公告日,生效条件未成就或者解除条件成就的,应当分配给其他债权人;在最后分配公告日,生效条件成就或者解除条件未成就的,应当交付给债权人。

第一百一十八条　债权人未受领的破产财产分配额,管理人应当提存。债权人自最后分配公告之日起满二个月仍不领取的,视为放弃受领分配的权利,管理人或者人民法院应当将提存的分配额分配给其他债权人。

第一百一十九条　破产财产分配时,对于诉讼或者仲裁未决的债权,管理人应当将其分配额提存。自破产程序终结之日起满二年仍不能受领分配的,人民法院应当将提存的分配额分配给其他债权人。

第三节　破产程序的终结

第一百二十条　破产人无财产可供分配的,管理人应当请求人民法院裁定终结破产程序。

管理人在最后分配完结后,应当及时向人民法院提交破产财产分配报告,并提请人民法院裁定终结破产程序。

人民法院应当自收到管理人终结破产程序的请求之日起十五日内作出是否终结破产程序的裁定。裁定终结的,应当予以公告。

第一百二十一条　管理人应当自破产程序终结之日起十日内,持人民法院终结破产程序的裁定,向破产人的原登记机关办理注销登记。

第一百二十二条　管理人于办理注销登记完毕的次日终止执行职务。但是,存在诉讼或者仲裁未决情况的除外。

第一百二十三条　自破产程序依照本法第四十三条第四款或者第一百二十条的规定终结之日起二年内,有下列情形之一的,债权人可以请求人民法院按照破产财产分配方案进行追加分配:

(一)发现有依照本法第三十一条、第三十二条、第三十三条、第三十六条规定应当追回的财产的;

(二)发现破产人有应当供分配的其他财产的。

有前款规定情形,但财产数量不足以支付分配费用的,不再进行追加分配,由人民法院将其上交国库。

第一百二十四条　破产人的保证人和其他连带债务人,在破产程序终结后,对债权人依照破产清算程序未受清偿的债权,依法继续承担清偿责任。

第十一章 法律责任

第一百二十五条 企业董事、监事或者高级管理人员违反忠实义务、勤勉义务,致使所在企业破产的,依法承担民事责任。

有前款规定情形的人员,自破产程序终结之日起三年内不得担任任何企业的董事、监事、高级管理人员。

第一百二十六条 有义务列席债权人会议的债务人的有关人员,经人民法院传唤,无正当理由拒不列席债权人会议的,人民法院可以拘传,并依法处以罚款。债务人的有关人员违反本法规定,拒不陈述、回答,或者作虚假陈述、回答的,人民法院可以依法处以罚款。

第一百二十七条 债务人违反本法规定,拒不向人民法院提交或者提交不真实的财产状况说明、债务清册、债权清册、有关财务会计报告以及职工工资的支付情况和社会保险费用的缴纳情况的,人民法院可以对直接责任人员依法处以罚款。

债务人违反本法规定,拒不向管理人移交财产、印章和账簿、文书等资料的,或者伪造、销毁有关财产证据材料而使财产状况不明的,人民法院可以对直接责任人员依法处以罚款。

第一百二十八条 债务人有本法第三十一条、第三十二条、第三十三条规定的行为,损害债权人利益的,债务人的法定代表人和其他直接责任人员依法承担赔偿责任。

第一百二十九条 债务人的有关人员违反本法规定,擅自离开住所地的,人民法院可以予以训诫、拘留,可以依法并处罚款。

第一百三十条 管理人未依照本法规定勤勉尽责,忠实执行职务的,人民法院可以依法处以罚款;给债权人、债务人或者第三人造成损失的,依法承担赔偿责任。

第一百三十一条　违反本法规定,构成犯罪的,依法追究刑事责任。

第十二章　附　　则

第一百三十二条　本法施行后,破产人在本法公布之日前所欠职工的工资和医疗、伤残补助、抚恤费用,所欠的应当划入职工个人账户的基本养老保险、基本医疗保险费用,以及法律、行政法规规定应当支付给职工的补偿金,依照本法第一百一十三条的规定清偿后不足以清偿的部分,以本法第一百零九条规定的特定财产优先于对该特定财产享有担保权的权利人受偿。

第一百三十三条　在本法施行前国务院规定的期限和范围内的国有企业实施破产的特殊事宜,按照国务院有关规定办理。

第一百三十四条　商业银行、证券公司、保险公司等金融机构有本法第二条规定情形的,国务院金融监督管理机构可以向人民法院提出对该金融机构进行重整或者破产清算的申请。国务院金融监督管理机构依法对出现重大经营风险的金融机构采取接管、托管等措施的,可以向人民法院申请中止以该金融机构为被告或者被执行人的民事诉讼程序或者执行程序。

金融机构实施破产的,国务院可以依据本法和其他有关法律的规定制定实施办法。

第一百三十五条　其他法律规定企业法人以外的组织的清算,属于破产清算的,参照适用本法规定的程序。

第一百三十六条　本法自 2007 年 6 月 1 日起施行,《中华人民共和国企业破产法(试行)》同时废止。

最高人民法院关于适用《中华人民共和国企业破产法》若干问题的规定(一)

(2011 年 8 月 29 日最高人民法院审判委员会第 1527 次会议通过
2011 年 9 月 9 日公布　自 2011 年 9 月 26 日起施行)

《最高人民法院关于适用〈中华人民共和国企业破产法〉若干问题的规定(一)》已于 2011 年 8 月 29 日由最高人民法院审判委员会第 1527 次会议通过,现予公布,自 2011 年 9 月 26 日起施行。

为正确适用《中华人民共和国企业破产法》,结合审判实践,就人民法院依法受理企业破产案件适用法律问题作出如下规定。

第一条　债务人不能清偿到期债务并且具有下列情形之一的,人民法院应当认定其具备破产原因:

(一)资产不足以清偿全部债务;

(二)明显缺乏清偿能力。

相关当事人以对债务人的债务负有连带责任的人未丧失清偿能力为由,主张债务人不具备破产原因的,人民法院应不予支持。

第二条　下列情形同时存在的,人民法院应当认定债务人不能清偿到期债务:

(一)债权债务关系依法成立;

(二)债务履行期限已经届满;

(三)债务人未完全清偿债务。

第三条　债务人的资产负债表,或者审计报告、资产评估报告等显示其全部资产不足以偿付全部负债的,人民法院应当认定债务人资产不足以清偿全部债务，但有相反证据足以证明债务人资产能够偿付全部负债的除外。

第四条　债务人账面资产虽大于负债，但存在下列情形之一的，人民法院应当认定其明显缺乏清偿能力：

（一）因资金严重不足或者财产不能变现等原因，无法清偿债务；

（二）法定代表人下落不明且无其他人员负责管理财产，无法清偿债务；

（三）经人民法院强制执行，无法清偿债务；

（四）长期亏损且经营扭亏困难，无法清偿债务；

（五）导致债务人丧失清偿能力的其他情形。

第五条　企业法人已解散但未清算或者未在合理期限内清算完毕，债权人申请债务人破产清算的，除债务人在法定异议期限内举证证明其未出现破产原因外，人民法院应当受理。

第六条　债权人申请债务人破产的，应当提交债务人不能清偿到期债务的有关证据。债务人对债权人的申请未在法定期限内向人民法院提出异议，或者异议不成立的，人民法院应当依法裁定受理破产申请。

受理破产申请后，人民法院应当责令债务人依法提交其财产状况说明、债务清册、债权清册、财务会计报告等有关材料，债务人拒不提交的，人民法院可以对债务人的直接责任人员采取罚款等强制措施。

第七条　人民法院收到破产申请时，应当向申请人出具收到申请及所附证据的书面凭证。

人民法院收到破产申请后应当及时对申请人的主体资格、债务人的主体资格和破产原因，以及有关材料和证据等进行审查，并依据企业破产法第十条的规定作出是否受理的裁定。

人民法院认为申请人应当补充、补正相关材料的，应当自收到破产申请之日起五日内告知申请人。当事人补充、补正相关材料的期间不计入企业破产法第十条规定的期限。

第八条 破产案件的诉讼费用，应根据企业破产法第四十三条的规定，从债务人财产中拨付。相关当事人以申请人未预先交纳诉讼费用为由，对破产申请提出异议的，人民法院不予支持。

第九条 申请人向人民法院提出破产申请，人民法院未接收其申请，或者未按本规定第七条执行的，申请人可以向上一级人民法院提出破产申请。

上一级人民法院接到破产申请后，应当责令下级法院依法审查并及时作出是否受理的裁定；下级法院仍不作出是否受理裁定的，上一级人民法院可以径行作出裁定。

上一级人民法院裁定受理破产申请的，可以同时指令下级人民法院审理该案件。

最高人民法院关于适用《中华人民共和国企业破产法》若干问题的规定（二）

（2013年7月29日最高人民法院审判委员会第1586次会议通过　根据2020年12月23日最高人民法院审判委员会第1823次会议通过的《最高人民法院关于修改〈最高人民法院关于破产企业国有划拨土地使用权应否列入破产财产等问题的批复〉等二十九件商事类司法解释的决定》修正）

根据《中华人民共和国民法典》《中华人民共和国企业破产法》等相关法律，结合审判实践，就人民法院审理企业破产案件中认定债务人财产相关的法律适用问题，制定本规定。

第一条　除债务人所有的货币、实物外，债务人依法享有的可以用货币估价并可以依法转让的债权、股权、知识产权、用益物权等财产和财产权益，人民法院均应认定为债务人财产。

第二条　下列财产不应认定为债务人财产：

（一）债务人基于仓储、保管、承揽、代销、借用、寄存、租赁等合同或者其他法律关系占有、使用的他人财产；

（二）债务人在所有权保留买卖中尚未取得所有权的财产；

（三）所有权专属于国家且不得转让的财产；

（四）其他依照法律、行政法规不属于债务人的财产。

第三条　债务人已依法设定担保物权的特定财产，人民法院应当认定为债务人财产。

对债务人的特定财产在担保物权消灭或者实现担保物权后的剩余部分，在破产程序中可用以清偿破产费用、共益债务和其他破产债权。

第四条　债务人对按份享有所有权的共有财产的相关份额，或者共同享有所有权的共有财产的相应财产权利，以及依法分割共有财产所得部分，人民法院均应认定为债务人财产。

人民法院宣告债务人破产清算，属于共有财产分割的法定事由。人民法院裁定债务人重整或者和解的，共有财产的分割应当依据民法典第三百零三条的规定进行；基于重整或者和解的需要必须分割共有财产，管理人请求分割的，人民法院应予准许。

因分割共有财产导致其他共有人损害产生的债务，其他共有人请求作为共益债务清偿的，人民法院应予支持。

第五条　破产申请受理后，有关债务人财产的执行程序未依照企业破产法第十九条的规定中止的，采取执行措施的相关单位应当依法予以纠正。依法执行回转的财产，人民法院应当认定为债务人财产。

第六条 破产申请受理后,对于可能因有关利益相关人的行为或者其他原因,影响破产程序依法进行的,受理破产申请的人民法院可以根据管理人的申请或者依职权,对债务人的全部或者部分财产采取保全措施。

第七条 对债务人财产已采取保全措施的相关单位,在知悉人民法院已裁定受理有关债务人的破产申请后,应当依照企业破产法第十九条的规定及时解除对债务人财产的保全措施。

第八条 人民法院受理破产申请后至破产宣告前裁定驳回破产申请,或者依据企业破产法第一百零八条的规定裁定终结破产程序的,应当及时通知原已采取保全措施并已依法解除保全措施的单位按照原保全顺位恢复相关保全措施。

在已依法解除保全的单位恢复保全措施或者表示不再恢复之前,受理破产申请的人民法院不得解除对债务人财产的保全措施。

第九条 管理人依据企业破产法第三十一条和第三十二条的规定提起诉讼,请求撤销涉及债务人财产的相关行为并由相对人返还债务人财产的,人民法院应予支持。

管理人因过错未依法行使撤销权导致债务人财产不当减损,债权人提起诉讼主张管理人对其损失承担相应赔偿责任的,人民法院应予支持。

第十条 债务人经过行政清理程序转入破产程序的,企业破产法第三十一条和第三十二条规定的可撤销行为的起算点,为行政监管机构作出撤销决定之日。

债务人经过强制清算程序转入破产程序的,企业破产法第三十一条和第三十二条规定的可撤销行为的起算点,为人民法院裁定受理强制清算申请之日。

第十一条 人民法院根据管理人的请求撤销涉及债务人财产的以明显不合理价格进行的交易的,买卖双方应当依法返还从对方获取的财产或者价款。

因撤销该交易，对于债务人应返还受让人已支付价款所产生的债务，受让人请求作为共益债务清偿的，人民法院应予支持。

第十二条　破产申请受理前一年内债务人提前清偿的未到期债务，在破产申请受理前已经到期，管理人请求撤销该清偿行为的，人民法院不予支持。但是，该清偿行为发生在破产申请受理前六个月内且债务人有企业破产法第二条第一款规定情形的除外。

第十三条　破产申请受理后，管理人未依据企业破产法第三十一条的规定请求撤销债务人无偿转让财产、以明显不合理价格交易、放弃债权行为的，债权人依据民法典第五百三十八条、第五百三十九条等规定提起诉讼，请求撤销债务人上述行为并将因此追回的财产归入债务人财产的，人民法院应予受理。

相对人以债权人行使撤销权的范围超出债权人的债权抗辩的，人民法院不予支持。

第十四条　债务人对以自有财产设定担保物权的债权进行的个别清偿，管理人依据企业破产法第三十二条的规定请求撤销的，人民法院不予支持。但是，债务清偿时担保财产的价值低于债权额的除外。

第十五条　债务人经诉讼、仲裁、执行程序对债权人进行的个别清偿，管理人依据企业破产法第三十二条的规定请求撤销的，人民法院不予支持。但是，债务人与债权人恶意串通损害其他债权人利益的除外。

第十六条　债务人对债权人进行的以下个别清偿，管理人依据企业破产法第三十二条的规定请求撤销的，人民法院不予支持：

（一）债务人为维系基本生产需要而支付水费、电费等的；

（二）债务人支付劳动报酬、人身损害赔偿金的；

（三）使债务人财产受益的其他个别清偿。

第十七条 管理人依据企业破产法第三十三条的规定提起诉讼，主张被隐匿、转移财产的实际占有人返还债务人财产，或者主张债务人虚构债务或者承认不真实债务的行为无效并返还债务人财产的，人民法院应予支持。

第十八条 管理人代表债务人依据企业破产法第一百二十八条的规定，以债务人的法定代表人和其他直接责任人员对所涉债务人财产的相关行为存在故意或者重大过失，造成债务人财产损失为由提起诉讼，主张上述责任人员承担相应赔偿责任的，人民法院应予支持。

第十九条 债务人对外享有债权的诉讼时效，自人民法院受理破产申请之日起中断。

债务人无正当理由未对其到期债权及时行使权利，导致其对外债权在破产申请受理前一年内超过诉讼时效期间的，人民法院受理破产申请之日起重新计算上述债权的诉讼时效期间。

第二十条 管理人代表债务人提起诉讼，主张出资人向债务人依法缴付未履行的出资或者返还抽逃的出资本息，出资人以认缴出资尚未届至公司章程规定的缴纳期限或者违反出资义务已经超过诉讼时效为由抗辩的，人民法院不予支持。

管理人依据公司法的相关规定代表债务人提起诉讼，主张公司的发起人和负有监督股东履行出资义务的董事、高级管理人员，或者协助抽逃出资的其他股东、董事、高级管理人员、实际控制人等，对股东违反出资义务或者抽逃出资承担相应责任，并将财产归入债务人财产的，人民法院应予支持。

第二十一条 破产申请受理前，债权人就债务人财产提起下列诉讼，破产申请受理时案件尚未审结的，人民法院应当中止审理：

（一）主张次债务人代替债务人直接向其偿还债务的；

（二）主张债务人的出资人、发起人和负有监督股东履行出资义务的董事、高级管理人员，或者协助抽逃出资的其他股东、董事、高级管理人员、实际控制人等直接向其承担出资不实或者抽逃出资责任的；

（三）以债务人的股东与债务人法人人格严重混同为由，主张债务人的股东直接向其偿还债务人对其所负债务的；

（四）其他就债务人财产提起的个别清偿诉讼。

债务人破产宣告后，人民法院应当依照企业破产法第四十四条的规定判决驳回债权人的诉讼请求。但是，债权人一审中变更其诉讼请求为追收的相关财产归入债务人财产的除外。

债务人破产宣告前，人民法院依据企业破产法第十二条或者第一百零八条的规定裁定驳回破产申请或者终结破产程序的，上述中止审理的案件应当依法恢复审理。

第二十二条 破产申请受理前，债权人就债务人财产向人民法院提起本规定第二十一条第一款所列诉讼，人民法院已经作出生效民事判决书或者调解书但尚未执行完毕的，破产申请受理后，相关执行行为应当依据企业破产法第十九条的规定中止，债权人应当依法向管理人申报相关债权。

第二十三条 破产申请受理后，债权人就债务人财产向人民法院提起本规定第二十一条第一款所列诉讼的，人民法院不予受理。

债权人通过债权人会议或者债权人委员会，要求管理人依法向次债务人、债务人的出资人等追收债务人财产，管理人无正当理由拒绝追收，债权人会议依据企业破产法第二十二条的规定，申请人民法院更换管理人的，人民法院应予支持。

管理人不予追收，个别债权人代表全体债权人提起相关诉讼，主张次债务人或者债务人的出资人等向债务人清偿或者返还债务人财产，或者依法申请合并破产的，人民法院应予受理。

第二十四条 债务人有企业破产法第二条第一款规定的情形时，债务人的董事、监事和高级管理人员利用职权获取的以下收入，人民法院应当认定为企业破产法第三十六条规定的非正常收入：

（一）绩效奖金；

（二）普遍拖欠职工工资情况下获取的工资性收入；

（三）其他非正常收入。

债务人的董事、监事和高级管理人员拒不向管理人返还上述债务人财产，管理人主张上述人员予以返还的，人民法院应予支持。

债务人的董事、监事和高级管理人员因返还第一款第（一）项、第（三）项非正常收入形成的债权，可以作为普通破产债权清偿。因返还第一款第（二）项非正常收入形成的债权，依据企业破产法第一百一十三条第三款的规定，按照该企业职工平均工资计算的部分作为拖欠职工工资清偿；高出该企业职工平均工资计算的部分，可以作为普通破产债权清偿。

第二十五条 管理人拟通过清偿债务或者提供担保取回质物、留置物，或者与质权人、留置权人协议以质物、留置物折价清偿债务等方式，进行对债权人利益有重大影响的财产处分行为的，应当及时报告债权人委员会。未设立债权人委员会的，管理人应当及时报告人民法院。

第二十六条 权利人依据企业破产法第三十八条的规定行使取回权，应当在破产财产变价方案或者和解协议、重整计划草案提交债权人会议表决前向管理人提出。权利人在上述期限后主张取回相关财产的，应当承担延迟行使取回权增加的相关费用。

第二十七条 权利人依据企业破产法第三十八条的规定向管理人主张取回相关财产，管理人不予认可，权利人以债务人为被告向人民法院提起诉讼请求行使取回权的，人民法院应予受理。

权利人依据人民法院或者仲裁机关的相关生效法律文书向管理人主

张取回所涉争议财产,管理人以生效法律文书错误为由拒绝其行使取回权的,人民法院不予支持。

第二十八条 权利人行使取回权时未依法向管理人支付相关的加工费、保管费、托运费、委托费、代销费等费用,管理人拒绝其取回相关财产的,人民法院应予支持。

第二十九条 对债务人占有的权属不清的鲜活易腐等不易保管的财产或者不及时变现价值将严重贬损的财产,管理人及时变价并提存变价款后,有关权利人就该变价款行使取回权的,人民法院应予支持。

第三十条 债务人占有的他人财产被违法转让给第三人,依据民法典第三百一十一条的规定第三人已善意取得财产所有权,原权利人无法取回该财产的,人民法院应当按照以下规定处理:

(一)转让行为发生在破产申请受理前的,原权利人因财产损失形成的债权,作为普通破产债权清偿;

(二)转让行为发生在破产申请受理后的,因管理人或者相关人员执行职务导致原权利人损害产生的债务,作为共益债务清偿。

第三十一条 债务人占有的他人财产被违法转让给第三人,第三人已向债务人支付了转让价款,但依据民法典第三百一十一条的规定未取得财产所有权,原权利人依法追回转让财产的,对因第三人已支付对价而产生的债务,人民法院应当按照以下规定处理:

(一)转让行为发生在破产申请受理前的,作为普通破产债权清偿;

(二)转让行为发生在破产申请受理后的,作为共益债务清偿。

第三十二条 债务人占有的他人财产毁损、灭失,因此获得的保险金、赔偿金、代偿物尚未交付给债务人,或者代偿物虽已交付给债务人但能与债务人财产予以区分的,权利人主张取回就此获得的保险金、赔偿金、代偿物的,人民法院应予支持。

保险金、赔偿金已经交付给债务人,或者代偿物已经交付给债务人且不能与债务人财产予以区分的,人民法院应当按照以下规定处理:

(一)财产毁损、灭失发生在破产申请受理前的,权利人因财产损失形成的债权,作为普通破产债权清偿;

(二)财产毁损、灭失发生在破产申请受理后的,因管理人或者相关人员执行职务导致权利人损害产生的债务,作为共益债务清偿。

债务人占有的他人财产毁损、灭失,没有获得相应的保险金、赔偿金、代偿物,或者保险金、赔偿物、代偿物不足以弥补其损失的部分,人民法院应当按照本条第二款的规定处理。

第三十三条 管理人或者相关人员在执行职务过程中,因故意或者重大过失不当转让他人财产或者造成他人财产毁损、灭失,导致他人损害产生的债务作为共益债务,由债务人财产随时清偿不足弥补损失,权利人向管理人或者相关人员主张承担补充赔偿责任的,人民法院应予支持。

上述债务作为共益债务由债务人财产随时清偿后,债权人以管理人或者相关人员执行职务不当导致债务人财产减少给其造成损失为由提起诉讼,主张管理人或者相关人员承担相应赔偿责任的,人民法院应予支持。

第三十四条 买卖合同双方当事人在合同中约定标的物所有权保留,在标的物所有权未依法转移给买受人前,一方当事人破产的,该买卖合同属于双方均未履行完毕的合同,管理人有权依据企业破产法第十八条的规定决定解除或者继续履行合同。

第三十五条 出卖人破产,其管理人决定继续履行所有权保留买卖合同的,买受人应当按照原买卖合同的约定支付价款或者履行其他义务。

买受人未依约支付价款或者履行完毕其他义务,或者将标的物出卖、出质或者作出其他不当处分，给出卖人造成损害，出卖人管理人依法主张取回标的物的，人民法院应予支持。但是，买受人已经支付标的物总价款百分之七十五以上或者第三人善意取得标的物所有权或者其他物权的除外。

因本条第二款规定未能取回标的物，出卖人管理人依法主张买受人继续支付价款、履行完毕其他义务，以及承担相应赔偿责任的，人民法院应予支持。

第三十六条 出卖人破产，其管理人决定解除所有权保留买卖合同，并依据企业破产法第十七条的规定要求买受人向其交付买卖标的物的，人民法院应予支持。

买受人以其不存在未依约支付价款或者履行完毕其他义务，或者将标的物出卖、出质或者作出其他不当处分情形抗辩的，人民法院不予支持。

买受人依法履行合同义务并依据本条第一款将买卖标的物交付出卖人管理人后，买受人已支付价款损失形成的债权作为共益债务清偿。但是，买受人违反合同约定，出卖人管理人主张上述债权作为普通破产债权清偿的，人民法院应予支持。

第三十七条 买受人破产，其管理人决定继续履行所有权保留买卖合同的，原买卖合同中约定的买受人支付价款或者履行其他义务的期限在破产申请受理时视为到期，买受人管理人应当及时向出卖人支付价款或者履行其他义务。

买受人管理人无正当理由未及时支付价款或者履行完毕其他义务，或者将标的物出卖、出质或者作出其他不当处分，给出卖人造成损害，出卖人依据民法典第六百四十一条等规定主张取回标的物的，人民法院应予支持。但是，买受人已支付标的物总价款百分之七十五以上或者第三人善意取得标的物所有权或者其他物权的除外。

因本条第二款规定未能取回标的物,出卖人依法主张买受人继续支付价款、履行完毕其他义务,以及承担相应赔偿责任的,人民法院应予支持。对因买受人未支付价款或者未履行完毕其他义务,以及买受人管理人将标的物出卖、出质或者作出其他不当处分导致出卖人损害产生的债务,出卖人主张作为共益债务清偿的,人民法院应予支持。

第三十八条 买受人破产,其管理人决定解除所有权保留买卖合同,出卖人依据企业破产法第三十八条的规定主张取回买卖标的物的,人民法院应予支持。

出卖人取回买卖标的物,买受人管理人主张出卖人返还已支付价款的,人民法院应予支持。取回的标的物价值明显减少给出卖人造成损失的,出卖人可从买受人已支付价款中优先予以抵扣后,将剩余部分返还给买受人;对买受人已支付价款不足以弥补出卖人标的物价值减损损失形成的债权,出卖人主张作为共益债务清偿的,人民法院应予支持。

第三十九条 出卖人依据企业破产法第三十九条的规定,通过通知承运人或者实际占有人中止运输、返还货物、变更到达地,或者将货物交给其他收货人等方式,对在运途中标的物主张了取回权但未能实现,或者在货物未达管理人前已向管理人主张取回在运途中标的物,在买卖标的物到达管理人后,出卖人向管理人主张取回的,管理人应予准许。

出卖人对在运途中标的物未及时行使取回权,在买卖标的物到达管理人后向管理人行使在运途中标的物取回权的,管理人不应准许。

第四十条 债务人重整期间,权利人要求取回债务人合法占有的权利人的财产,不符合双方事先约定条件的,人民法院不予支持。但是,因管理人或者自行管理的债务人违反约定,可能导致取回物被转让、毁损、灭失或者价值明显减少的除外。

第四十一条 债权人依据企业破产法第四十条的规定行使抵销权,应当向管理人提出抵销主张。

管理人不得主动抵销债务人与债权人的互负债务，但抵销使债务人财产受益的除外。

第四十二条　管理人收到债权人提出的主张债务抵销的通知后，经审查无异议的，抵销自管理人收到通知之日起生效。

管理人对抵销主张有异议的，应当在约定的异议期限内或者自收到主张债务抵销的通知之日起三个月内向人民法院提起诉讼。无正当理由逾期提起的，人民法院不予支持。

人民法院判决驳回管理人提起的抵销无效诉讼请求的，该抵销自管理人收到主张债务抵销的通知之日起生效。

第四十三条　债权人主张抵销，管理人以下列理由提出异议的，人民法院不予支持：

（一）破产申请受理时，债务人对债权人负有的债务尚未到期；

（二）破产申请受理时，债权人对债务人负有的债务尚未到期；

（三）双方互负债务标的物种类、品质不同。

第四十四条　破产申请受理前六个月内，债务人有企业破产法第二条第一款规定的情形，债务人与个别债权人以抵销方式对个别债权人清偿，其抵销的债权债务属于企业破产法第四十条第（二）、（三）项规定的情形之一，管理人在破产申请受理之日起三个月内向人民法院提起诉讼，主张该抵销无效的，人民法院应予支持。

第四十五条　企业破产法第四十条所列不得抵销情形的债权人，主张以其对债务人特定财产享有优先受偿权的债权，与债务人对其不享有优先受偿权的债权抵销，债务人管理人以抵销存在企业破产法第四十条规定的情形提出异议的，人民法院不予支持。但是，用以抵销的债权大于债权人享有优先受偿权财产价值的除外。

第四十六条 债务人的股东主张以下列债务与债务人对其负有的债务抵销,债务人管理人提出异议的,人民法院应予支持:

(一)债务人股东因欠缴债务人的出资或者抽逃出资对债务人所负的债务;

(二)债务人股东滥用股东权利或者关联关系损害公司利益对债务人所负的债务。

第四十七条 人民法院受理破产申请后,当事人提起的有关债务人的民事诉讼案件,应当依据企业破产法第二十一条的规定,由受理破产申请的人民法院管辖。

受理破产申请的人民法院管辖的有关债务人的第一审民事案件,可以依据民事诉讼法第三十八条的规定,由上级人民法院提审,或者报请上级人民法院批准后交下级人民法院审理。

受理破产申请的人民法院,如对有关债务人的海事纠纷、专利纠纷、证券市场因虚假陈述引发的民事赔偿纠纷等案件不能行使管辖权的,可以依据民事诉讼法第三十七条的规定,由上级人民法院指定管辖。

第四十八条 本规定施行前本院发布的有关企业破产的司法解释,与本规定相抵触的,自本规定施行之日起不再适用。

最高人民法院关于适用《中华人民共和国企业破产法》若干问题的规定（三）

（2019年2月25日最高人民法院审判委员会第1762次会议通过　根据2020年12月23日最高人民法院审判委员会第1823次会议通过的《最高人民法院关于修改〈最高人民法院关于破产企业国有划拨土地使用权应否列入破产财产等问题的批复〉等二十九件商事类司法解释的决定》修正）

为正确适用《中华人民共和国企业破产法》，结合审判实践，就人民法院审理企业破产案件中有关债权人权利行使等相关法律适用问题，制定本规定。

第一条　人民法院裁定受理破产申请的，此前债务人尚未支付的公司强制清算费用、未终结的执行程序中产生的评估费、公告费、保管费等执行费用，可以参照企业破产法关于破产费用的规定，由债务人财产随时清偿。

此前债务人尚未支付的案件受理费、执行申请费，可以作为破产债权清偿。

第二条　破产申请受理后，经债权人会议决议通过，或者第一次债权人会议召开前经人民法院许可，管理人或者自行管理的债务人可以为债务人继续营业而借款。提供借款的债权人主张参照企业破产法第四十二条第四项的规定优先于普通破产债权清偿的，人民法院应予支持，但其主张优先于此前已就债务人特定财产享有担保的债权清偿的，人民法院不予支持。

管理人或者自行管理的债务人可以为前述借款设定抵押担保，抵押物在破产申请受理前已为其他债权人设定抵押的，债权人主张按照民法典第四百一十四条规定的顺序清偿，人民法院应予支持。

第三条　破产申请受理后,债务人欠缴款项产生的滞纳金,包括债务人未履行生效法律文书应当加倍支付的迟延利息和劳动保险金的滞纳金,债权人作为破产债权申报的,人民法院不予确认。

第四条　保证人被裁定进入破产程序的,债权人有权申报其对保证人的保证债权。

主债务未到期的,保证债权在保证人破产申请受理时视为到期。一般保证的保证人主张行使先诉抗辩权的,人民法院不予支持,但债权人在一般保证人破产程序中的分配额应予提存,待一般保证人应承担的保证责任确定后再按照破产清偿比例予以分配。

保证人被确定应当承担保证责任的,保证人的管理人可以就保证人实际承担的清偿额向主债务人或其他债务人行使求偿权。

第五条　债务人、保证人均被裁定进入破产程序的,债权人有权向债务人、保证人分别申报债权。

债权人向债务人、保证人均申报全部债权的,从一方破产程序中获得清偿后,其对另一方的债权额不作调整,但债权人的受偿额不得超出其债权总额。保证人履行保证责任后不再享有求偿权。

第六条　管理人应当依照企业破产法第五十七条的规定对所申报的债权进行登记造册,详尽记载申报人的姓名、单位、代理人、申报债权额、担保情况、证据、联系方式等事项,形成债权申报登记册。

管理人应当依照企业破产法第五十七条的规定对债权的性质、数额、担保财产、是否超过诉讼时效期间、是否超过强制执行期间等情况进行审查、编制债权表并提交债权人会议核查。

债权表、债权申报登记册及债权申报材料在破产期间由管理人保管,债权人、债务人、债务人职工及其他利害关系人有权查阅。

第七条　已经生效法律文书确定的债权,管理人应当予以确认。

管理人认为债权人据以申报债权的生效法律文书确定的债权错误，或者有证据证明债权人与债务人恶意通过诉讼、仲裁或者公证机关赋予强制执行力公证文书的形式虚构债权债务的，应当依法通过审判监督程序向作出该判决、裁定、调解书的人民法院或者上一级人民法院申请撤销生效法律文书，或者向受理破产申请的人民法院申请撤销或者不予执行仲裁裁决、不予执行公证债权文书后，重新确定债权。

第八条　债务人、债权人对债权表记载的债权有异议的，应当说明理由和法律依据。经管理人解释或调整后，异议人仍然不服的，或者管理人不予解释或调整的，异议人应当在债权人会议核查结束后十五日内向人民法院提起债权确认的诉讼。当事人之间在破产申请受理前订立有仲裁条款或仲裁协议的，应当向选定的仲裁机构申请确认债权债务关系。

第九条　债务人对债权表记载的债权有异议向人民法院提起诉讼的，应将被异议债权人列为被告。债权人对债权表记载的他人债权有异议的，应将被异议债权人列为被告；债权人对债权表记载的本人债权有异议的，应将债务人列为被告。

对同一笔债权存在多个异议人，其他异议人申请参加诉讼的，应当列为共同原告。

第十条　单个债权人有权查阅债务人财产状况报告、债权人会议决议、债权人委员会决议、管理人监督报告等参与破产程序所必需的债务人财务和经营信息资料。管理人无正当理由不予提供的，债权人可以请求人民法院作出决定；人民法院应当在五日内作出决定。

上述信息资料涉及商业秘密的，债权人应当依法承担保密义务或者签署保密协议；涉及国家秘密的应当依照相关法律规定处理。

第十一条　债权人会议的决议除现场表决外，可以由管理人事先将相关决议事项告知债权人，采取通信、网络投票等非现场方式进行表决。采取非现场方式进行表决的，管理人应当在债权人会议召开后的三日内，以信函、电子邮件、公告等方式将表决结果告知参与表决的债权人。

根据企业破产法第八十二条规定，对重整计划草案进行分组表决时，权益因重整计划草案受到调整或者影响的债权人或者股东，有权参加表决；权益未受到调整或者影响的债权人或者股东，参照企业破产法第八十三条的规定，不参加重整计划草案的表决。

第十二条 债权人会议的决议具有以下情形之一，损害债权人利益，债权人申请撤销的，人民法院应予支持：

（一）债权人会议的召开违反法定程序；

（二）债权人会议的表决违反法定程序；

（三）债权人会议的决议内容违法；

（四）债权人会议的决议超出债权人会议的职权范围。

人民法院可以裁定撤销全部或者部分事项决议，责令债权人会议依法重新作出决议。

债权人申请撤销债权人会议决议的，应当提出书面申请。债权人会议采取通信、网络投票等非现场方式进行表决的，债权人申请撤销的期限自债权人收到通知之日起算。

第十三条 债权人会议可以依照企业破产法第六十八条第一款第四项的规定，委托债权人委员会行使企业破产法第六十一条第一款第二、三、五项规定的债权人会议职权。债权人会议不得作出概括性授权，委托其行使债权人会议所有职权。

第十四条 债权人委员会决定所议事项应获得全体成员过半数通过，并作成议事记录。债权人委员会成员对所议事项的决议有不同意见的，应当在记录中载明。

债权人委员会行使职权应当接受债权人会议的监督，以适当的方式向债权人会议及时汇报工作,并接受人民法院的指导。

第十五条　管理人处分企业破产法第六十九条规定的债务人重大财产的,应当事先制作财产管理或者变价方案并提交债权人会议进行表决,债权人会议表决未通过的,管理人不得处分。

管理人实施处分前,应当根据企业破产法第六十九条的规定,提前十日书面报告债权人委员会或者人民法院。债权人委员会可以依照企业破产法第六十八条第二款的规定,要求管理人对处分行为作出相应说明或者提供有关文件依据。

债权人委员会认为管理人实施的处分行为不符合债权人会议通过的财产管理或变价方案的,有权要求管理人纠正。管理人拒绝纠正的,债权人委员会可以请求人民法院作出决定。

人民法院认为管理人实施的处分行为不符合债权人会议通过的财产管理或变价方案的,应当责令管理人停止处分行为。管理人应当予以纠正,或者提交债权人会议重新表决通过后实施。

第十六条　本规定自2019年3月28日起实施。

实施前本院发布的有关企业破产的司法解释,与本规定相抵触的,自本规定实施之日起不再适用。

最高人民法院关于审理企业破产案件若干问题的规定

(2002年7月18日最高人民法院审判委员会第1232次会议通过
2002年7月30日公布　自2002年9月1日起施行)

为正确适用《中华人民共和国企业破产法(试行)》(以下简称企业破

产法)、《中华人民共和国民事诉讼法》(以下简称民事诉讼法),规范对企业破产案件的审理,结合人民法院审理企业破产案件的实际情况,特制定以下规定。

一、关于企业破产案件管辖

第一条 企业破产案件由债务人住所地人民法院管辖。债务人住所地指债务人的主要办事机构所在地。债务人无办事机构的,由其注册地人民法院管辖。

第二条 基层人民法院一般管辖县、县级市或者区的工商行政管理机关核准登记企业的破产案件;

中级人民法院一般管辖地区、地级市(含本级)以上的工商行政管理机关核准登记企业的破产案件;

纳入国家计划调整的企业破产案件,由中级人民法院管辖。

第三条 上级人民法院审理下级人民法院管辖的企业破产案件,或者将本院管辖的企业破产案件移交下级人民法院审理,以及下级人民法院需要将自己管辖的企业破产案件交由上级人民法院审理的,依照民事诉讼法第三十九条的规定办理;省、自治区、直辖市范围内因特殊情况需对个别企业破产案件的地域管辖作调整的,须经共同上级人民法院批准。

二、关于破产申请与受理

第四条 申请(被申请)破产的债务人应当具备法人资格,不具备法人资格的企业、个体工商户、合伙组织、农村承包经营户不具备破产主体资格。

第五条　国有企业向人民法院申请破产时,应当提交其上级主管部门同意其破产的文件;其他企业应当提供其开办人或者股东会议决定企业破产的文件。

第六条　债务人申请破产,应当向人民法院提交下列材料:

(一)书面破产申请;

(二)企业主体资格证明;

(三)企业法定代表人与主要负责人名单;

(四)企业职工情况和安置预案;

(五)企业亏损情况的书面说明,并附审计报告;

(六)企业至破产申请日的资产状况明细表,包括有形资产、无形资产和企业投资情况等;

(七)企业在金融机构开设帐户的详细情况,包括开户审批材料、帐号、资金等;

(八)企业债权情况表,列明企业的债务人名称、住所、债务数额、发生时间和催讨偿还情况;

(九)企业债务情况表,列明企业的债权人名称、住所、债权数额、发生时间;

(十)企业涉及的担保情况;

(十一)企业已发生的诉讼情况;

(十二)人民法院认为应当提交的其他材料。

第七条　债权人申请债务人破产,应当向人民法院提交下列材料:

(一)债权发生的事实与证据;

(二)债权性质、数额、有无担保,并附证据;

(三)债务人不能清偿到期债务的证据。

第八条　债权人申请债务人破产,人民法院可以通知债务人核对以下情况：

（一）债权的真实性；

（二）债权在债务人不能偿还的到期债务中所占的比例；

（三）债务人是否存在不能清偿到期债务的情况。

第九条 债权人申请债务人破产，债务人对债权人的债权提出异议，人民法院认为异议成立的，应当告知债权人先行提起民事诉讼。破产申请不予受理。

第十条 人民法院收到破产申请后，应当在七日内决定是否立案；破产申请人提交的材料需要更正、补充的，人民法院可以责令申请人限期更正、补充。按期更正、补充材料的，人民法院自收到更正补充材料之日起七日内决定是否立案；未按期更正、补充的，视为撤回申请。

人民法院决定受理企业破产案件的，应当制作案件受理通知书，并送达申请人和债务人。通知书作出时间为破产案件受理时间。

第十一条 在人民法院决定受理企业破产案件前，破产申请人可以请求撤回破产申请。

人民法院准许申请人撤回破产申请的，在撤回破产申请之前已经支出的费用由破产申请人承担。

第十二条 人民法院经审查发现有下列情况的，破产申请不予受理：

（一）债务人有隐匿、转移财产等行为，为了逃避债务而申请破产的；

（二）债权人借破产申请毁损债务人商业信誉，意图损害公平竞争的。

第十三条 人民法院对破产申请不予受理的，应当作出裁定。

破产申请人对不予受理破产申请的裁定不服的，可以在裁定送达之日起十日内向上一级人民法院提起上诉。

第十四条 人民法院受理企业破产案件后，发现不符合法律规定的受理条件或者有本规定第十二条所列情形的，应当裁定驳回破产申请。

人民法院受理债务人的破产申请后,发现债务人巨额财产下落不明且不能合理解释财产去向的,应当裁定驳回破产申请。

破产申请人对驳回破产申请的裁定不服的,可以在裁定送达之日起十日内向上一级人民法院提起上诉。

第十五条 人民法院决定受理企业破产案件后,应当组成合议庭,并在十日内完成下列工作:

(一)将合议庭组成人员情况书面通知破产申请人和被申请人,并在法院公告栏张贴企业破产受理公告。公告内容应当写明:破产申请受理时间、债务人名称,申报债权的期限、地点和逾期未申报债权的法律后果、第一次债权人会议召开的日期、地点;

(二)在债务人企业发布公告,要求保护好企业财产,不得擅自处理企业的帐册、文书、资料、印章,不得隐匿、私分、转让、出售企业财产;

(三)通知债务人立即停止清偿债务,非经人民法院许可不得支付任何费用;

(四)通知债务人的开户银行停止债务人的结算活动,并不得扣划债务人款项抵扣债务。但经人民法院依法许可的除外。

第十六条 人民法院受理债权人提出的企业破产案件后,应当通知债务人在十五日内向人民法院提交有关会计报表、债权债务清册、企业资产清册以及人民法院认为应当提交的资料。

第十七条 人民法院受理企业破产案件后,除应当按照企业破产法第九条的规定通知已知的债权人外,还应当于三十日内在国家、地方有影响的报纸上刊登公告,公告内容同第十五条第(一)项的规定。

第十八条 人民法院受理企业破产案件后,除可以随即进行破产宣告成立清算组的外,在企业原管理组织不能正常履行管理职责的情况下,可以成立企业监管组。企业监管组成员从企业上级主管部门或者股东会议

代表、企业原管理人员、主要债权人中产生,也可以聘请会计师、律师等中介机构参加。企业监管组主要负责处理以下事务:

(一)清点、保管企业财产;

(二)核查企业债权;

(三)为企业利益而进行的必要的经营活动;

(四)支付人民法院许可的必要支出;

(五)人民法院许可的其他工作。

企业监管组向人民法院负责,接受人民法院的指导、监督。

第十九条 人民法院受理企业破产案件后,以债务人为原告的其他民事纠纷案件尚在一审程序的,受诉人民法院应当将案件移送受理破产案件的人民法院;案件已进行到二审程序的,受诉人民法院应当继续审理。

第二十条 人民法院受理企业破产案件后,对债务人财产的其他民事执行程序应当中止。

以债务人为被告的其他债务纠纷案件,根据下列不同情况分别处理:

(一)已经审结但未执行完毕的,应当中止执行,由债权人凭生效的法律文书向受理破产案件的人民法院申报债权。

(二)尚未审结且无其他被告和无独立请求权的第三人的,应当中止诉讼,由债权人向受理破产案件的人民法院申报债权。在企业被宣告破产后,终结诉讼。

(三)尚未审结并有其他被告或者无独立请求权的第三人的,应当中止诉讼,由债权人向受理破产案件的人民法院申报债权。待破产程序终结后,恢复审理。

(四)债务人系从债务人的债务纠纷案件继续审理。

三、关于债权申报

第二十一条　债权人申报债权应当提交债权证明和合法有效的身份证明;代理申报人应当提交委托人的有效身份证明、授权委托书和债权证明。

申报的债权有财产担保的,应当提交证明财产担保的证据。

第二十二条　人民法院在登记申报的债权时,应当记明债权人名称、住所、开户银行、申报债权数额、申报债权的证据、财产担保情况、申报时间、联系方式以及其他必要的情况。

已经成立清算组的,由清算组进行上述债权登记工作。

第二十三条　连带债务人之一或者数人破产的,债权人可就全部债权向该债务人或者各债务人行使权利,申报债权。债权人未申报债权的,其他连带债务人可就将来可能承担的债务申报债权。

第二十四条　债权人虽未在法定期间申报债权,但有民事诉讼法第七十六条规定情形的,在破产财产分配前可向清算组申报债权。清算组负责审查其申报的债权,并由人民法院审查确定。债权人会议对人民法院同意该债权人参加破产财产分配有异议的,可以向人民法院申请复议。

四、关于破产和解与破产企业整顿

第二十五条　人民法院受理企业破产案件后,在破产程序终结前,债务人可以向人民法院申请和解。人民法院在破产案件审理过程中,可以根据债权人、债务人具体情况向双方提出和解建议。

人民法院作出破产宣告裁定前,债权人会议与债务人达成和解协议并经人民法院裁定认可的,由人民法院发布公告,中止破产程序。

人民法院作出破产宣告裁定后,债权人会议与债务人达成和解协议并经人民法院裁定认可,由人民法院裁定中止执行破产宣告裁定,并公告中止破产程序。

第二十六条 债务人不按和解协议规定的内容清偿全部债务的,相关债权人可以申请人民法院强制执行。

第二十七条 债务人不履行或者不能履行和解协议的,经债权人申请,人民法院应当裁定恢复破产程序。和解协议系在破产宣告前达成的,人民法院应当在裁定恢复破产程序的同时裁定宣告债务人破产。

第二十八条 企业由债权人申请破产的,如被申请破产的企业系国有企业,依照企业破产法第四章的规定,其上级主管部门可以申请对该企业进行整顿。整顿申请应当在债务人被宣告破产前提出。

企业无上级主管部门的,企业股东会议可以通过决议并以股东会议名义申请对企业进行整顿。整顿工作由股东会议指定人员负责。

第二十九条 企业整顿期间,企业的上级主管部门或者负责实施整顿方案的人员应当定期向债权人会议和人民法院报告整顿情况、和解协议执行情况。

第三十条 企业整顿期间,对于债务人财产的执行仍适用企业破产法第十一条的规定。

五、关于破产宣告

第三十一条 企业破产法第三条第一款规定的"不能清偿到期债务"是指:

(一)债务的履行期限已届满;

（二）债务人明显缺乏清偿债务的能力。

债务人停止清偿到期债务并呈连续状态，如无相反证据，可推定为“不能清偿到期债务”。

第三十二条　人民法院受理债务人破产案件后，有下列情形之一的，应当裁定宣告债务人破产：

（一）债务人不能清偿债务且与债权人不能达成和解协议的；

（二）债务人不履行或者不能履行和解协议的；

（三）债务人在整顿期间有企业破产法第二十一条规定情形的；

（四）债务人在整顿期满后有企业破产法第二十二条第二款规定情形的。

宣告债务人破产应当公开进行。由债权人提出破产申请的，破产宣告时应当通知债务人到庭。

第三十三条　债务人自破产宣告之日起停止生产经营活动。为债权人利益确有必要继续生产经营的，须经人民法院许可。

第三十四条　人民法院宣告债务人破产后，应当通知债务人的开户银行，限定其银行帐户只能由清算组使用。人民法院通知开户银行时应当附破产宣告裁定书。

第三十五条　人民法院裁定宣告债务人破产后应当发布公告，公告内容包括债务人亏损情况、资产负债状况、破产宣告时间、破产宣告理由和法律依据以及对债务人的财产、帐册、文书、资料和印章的保护等内容。

第三十六条　破产宣告后，破产企业的财产在其他民事诉讼程序中被查封、扣押、冻结的，受理破产案件的人民法院应当立即通知采取查封、扣押、冻结措施的人民法院予以解除，并向受理破产案件的人民法院办理移交手续。

第三十七条　企业被宣告破产后，人民法院应当指定必要的留守人员。破产企业的法定代表人、财会、财产保管人员必须留守。

第三十八条 破产宣告后,债权人或者债务人对破产宣告有异议的,可以在人民法院宣告企业破产之日起十日内,向上一级人民法院申诉。上一级人民法院应当组成合议庭进行审理,并在三十日内作出裁定。

六、关于债权人会议

第三十九条 债权人会议由申报债权的债权人组成。

债权人会议主席由人民法院在有表决权的债权人中指定。必要时,人民法院可以指定多名债权人会议主席,成立债权人会议主席委员会。

少数债权人拒绝参加债权人会议,不影响会议的召开。但债权人会议不得作出剥夺其对破产财产受偿的机会或者不利于其受偿的决议。

第四十条 第一次债权人会议应当在人民法院受理破产案件公告三个月期满后召开。除债务人的财产不足以支付破产费用,破产程序提前终结外,不得以一般债权的清偿率为零为理由取消债权人会议。

第四十一条 第一次债权人会议由人民法院召集并主持。人民法院除完成本规定第十七条确定的工作外,还应当做好以下准备工作:

(一)拟订第一次债权人会议议程;

(二)向债务人的法定代表人或者负责人发出通知,要求其必须到会;

(三)向债务人的上级主管部门、开办人或者股东会议代表发出通知,要求其派员列席会议;

(四)通知破产清算组成员列席会议;

(五)通知审计、评估人员参加会议;

(六)需要提前准备的其他工作。

第四十二条 债权人会议一般包括以下内容:

(一)宣布债权人会议职权和其他有关事项;

(二)宣布债权人资格审查结果;

(三)指定并宣布债权人会议主席;

(四)安排债务人法定代表人或者负责人接受债权人询问;

(五)由清算组通报债务人的生产经营、财产、债务情况并作清算工作报告和提出财产处理方案及分配方案;

(六)讨论并审查债权的证明材料、债权的财产担保情况及数额、讨论通过和解协议、审阅清算组的清算报告、讨论通过破产财产的处理方案与分配方案等。讨论内容应当记明笔录。债权人对人民法院或者清算组登记的债权提出异议的,人民法院应当及时审查并作出裁定;

(七)根据讨论情况,依照企业破产法第十六条的规定进行表决。

以上第(五)至(七)项议程内的工作在本次债权人会议上无法完成的,交由下次债权人会议继续进行。

第四十三条 债权人认为债权人会议决议违反法律规定或者侵害其合法权益的,可以在债权人会议作出决议后七日内向人民法院提出,由人民法院依法裁定。

第四十四条 清算组财产分配方案经债权人会议两次讨论未获通过的,由人民法院依法裁定。

对前款裁定,占无财产担保债权总额半数以上债权的债权人有异议的,可以在人民法院作出裁定之日起十日内向上一级人民法院申诉。上一级人民法院应当组成合议庭进行审理,并在三十日内作出裁定。

第四十五条 债权人可以委托代理人出席债权人会议,并可以授权代理人行使表决权。代理人应当向人民法院或者债权人会议主席提交授权委托书。

第四十六条 第一次债权人会议后又召开债权人会议的,债权人会议主席应当在发出会议通知前三日报告人民法院,并由会议召集人在开会前十五日将会议时间、地点、内容、目的等事项通知债权人。

七、关于清算组

第四十七条 人民法院应当自裁定宣告企业破产之日起十五日内成立清算组。

第四十八条 清算组成员可以从破产企业上级主管部门、清算中介机构以及会计、律师中产生,也可以从政府财政、工商管理、计委、经委、审计、税务、物价、劳动、社会保险、土地管理、国有资产管理、人事等部门中指定。人民银行分(支)行可以按照有关规定派人参加清算组。

第四十九条 清算组经人民法院同意可以聘请破产清算机构、律师事务所、会计事务所等中介机构承担一定的破产清算工作。中介机构就清算工作向清算组负责。

第五十条 清算组的主要职责是:

(一)接管破产企业。向破产企业原法定代表人及留守人员接收原登记造册的资产明细表、有形资产清册,接管所有财产、帐册、文书档案、印章、证照和有关资料。破产宣告前成立企业监管组的,由企业监管组和企业原法定代表人向清算组进行移交;

(二)清理破产企业财产,编制财产明细表和资产负债表,编制债权债务清册,组织破产财产的评估、拍卖、变现;

(三)回收破产企业的财产,向破产企业的债务人、财产持有人依法行使财产权利;

(四)管理、处分破产财产,决定是否履行合同和在清算范围内进行经营活动。确认别除权、抵销权、取回权;

（五）进行破产财产的委托评估、拍卖及其他变现工作；

（六）依法提出并执行破产财产处理和分配方案；

（七）提交清算报告；

（八）代表破产企业参加诉讼和仲裁活动；

（九）办理企业注销登记等破产终结事宜；

（十）完成人民法院依法指定的其他事项。

第五十一条　清算组对人民法院负责并且报告工作，接受人民法院的监督。人民法院应当及时指导清算组的工作，明确清算组的职权与责任，帮助清算组拟订工作计划，听取清算组汇报工作。

清算组有损害债权人利益的行为或者其他违法行为的，人民法院可以根据债权人的申请或者依职权予以纠正。

人民法院可以根据债权人的申请或者依职权更换不称职的清算组成员。

第五十二条　清算组应当列席债权人会议，接受债权人会议的询问。债权人有权查阅有关资料、询问有关事项；清算组的决定违背债权人利益的，债权人可以申请人民法院裁定撤销该决定。

第五十三条　清算组对破产财产应当及时登记、清理、审计、评估、变价。必要时，可以请求人民法院对破产企业财产进行保全。

第五十四条　清算组应当采取有效措施保护破产企业的财产。债务人的财产权利如不依法登记或者及时行使将丧失权利的，应当及时予以登记或者行使；对易损、易腐、跌价或者保管费用较高的财产应当及时变卖。

八、关于破产债权

第五十五条　下列债权属于破产债权：

(一)破产宣告前发生的无财产担保的债权;

(二)破产宣告前发生的虽有财产担保但是债权人放弃优先受偿的债权;

(三)破产宣告前发生的虽有财产担保但是债权数额超过担保物价值部分的债权;

(四)票据出票人被宣告破产,付款人或者承兑人不知其事实而向持票人付款或者承兑所产生的债权;

(五)清算组解除合同,对方当事人依法或者依照合同约定产生的对债务人可以用货币计算的债权;

(六)债务人的受托人在债务人破产后,为债务人的利益处理委托事务所发生的债权;

(七)债务人发行债券形成的债权;

(八)债务人的保证人代替债务人清偿债务后依法可以向债务人追偿的债权;

(九)债务人的保证人按照《中华人民共和国担保法》第三十二条的规定预先行使追偿权而申报的债权;

(十)债务人为保证人的,在破产宣告前已经被生效的法律文书确定承担的保证责任;

(十一)债务人在破产宣告前因侵权、违约给他人造成财产损失而产生的赔偿责任;

(十二)人民法院认可的其他债权。

以上第(五)项债权以实际损失为计算原则。违约金不作为破产债权,定金不再适用定金罚则。

第五十六条 因企业破产解除劳动合同,劳动者依法或者依据劳动合同对企业享有的补偿金请求权,参照企业破产法第三十七条第二款第(一)

项规定的顺序清偿。

第五十七条　债务人所欠非正式职工(含短期劳动工)的劳动报酬,参照企业破产法第三十七条第二款第(一)项规定的顺序清偿。

第五十八条　债务人所欠企业职工集资款,参照企业破产法第三十七条第二款第(一)项规定的顺序清偿。但对违反法律规定的高额利息部分不予保护。

职工向企业的投资,不属于破产债权。

第五十九条　债务人退出联营应当对该联营企业的债务承担责任的,联营企业的债权人对该债务人享有的债权属于破产债权。

第六十条　与债务人互负债权债务的债权人可以向清算组请求行使抵销权,抵销权的行使应当具备以下条件:

(一)债权人的债权已经得到确认;

(二)主张抵销的债权债务均发生在破产宣告之前。

经确认的破产债权可以转让。受让人以受让的债权抵销其所欠债务人债务的,人民法院不予支持。

第六十一条　下列债权不属于破产债权:

(一)行政、司法机关对破产企业的罚款、罚金以及其他有关费用;

(二)人民法院受理破产案件后债务人未支付应付款项的滞纳金,包括债务人未执行生效法律文书应当加倍支付的迟延利息和劳动保险金的滞纳金;

(三)破产宣告后的债务利息;

(四)债权人参加破产程序所支出的费用;

(五)破产企业的股权、股票持有人在股权、股票上的权利;

(六)破产财产分配开始后向清算组申报的债权;

(七)超过诉讼时效的债权;

(八)债务人开办单位对债务人未收取的管理费、承包费。

上述不属于破产债权的权利,人民法院或者清算组也应当对当事人的申报进行登记。

第六十二条 政府无偿拨付给债务人的资金不属于破产债权。但财政、扶贫、科技管理等行政部门通过签订合同,按有偿使用、定期归还原则发放的款项,可以作为破产债权。

第六十三条 债权人对清算组确认或者否认的债权有异议的,可以向清算组提出。债权人对清算组的处理仍有异议的,可以向人民法院提出。人民法院应当在查明事实的基础上依法作出裁决。

九、关于破产财产

第六十四条 破产财产由下列财产构成:

(一)债务人在破产宣告时所有的或者经营管理的全部财产;

(二)债务人在破产宣告后至破产程序终结前取得的财产;

(三)应当由债务人行使的其他财产权利。

第六十五条 债务人与他人共有的物、债权、知识产权等财产或者财产权,应当在破产清算中予以分割,债务人分割所得属于破产财产;不能分割的,应当就其应得部分转让,转让所得属于破产财产。

第六十六条 债务人的开办人注册资金投入不足的,应当由该开办人予以补足,补足部分属于破产财产。

第六十七条 企业破产前受让他人财产并依法取得所有权或者土地使用权的,即便未支付或者未完全支付对价,该财产仍属于破产财产。

第六十八条 债务人的财产被采取民事诉讼执行措施的,在受理破产案件后尚未执行的或者未执行完毕的剩余部分,在该企业被宣告破产后列入破产财产。因错误执行应当执行回转的财产，在执行回转后列入破产财产。

第六十九条　债务人依照法律规定取得代位求偿权的，依该代位求偿权享有的债权属于破产财产。

第七十条　债务人在被宣告破产时未到期的债权视为已到期，属于破产财产，但应当减去未到期的利息。

第七十一条　下列财产不属于破产财产：

（一）债务人基于仓储、保管、加工承揽、委托交易、代销、借用、寄存、租赁等法律关系占有、使用的他人财产；

（二）抵押物、留置物、出质物，但权利人放弃优先受偿权的或者优先偿付被担保债权剩余的部分除外；

（三）担保物灭失后产生的保险金、补偿金、赔偿金等代位物；

（四）依照法律规定存在优先权的财产，但权利人放弃优先受偿权或者优先偿付特定债权剩余的部分除外；

（五）特定物买卖中，尚未转移占有但相对人已完全支付对价的特定物；

（六）尚未办理产权证或者产权过户手续但已向买方交付的财产；

（七）债务人在所有权保留买卖中尚未取得所有权的财产；

（八）所有权专属于国家且不得转让的财产；

（九）破产企业工会所有的财产。

第七十二条　本规定第七十一条第（一）项所列的财产，财产权利人有权取回。

前款财产在破产宣告前已经毁损灭失的，财产权利人仅能以直接损失额为限申报债权；在破产宣告后因清算组的责任毁损灭失的，财产权利人有权获得等值赔偿。

债务人转让上述财产获利的，财产权利人有权要求债务人等值赔偿。

十、关于破产财产的收回、处理和变现

第七十三条 清算组应当向破产企业的债务人和财产持有人发出书面通知，要求债务人和财产持有人于限定的时间向清算组清偿债务或者交付财产。

破产企业的债务人和财产持有人有异议的，应当在收到通知后的七日内提出，由人民法院作出裁定。

破产企业的债务人和财产持有人在收到通知后既不向清算组清偿债务或者交付财产，又没有正当理由不在规定的异议期内提出异议的，由清算组向人民法院提出申请，经人民法院裁定后强制执行；

破产企业在境外的财产，由清算组予以收回。

第七十四条 债务人享有的债权，其诉讼时效自人民法院受理债务人的破产申请之日起，适用《中华人民共和国民法通则》第一百四十条关于诉讼时效中断的规定。债务人与债权人达成和解协议，中止破产程序的，诉讼时效自人民法院中止破产程序裁定之日起重新计算。

第七十五条 经人民法院同意，清算组可以聘用律师或者其他中介机构的人员追收债权。

第七十六条 债务人设立的分支机构和没有法人资格的全资机构的财产，应当一并纳入破产程序进行清理。

第七十七条 债务人在其开办的全资企业中的投资权益应当予以追收。

全资企业资不抵债的，清算组停止追收。

第七十八条 债务人对外投资形成的股权及其收益应当予以追收。

对该股权可以出售或者转让,出售、转让所得列入破产财产进行分配。

股权价值为负值的,清算组停止追收。

第七十九条 债务人开办的全资企业,以及由其参股、控股的企业不能清偿到期债务,需要进行破产还债的,应当另行提出破产申请。

第八十条 清算组处理集体所有土地使用权时,应当遵守相关法律规定。未办理土地征用手续的集体所有土地使用权,应当在该集体范围内转让。

第八十一条 破产企业的职工住房,已经签订合同、交付房款,进行房改给个人的,不属于破产财产。未进行房改的,可由清算组向有关部门申请办理房改事项,向职工出售。按照国家规定不具备房改条件,或者职工在房改中不购买住房的,由清算组根据实际情况处理。

第八十二条 债务人的幼儿园、学校、医院等公益福利性设施,按国家有关规定处理,不作为破产财产分配。

第八十三条 处理破产财产前,可以确定有相应评估资质的评估机构对破产财产进行评估,债权人会议、清算组对破产财产的评估结论、评估费用有异议的,参照最高人民法院《关于民事诉讼证据的若干规定》第二十七条的规定处理。

第八十四条 债权人会议对破产财产的市场价格无异议的,经人民法院同意后,可以不进行评估。但是国有资产除外。

第八十五条 破产财产的变现应当以拍卖方式进行。由清算组负责委托有拍卖资格的拍卖机构进行拍卖。

依法不得拍卖或者拍卖所得不足以支付拍卖所需费用的,不进行拍卖。

前款不进行拍卖或者拍卖不成的破产财产,可以在破产分配时进行实物分配或者作价变卖。债权人对清算组在实物分配或者作价变卖中对破产财产的估价有异议的,可以请求人民法院进行审查。

第八十六条 破产财产中的成套设备,一般应当整体出售。

第八十七条 依法属于限制流通的破产财产,应当由国家指定的部门收购或者按照有关法律规定处理。

十一、关于破产费用

第八十八条 破产费用包括:

(一)破产财产的管理、变卖、分配所需要的费用;

(二)破产案件的受理费;

(三)债权人会议费用;

(四)催收债务所需费用;

(五)为债权人的共同利益而在破产程序中支付的其他费用。

第八十九条 人民法院受理企业破产案件可以按照《人民法院诉讼收费办法补充规定》预收案件受理费。

破产宣告前发生的经人民法院认可的必要支出,从债务人财产中拨付。债务人财产不足以支付的,如系债权人申请破产的,由债权人支付。

第九十条 清算期间职工生活费、医疗费可以从破产财产中优先拨付。

第九十一条 破产费用可随时支付,破产财产不足以支付破产费用的,人民法院根据清算组的申请裁定终结破产程序。

十二、关于破产财产的分配

第九十二条 破产财产分配方案经债权人会议通过后,由清算组负责执行。财产分配可以一次分配，也可以多次分配。

第九十三条　破产财产分配方案应当包括以下内容：

（一）可供破产分配的财产种类、总值，已经变现的财产和未变现的财产；

（二）债权清偿顺序、各顺序的种类与数额，包括破产企业所欠职工工资、劳动保险费用和破产企业所欠税款的数额和计算依据，纳入国家计划调整的企业破产，还应当说明职工安置费的数额和计算依据；

（三）破产债权总额和清偿比例；

（四）破产分配的方式、时间；

（五）对将来能够追回的财产拟进行追加分配的说明。

第九十四条　列入破产财产的债权，可以进行债权分配。债权分配以便于债权人实现债权为原则。

将人民法院已经确认的债权分配给债权人的，由清算组向债权人出具债权分配书，债权人可以凭债权分配书向债务人要求履行。债务人拒不履行的，债权人可以申请人民法院强制执行。

第九十五条　债权人未在指定期限内领取分配的财产的，对该财产可以进行提存或者变卖后提存价款，并由清算组向债权人发出催领通知书。债权人在收到催领通知书一个月后或者在清算组发出催领通知书两个月后，债权人仍未领取的，清算组应当对该部分财产进行追加分配。

十三、关于破产终结

第九十六条　破产财产分配完毕，由清算组向人民法院报告分配情况，并申请人民法院终结破产程序。

人民法院在收到清算组的报告和终结破产程序申请后，认为符合破产程序终结规定的,应当在七日内裁定终结破产程序。

第九十七条 破产程序终结后,由清算组向破产企业原登记机关办理企业注销登记。

破产程序终结后仍有可以追收的破产财产、追加分配等善后事宜需要处理的,经人民法院同意,可以保留清算组或者保留部分清算组成员。

第九十八条 破产程序终结后出现可供分配的财产的,应当追加分配。追加分配的财产,除企业破产法第四十条规定的由人民法院追回的财产外,还包括破产程序中因纠正错误支出收回的款项,因权利被承认追回的财产,债权人放弃的财产和破产程序终结后实现的财产权利等。

第九十九条 破产程序终结后,破产企业的帐册、文书等卷宗材料由清算组移交破产企业上级主管机关保存;无上级主管机关的,由破产企业的开办人或者股东保存。

十四、其　他

第一百条 人民法院在审理企业破产案件中,发现破产企业的原法定代表人或者直接责任人员有企业破产法第三十五条所列行为的,应当向有关部门建议,对该法定代表人或者直接责任人员给予行政处分;涉嫌犯罪的,应当将有关材料移送相关国家机关处理。

第一百零一条 破产企业有企业破产法第三十五条所列行为,致使企业财产无法收回,造成实际损失的,清算组可以对破产企业的原法定代表人、直接责任人员提起民事诉讼,要求其承担民事赔偿责任。

第一百零二条 人民法院受理企业破产案件后,发现企业有巨额财产下落不明的,应当将有关涉嫌犯罪的情况和材料,移送相关国家机关处理。

第一百零三条 人民法院可以建议有关部门对破产企业的主要责任

人员限制其再行开办企业，在法定期限内禁止其担任公司的董事、监事、经理。

第一百零四条 最高人民法院发现各级人民法院，或者上级人民法院发现下级人民法院在破产程序中作出的裁定确有错误的，应当通知其纠正；不予纠正的，可以裁定指令下级人民法院重新作出裁定。

第一百零五条 纳入国家计划调整的企业破产案件，除适用本规定外，还应当适用国家有关企业破产的相关规定。

第一百零六条 本规定自二〇〇二年九月一日起施行。在本规定发布前制定的有关审理企业破产案件的司法解释，与本规定相抵触的，不再适用。

最高人民法院关于正确审理企业破产案件为维护市场经济秩序提供司法保障若干问题的意见

（2009 年 6 月 12 日印发　法发〔2009〕36 号）

各省、自治区、直辖市高级人民法院，解放军军事法院，新疆维吾尔自治区高级人民法院生产建设兵团分院：

当前，由于国际金融危机的不断发展和蔓延，我国经济发展仍然面临着严峻的考验。阻碍经济良性运行的负面因素和潜在风险明显增多，许多企业因资金链断裂引发的系统风险不断显现，严重影响了我国经济发展秩序良性运转和社会稳定。在当前经济形势下，充分发挥人民法院商事审判的职能作用，正确审理企业破产案件，防范和化解企业债务风险，挽救危困企业，规范市场主体退出机制，维护市场运行秩序，对于有效应对国际金融危机冲击，保障经济平稳较快发展，具有重要意义。现就人民法院做好企

业破产案件审判工作,提出以下意见:

一、依法受理企业破产案件,为建立我国社会主义市场经济良性运行机制提供司法保障

1. 人民法院要正确认识企业破产法保障债权公平有序受偿、完善优胜劣汰的竞争机制、优化社会资源配置、调整社会产业结构、拯救危困企业的作用,依法受理审理企业破产清算、重整、和解案件,综合利用企业破产法的多种程序,充分发挥其对市场经济的调整作用,建立企业法人规范退出市场的良性运行机制,努力推动经济社会又好又快发展。

2. 为保障国家产业结构调整政策的落实,对于已经出现破产原因的企业,人民法院要依法受理符合条件的破产清算申请,通过破产清算程序使其从市场中有序退出。对于虽有借破产逃废债务可能但符合破产清算申请受理条件的非诚信企业,也要将其纳入到法定的破产清算程序中,通过撤销和否定其不当处置财产行为,以及追究出资人等相关主体责任的方式,使其借破产逃废债务的目的落空,剥夺其市场主体资格。对债权人申请债务人破产清算的,人民法院审查的重点是债务人是否不能清偿到期债务,而不能以债权人无法提交债务人财产状况说明等为由,不受理债权人的申请。

3. 对于虽然已经出现破产原因或者有明显丧失清偿能力可能,但符合国家产业结构调整政策、仍具发展前景的企业,人民法院要充分发挥破产重整和破产和解程序的作用,对其进行积极有效的挽救。破产重整和和解制度,为尚有挽救希望的危困企业提供了避免破产清算死亡、获得再生的机会,有利于债务人及其债权人、出资人、职工、关联企业等各方主体实现共赢,有利于社会资源的充分利用。努力推动企业重整和和解成功,促进就业、优化资源配置、减少企业破产给社会带来的不利影响,是人民法院审理企业破产案件的重要目标之一,也是人民法院商事审判工作服务于保增长、保民生、保稳定大局的必然要求。

二、坚持在当地党委的领导下，努力配合政府做好企业破产案件中的维稳工作，为构建和谐社会提供司法保障

4. 债务人进入破产程序后，因涉及债权人、债务人、出资人、企业职工等众多当事人的利益，各方矛盾极为集中和突出，处理不当，极易引发群体性、突发性事件，影响社会稳定。人民法院审理企业破产案件，一定要坚持在当地党委的领导下，充分发挥地方政府建立的风险预警机制、联动机制、资金保障机制等协调机制的作用，努力配合政府做好企业破产案件中的维稳工作。

5. 对于职工欠薪和就业问题突出、债权人矛盾激化、债务人弃企逃债等敏感类破产案件，要及时向当地党委汇报，争取政府的支持。在政府协调下，加强与相关部门的沟通、配合，及时采取有力措施，积极疏导并化解各种矛盾纠纷，避免哄抢企业财产、职工集体上访的情况发生，将不稳定因素消除在萌芽状态。有条件的地方，可通过政府设立的维稳基金或鼓励第三方垫款等方式，优先解决破产企业职工的安置问题，政府或第三方就劳动债权的垫款，可以在破产程序中按照职工债权的受偿顺序优先获得清偿。

三、充分发挥破产重整和和解程序挽救危困企业、实现企业持续经营的作用，保障社会资源有效利用

6. 人民法院要充分发挥司法能动作用，注重做好当事人的释明和协调工作，合理适用破产重整和和解程序。对于当事人同时申请债务人清算、重整、和解的，人民法院要根据债务人的实际情况和各方当事人的意愿，在组织各方当事人充分论证的基础上，对于有重整或者和解可能的，应当依法受理重整或者和解申请。当事人申请重整，但因企业经营规模较小、虽有挽救必要但重整成本明显高于重整收益的困难企业，有关权利人不同意重整的,人民法院可引导当事人通过和解方式挽救企业。人民法院要加强破产程序中的调解工作,在法律允许的框架下,积极支持债务人、管理人和新出资人等为挽救企业所做的各项工作,为挽救困难企业创造良好的法律环境。

7. 人民法院适用强制批准裁量权挽救危困企业时,要保证反对重整计划草案的债权人或者出资人在重整中至少可以获得在破产清算中本可获得的清偿。对于重整计划草案被提请批准时依照破产清算程序所能获得的清偿比例的确定,应充分考虑其计算方法是否科学、客观、准确,是否充分保护了利害关系人的应有利益。人民法院要严格审查重整计划草案,综合考虑社会公共利益,积极审慎适用裁量权。对不符合强制批准条件的,不能借挽救企业之名违法审批。上级人民法院要肩负起监督职责,对利害关系人就重整程序中反映的问题要进行认真审查,问题属实的,要及时予以纠正。

四、在破产程序中要注重保障民生,切实维护职工合法权益

8. 依法优先保护劳动者权益,是破产法律制度的重要价值取向。人民法院在审理企业破产案件中,要切实维护职工的合法权益,严格依法保护职工利益。召开债权人会议要有债务人的职工和工会代表参加,保障职工对破产程序的参与权。职工对管理人确认的工资等债权有异议的,管理人要认真审查核对,发现错误要及时纠正;因管理人未予纠正,职工据此提起诉讼的,人民法院要严格依法审理,及时作出判决。

9. 表决重整计划草案时,要充分尊重职工的意愿,并就债务人所欠职工工资等债权设定专门表决组进行表决;职工债权人表决组未通过重整计划草案的,人民法院强制批准必须以应当优先清偿的职工债权全额清偿为前提。企业继续保持原经营范围的,人民法院要引导债务人或管理人在制作企业重整计划草案时,尽可能保证企业原有职工的工作岗位。

10. 保障职工合法权益需要社会各方面的共同努力。人民法院要加强与国家社会保障部门、劳动部门、工商行政管理部门、组织人事等部门的沟通和协调，积极提出司法建议，推动适合中国特色的社会保障体制的建立和完善。

五、妥善指定适格管理人，充分发挥管理人在企业破产程序中的积极作用

11. 人民法院要根据企业破产法和有关司法解释的规定，采用适当方式指定管理人，对于重大疑难案件，可以通过竞争的方式择优确定管理人。要注意处理好审理破产案件的审判庭和司法技术辅助工作部门的关系，在指定管理人时，应由审理破产案件的审判庭根据案件实际情况决定采用哪类管理人以及采用哪种产生方式，在决定通过随机方式或者竞争方式产生管理人或其成员时，再由司法技术辅助工作部门根据规定产生管理人或其成员。

12. 企业重整中，因涉及重大资产重组、经营模式选择、引入新出资人等商业运作内容，重整中管理人的职责不仅是管理和处分债务人财产，更要管理债务人的经营业务，特别是制定和执行重整计划。因此，在我国目前管理人队伍尚未成熟的情况下，人民法院指定管理人时，应当注意吸收相关部门和人才，根据实际情况选择指定的形式和方式，以便产生适格管理人。

13. 管理人的工作能力和敬业精神直接决定着企业破产案件能否依法有效进行，以及破产法律制度能否充分发挥其应有的作用。人民法院要特别注意加强对管理人业务知识和各种能力的培养，建立管理人考核机制，通过业绩考核，形成激励和淘汰机制，逐步实现管理人队伍的专业化。

六、正确适用企业破产法的各项制度，充分保护债权人合法权益

14. 人民法院在审理企业破产案件中，要充分调动管理人的积极性，促使其利用法律手段,努力查找和追收债务人财产,最大限度保护债权人利益。对出资不实、抽逃出资的,要依法追回;对于不当处置公司财产的行为,要依法撤销或者认定无效,并追回有关财产;对于违反法律、行政法规等规定,给公司或债权人造成损失的,要依法追究行为人的民事责任;对于发现妨碍清算行为的犯罪线索,要及时向侦查机关通报情况。

15. 要充分发挥债权人会议和债权人委员会的职能作用,切实保障债权人对破产程序的参与权,坚决防止地方保护主义,即使在以挽救债务人为主要目的的破产重整和和解程序中,仍然要以充分保障债权人利益为前提,重整计划和和解协议的通过与否,要严格按照法定的程序确定表决权并依法表决。

16. 人民法院在审理债务人人员下落不明或财产状况不清的破产案件时,要从充分保障债权人合法利益的角度出发,在对债务人的法定代表人、财务管理人员、其他经营管理人员,以及出资人等进行释明,或者采取相应罚款、训诫、拘留等强制措施后,债务人仍不向人民法院提交有关材料或者不提交全部材料,影响清算顺利进行的,人民法院就现有财产对已知债权进行公平清偿并裁定终结清算程序后,应当告知债权人可以另行提起诉讼要求有责任的有限责任公司股东、股份有限公司董事、控股股东,以及实际控制人等清算义务人对债务人的债务承担清偿责任。

七、正确认识破产程序与执行程序的功能定位,做好两个程序的有效衔接

17. 人民法院要充分认识破产程序和执行程序的不同功能定位,充分发挥企业破产法公平保护全体债权人的作用。破产程序是对债务人全部财产进行的概括执行,注重对所有债权的公平受偿,具有对一般债务清偿程序的排他性。因此,人民法院受理破产申请后,对债务人财产所采取的所有保全措施和执行程序都应解除和中止,相关债务在破产清算程序中一并公平清偿。

18. 人民法院要注重做好破产程序和执行程序的衔接工作，确保破产财产妥善处置。涉及到人民法院内部破产程序和执行程序的操作的，应注意不同法院、不同审判部门、不同程序的协调与配合。涉及到债务人财产被其他国家行政机关采取保全措施或执行程序的，人民法院应积极与上述机关进行协调和沟通，取得有关机关的配合，依法解除有关保全措施，中止有关执行程序。

19. 人民法院受理破产申请后，在宣告债务人破产前裁定驳回申请人的破产申请，并终结破产程序的，应当在作出终结破产程序的裁定前，告知管理人通知原对债务人财产采取保全措施或执行程序的法院恢复原有的保全措施或执行程序，有轮候保全的，以原采取保全措施的时间确定轮候顺位。对恢复受理债务人为被执行人的执行案件，应当适用申请执行时效中断的有关规定。

八、加强审理破产案件法官专业化队伍建设，充分发挥商事审判职能作用

20. 随着我国经济市场化、国际化程度越来越高，企业破产案件将呈逐步增长趋势，这对人民法院审判工作提出了更高的要求。一方面，企业破产案件审理周期长、难度大、事务性工作繁重，人民法院长期以来案多人少的矛盾更加突出。另一方面，由于破产案件审理的复杂性和特殊性，客观上需要一支不仅具备较为扎实的法学理论功底，而且还要有解决社会矛盾、处理应急事务、协调各方利益等多方面工作能力的专业化法官队伍。因此，人民法院要加强法官专业化队伍建设，在人财物方面给予支持和保障。有条件的法院可以根据企业破产案件的数量，成立专门的破产案件审判庭，或指定专门的合议庭负责审理破产案件。

21. 人民法院要积极调动法官审理企业破产案件的积极性，在考核法官工作业绩时,要充分考虑企业破产案件审理的特殊性,以及法官办理企业破产案件所付出的辛勤劳动和承担的各种压力,积极探索能够客观反映审理破产案件工作量的科学考评标准,不断提高破产案件的审理质量。

22. 审理企业破产案件的法官,要大力加强对党的路线方针政策的学习,增强大局意识和责任意识。在当前经济形势下,更要正确处理好保护金融债权与挽救危困企业之间的关系,实现债权人与债务人的共赢,共渡难关。正确处理好保护投资者利益与维护职工合法权益之间的关系,保障社会和谐稳定。正确处理好企业破产清算与企业再生之间的关系,实现社会资源的充分利用以及法律效果和社会效果的有机统一。广大法官要大力加强廉政建设,严格执行最高人民法院“五个严禁”等审判纪律和规章制度,无论是在指定管理人还是在委托拍卖财产等敏感环节,都要坚持以制度管人,坚决杜绝人情案、关系案、金钱案,确保以公正高效的审判业绩,为我国国民经济平稳较快发展创造条件。

全国法院破产审判工作会议纪要

(2018 年 3 月 4 日印发　法〔2018〕53 号)

为落实党的十九大报告提出的贯彻新发展理念、建设现代化经济体系的要求,紧紧围绕高质量发展这条主线,服务和保障供给侧结构性改革,充分发挥人民法院破产审判工作在完善社会主义市场经济主体拯救和退出机制中的积极作用,为决胜全面建成小康社会提供更加有力的司法保障,2017 年 12 月 25 日,最高人民法院在广东省深圳市召开了全国法院破产审判工作会议。各省、自治区、直辖市高级人民法院、设立破产审判庭的市中级人民法院的代表参加了会议。与会代表经认真讨论,对人民法院破产审判涉及的主要问题达成共识。现纪要如下：

一、破产审判的总体要求

会议认为，人民法院要坚持以习近平新时代中国特色社会主义经济思想为指导，深刻认识破产法治对决胜全面建成小康社会的重要意义，以更加有力的举措开展破产审判工作，为经济社会持续健康发展提供更加有力的司法保障。当前和今后一个时期，破产审判工作总的要求是：

一要发挥破产审判功能，助推建设现代化经济体系。人民法院要通过破产工作实现资源重新配置，用好企业破产中权益、经营管理、资产、技术等重大调整的有利契机，对不同企业分类处置，把科技、资本、劳动力和人力资源等生产要素调动好、配置好、协同好，促进实体经济和产业体系优质高效。

二要着力服务构建新的经济体制，完善市场主体救治和退出机制。要充分运用重整、和解法律手段实现市场主体的有效救治，帮助企业提质增效；运用清算手段促使丧失经营价值的企业和产能及时退出市场，实现优胜劣汰，从而完善社会主义市场主体的救治和退出机制。

三要健全破产审判工作机制，最大限度释放破产审判的价值。要进一步完善破产重整企业识别、政府与法院协调、案件信息沟通、合法有序的利益衡平四项破产审判工作机制，推动破产审判工作良性运行，彰显破产审判工作的制度价值和社会责任。

四要完善执行与破产工作的有序衔接，推动解决“执行难”。要将破产审判作为与立案、审判、执行既相互衔接、又相对独立的一个重要环节，充分发挥破产审判对化解执行积案的促进功能，消除执行转破产的障碍，从司法工作机制上探索解决“执行难”的有效途径。

二、破产审判的专业化建设

审判专业化是破产审判工作取得实质性进展的关键环节。各级法院要大力加强破产审判专业化建设,努力实现审判机构专业化、审判队伍专业化、审判程序规范化、裁判规则标准化、绩效考评科学化。

1. 推进破产审判机构专业化建设。省会城市、副省级城市所在地中级人民法院要根据最高人民法院《关于在中级人民法院设立清算与破产审判庭的工作方案》(法〔2016〕209 号),抓紧设立清算与破产审判庭。其他各级法院可根据本地工作实际需求决定设立清算与破产审判庭或专门的合议庭,培养熟悉清算与破产审判的专业法官,以适应破产审判工作的需求。

2. 合理配置审判任务。要根据破产案件数量、案件难易程度、审判力量等情况,合理分配各级法院的审判任务。对于债权债务关系复杂、审理难度大的破产案件,高级人民法院可以探索实行中级人民法院集中管辖为原则、基层人民法院管辖为例外的管辖制度;对于债权债务关系简单、审理难度不大的破产案件,可以主要由基层人民法院管辖,通过快速审理程序高效审结。

3. 建立科学的绩效考评体系。要尽快完善清算与破产审判工作绩效考评体系,在充分尊重司法规律的基础上确定绩效考评标准,避免将办理清算破产案件与普通案件简单对比、等量齐观、同等考核。

三、管理人制度的完善

管理人是破产程序的主要推动者和破产事务的具体执行者。管理人的能力和素质不仅影响破产审判工作的质量,还关系到破产企业的命运与未来发展。要加快完善管理人制度,大力提升管理人职业素养和执业能力,强化对管理人的履职保障和有效监督,为改善企业经营、优化产业结构提供有力制度保障。

4. 完善管理人队伍结构。人民法院要指导编入管理人名册的中介机构采取适当方式吸收具有专业技术知识、企业经营能力的人员充实到管理人队伍中来,促进管理人队伍内在结构更加合理,充分发挥和提升管理人在企业病因诊断、资源整合等方面的重要作用。

5. 探索管理人跨区域执业。除从本地名册选择管理人外，各地法院还可以探索从外省、市管理人名册中选任管理人，确保重大破产案件能够遴选出最佳管理人。两家以上具备资质的中介机构请求联合担任同一破产案件管理人的，人民法院经审查符合自愿协商、优势互补、权责一致要求且确有必要的，可以准许。

6. 实行管理人分级管理。高级人民法院或者自行编制管理人名册的中级人民法院可以综合考虑管理人的专业水准、工作经验、执业操守、工作绩效、勤勉程度等因素，合理确定管理人等级，对管理人实行分级管理、定期考评。对债务人财产数量不多、债权债务关系简单的破产案件，可以在相应等级的管理人中采取轮候、抽签、摇号等随机方式指定管理人。

7. 建立竞争选定管理人工作机制。破产案件中可以引入竞争机制选任管理人，提升破产管理质量。上市公司破产案件、在本地有重大影响的破产案件或者债权债务关系复杂，涉及债权人、职工以及利害关系人人数较多的破产案件，在指定管理人时，一般应当通过竞争方式依法选定。

8. 合理划分法院和管理人的职能范围。人民法院应当支持和保障管理人依法履行职责，不得代替管理人作出本应由管理人自己作出的决定。管理人应当依法管理和处分债务人财产，审慎决定债务人内部管理事务，不得将自己的职责全部或者部分转让给他人。

9. 进一步落实管理人职责。在债务人自行管理的重整程序中，人民法院要督促管理人制订监督债务人的具体制度。在重整计划规定的监督期内，管理人应当代表债务人参加监督期开始前已经启动而尚未终结的诉讼、仲裁活动。重整程序、和解程序转入破产清算程序后，管理人应当按照破产清算程序继续履行管理人职责。

10. 发挥管理人报酬的激励和约束作用。人民法院可以根据破产案件的不同情况确定管理人报酬的支付方式,发挥管理人报酬在激励、约束管理人勤勉履职方面的积极作用。管理人报酬原则上应当根据破产案件审理进度和管理人履职情况分期支付。案情简单、耗时较短的破产案件,可以在破产程序终结后一次性向管理人支付报酬。

11. 管理人聘用其他人员费用负担的规制。管理人经人民法院许可聘用企业经营管理人员,或者管理人确有必要聘请其他社会中介机构或人员处理重大诉讼、仲裁、执行或审计等专业性较强工作,如所需费用需要列入破产费用的,应当经债权人会议同意。

12. 推动建立破产费用的综合保障制度。各地法院要积极争取财政部门支持,或采取从其他破产案件管理人报酬中提取一定比例等方式,推动设立破产费用保障资金,建立破产费用保障长效机制,解决因债务人财产不足以支付破产费用而影响破产程序启动的问题。

13. 支持和引导成立管理人协会。人民法院应当支持、引导、推动本辖区范围内管理人名册中的社会中介机构、个人成立管理人协会,加强对管理人的管理和约束,维护管理人的合法权益,逐步形成规范、稳定和自律的行业组织,确保管理人队伍既充满活力又规范有序发展。

四、破产重整

会议认为,重整制度集中体现了破产法的拯救功能,代表了现代破产法的发展趋势,全国各级法院要高度重视重整工作,妥善审理企业重整案件,通过市场化、法治化途径挽救困境企业,不断完善社会主义市场主体救治机制。

14. 重整企业的识别审查。破产重整的对象应当是具有挽救价值和可能的困境企业;对于僵尸企业,应通过破产清算,果断实现市场出清。人民法院在审查重整申请时,根据债务人的资产状况、技术工艺、生产销售、行业前景等因素,能够认定债务人明显不具备重整价值以及拯救可能性的,应裁定不予受理。

15. 重整案件的听证程序。对于债权债务关系复杂、债务规模较大，或者涉及上市公司重整的案件，人民法院在审查重整申请时，可以组织申请人、被申请人听证。债权人、出资人、重整投资人等利害关系人经人民法院准许，也可以参加听证。听证期间不计入重整申请审查期限。

16. 重整计划的制定及沟通协调。人民法院要加强与管理人或债务人的沟通，引导其分析债务人陷于困境的原因，有针对性地制定重整计划草案，促使企业重新获得盈利能力，提高重整成功率。人民法院要与政府建立沟通协调机制，帮助管理人或债务人解决重整计划草案制定中的困难和问题。

17. 重整计划的审查与批准。重整不限于债务减免和财务调整，重整的重点是维持企业的营运价值。人民法院在审查重整计划时，除合法性审查外，还应审查其中的经营方案是否具有可行性。重整计划中关于企业重新获得盈利能力的经营方案具有可行性、表决程序合法、内容不损害各表决组中反对者的清偿利益的，人民法院应当自收到申请之日起三十日内裁定批准重整计划。

18. 重整计划草案强制批准的条件。人民法院应当审慎适用企业破产法第八十七条第二款，不得滥用强制批准权。确需强制批准重整计划草案的，重整计划草案除应当符合企业破产法第八十七条第二款规定外，如债权人分多组的，还应当至少有一组已经通过重整计划草案，且各表决组中反对者能够获得的清偿利益不低于依照破产清算程序所能获得的利益。

19. 重整计划执行中的变更条件和程序。债务人应严格执行重整计划，但因出现国家政策调整、法律修改变化等特殊情况，导致原重整计划无法执行的，债务人或管理人可以申请变更重整计划一次。债权人会议决议同意变更重整计划的，应自决议通过之日起十日内提请人民法院批准。债权人会议决议不同意或者人民法院不批准变更申请的，人民法院经管理人或者利害关系人请求，应当裁定终止重整计划的执行，并宣告债务人破产。

20. 重整计划变更后的重新表决与裁定批准。人民法院裁定同意变更重整计划的，债务人或者管理人应当在六个月内提出新的重整计划。变更后的重整计划应提交给因重整计划变更而遭受不利影响的债权人组和出资人组进行表决。表决、申请人民法院批准以及人民法院裁定是否批准的程序与原重整计划的相同。

21. 重整后企业正常生产经营的保障。企业重整后，投资主体、股权结构、公司治理模式、经营方式等与原企业相比，往往发生了根本变化，人民法院要通过加强与政府的沟通协调，帮助重整企业修复信用记录，依法获取税收优惠，以利于重整企业恢复正常生产经营。

22. 探索推行庭外重组与庭内重整制度的衔接。在企业进入重整程序之前，可以先由债权人与债务人、出资人等利害关系人通过庭外商业谈判，拟定重组方案。重整程序启动后，可以重组方案为依据拟定重整计划草案提交人民法院依法审查批准。

五、破产清算

会议认为，破产清算作为破产制度的重要组成部分，具有淘汰落后产能、优化市场资源配置的直接作用。对于缺乏拯救价值和可能性的债务人，要及时通过破产清算程序对债权债务关系进行全面清理，重新配置社会资源，提升社会有效供给的质量和水平，增强企业破产法对市场经济发展的引领作用。

23. 破产宣告的条件。人民法院受理破产清算申请后，第一次债权人会议上无人提出重整或和解申请的，管理人应当在债权审核确认和必要的审计、资产评估后，及时向人民法院提出宣告破产的申请。人民法院受理破产和解或重整申请后，债务人出现应当宣告破产的法定原因时，人民法院应当依法宣告债务人破产。

24. 破产宣告的程序及转换限制。相关主体向人民法院提出宣告破产申请的，人民法院应当自收到申请之日起七日内作出破产宣告裁定并进行公告。债务人被宣告破产后，不得再转入重整程序或和解程序。

25. 担保权人权利的行使与限制。在破产清算和破产和解程序中，对债务人特定财产享有担保权的债权人可以随时向管理人主张就该特定财产变价处置行使优先受偿权，管理人应及时变价处置，不得以须经债权人会议决议等为由拒绝。但因单独处置担保财产会降低其他破产财产的价值而应整体处置的除外。

26. 破产财产的处置。破产财产处置应当以价值最大化为原则，兼顾处置效率。人民法院要积极探索更为有效的破产财产处置方式和渠道，最大限度提升破产财产变价率。采用拍卖方式进行处置的，拍卖所得预计不足以支付评估拍卖费用，或者拍卖不成的，经债权人会议决议，可以采取作价变卖或实物分配方式。变卖或实物分配的方案经债权人会议两次表决仍未通过的，由人民法院裁定处理。

27. 企业破产与职工权益保护。破产程序中要依法妥善处理劳动关系，推动完善职工欠薪保障机制，依法保护职工生存权。由第三方垫付的职工债权，原则上按照垫付的职工债权性质进行清偿；由欠薪保障基金垫付的，应按照企业破产法第一百一十三条第一款第二项的顺序清偿。债务人欠缴的住房公积金，按照债务人拖欠的职工工资性质清偿。

28. 破产债权的清偿原则和顺序。对于法律没有明确规定清偿顺序的债权，人民法院可以按照人身损害赔偿债权优先于财产性债权、私法债权优先于公法债权、补偿性债权优先于惩罚性债权的原则合理确定清偿顺序。因债务人侵权行为造成的人身损害赔偿，可以参照企业破产法第一百一十三条第一款第一项规定的顺序清偿，但其中涉及的惩罚性赔偿除外。

破产财产依照企业破产法第一百一十三条规定的顺序清偿后仍有剩余的,可依次用于清偿破产受理前产生的民事惩罚性赔偿金、行政罚款、刑事罚金等惩罚性债权。

29. 建立破产案件审理的繁简分流机制。人民法院审理破产案件应当提升审判效率,在确保利害关系人程序和实体权利不受损害的前提下,建立破产案件审理的繁简分流机制。对于债权债务关系明确、债务人财产状况清楚的破产案件,可以通过缩短程序时间、简化流程等方式加快案件审理进程,但不得突破法律规定的最低期限。

30. 破产清算程序的终结。人民法院终结破产清算程序应当以查明债务人财产状况、明确债务人财产的分配方案、确保破产债权获得依法清偿为基础。破产申请受理后,经管理人调查,债务人财产不足以清偿破产费用且无人代为清偿或垫付的,人民法院应当依管理人申请宣告破产并裁定终结破产清算程序。

31. 保证人的清偿责任和求偿权的限制。破产程序终结前,已向债权人承担了保证责任的保证人,可以要求债务人向其转付已申报债权的债权人在破产程序中应得清偿部分。破产程序终结后,债权人就破产程序中未受清偿部分要求保证人承担保证责任的,应在破产程序终结后六个月内提出。保证人承担保证责任后,不得再向和解或重整后的债务人行使求偿权。

六、关联企业破产

会议认为,人民法院审理关联企业破产案件时,要立足于破产关联企业之间的具体关系模式,采取不同方式予以处理。既要通过实质合并审理方式处理法人人格高度混同的关联关系,确保全体债权人公平清偿,也要避免不当采用实质合并审理方式损害相关利益主体的合法权益。

32. 关联企业实质合并破产的审慎适用。人民法院在审理企业破产案件时，应当尊重企业法人人格的独立性，以对关联企业成员的破产原因进行单独判断并适用单个破产程序为基本原则。当关联企业成员之间存在法人人格高度混同、区分各关联企业成员财产的成本过高、严重损害债权人公平清偿利益时，可例外适用关联企业实质合并破产方式进行审理。

33. 实质合并申请的审查。人民法院收到实质合并申请后，应当及时通知相关利害关系人并组织听证，听证时间不计入审查时间。人民法院在审查实质合并申请过程中，可以综合考虑关联企业之间资产的混同程序及其持续时间、各企业之间的利益关系、债权人整体清偿利益、增加企业重整的可能性等因素，在收到申请之日起三十日内作出是否实质合并审理的裁定。

34. 裁定实质合并时利害关系人的权利救济。相关利害关系人对受理法院作出的实质合并审理裁定不服的，可以自裁定书送达之日起十五日内向受理法院的上一级人民法院申请复议。

35. 实质合并审理的管辖原则与冲突解决。采用实质合并方式审理关联企业破产案件的，应由关联企业中的核心控制企业住所地人民法院管辖。核心控制企业不明确的，由关联企业主要财产所在地人民法院管辖。多个法院之间对管辖权发生争议的，应当报请共同的上级人民法院指定管辖。

36. 实质合并审理的法律后果。人民法院裁定采用实质合并方式审理破产案件的，各关联企业成员之间的债权债务归于消灭，各成员的财产作为合并后统一的破产财产，由各成员的债权人在同一程序中按照法定顺序公平受偿。采用实质合并方式进行重整的，重整计划草案中应当制定统一的债权分类、债权调整和债权受偿方案。

37. 实质合并审理后的企业成员存续。适用实质合并规则进行破产清算的，破产程序终结后各关联企业成员均应予以注销。适用实质合并规则进行和解或重整的,各关联企业原则上应当合并为一个企业。根据和解协议或重整计划,确有需要保持个别企业独立的,应当依照企业分立的有关规则单独处理。

38. 关联企业破产案件的协调审理与管辖原则。多个关联企业成员均存在破产原因但不符合实质合并条件的,人民法院可根据相关主体的申请对多个破产程序进行协调审理,并可根据程序协调的需要,综合考虑破产案件审理的效率、破产申请的先后顺序、成员负债规模大小、核心控制企业住所地等因素,由共同的上级法院确定一家法院集中管辖。

39. 协调审理的法律后果。协调审理不消灭关联企业成员之间的债权债务关系,不对关联企业成员的财产进行合并,各关联企业成员的债权人仍以该企业成员财产为限依法获得清偿。但关联企业成员之间不当利用关联关系形成的债权,应当劣后于其他普通债权顺序清偿,且该劣后债权人不得就其他关联企业成员提供的特定财产优先受偿。

七、执行程序与破产程序的衔接

执行程序与破产程序的有效衔接是全面推进破产审判工作的有力抓手,也是破解"执行难"的重要举措。全国各级法院要深刻认识执行转破产工作的重要意义,大力推动符合破产条件的执行案件,包括执行不能案件进入破产程序,充分发挥破产程序的制度价值。

40. 执行法院的审查告知、释明义务和移送职责。执行部门要高度重视执行与破产的衔接工作,推动符合条件的执行案件向破产程序移转。执行法院发现作为被执行人的企业法人符合企业破产法第二条规定的,应当及时询问当事人是否同意将案件移送破产审查并释明法律后果。执行法院作出移送决定后,应当书面通知所有已知执行法院,执行法院均应中止对被执行人的执行程序。

41. 执行转破产案件的移送和接收。执行法院与受移送法院应加强移送环节的协调配合,提升工作实效。执行法院移送案件时,应当确保材料完备,内容、形式符合规定。受移送法院应当认真审核并及时反馈意见,不得无故不予接收或暂缓立案。

42. 破产案件受理后查封措施的解除或查封财产的移送。执行法院收到破产受理裁定后,应当解除对债务人财产的查封、扣押、冻结措施;或者根据破产受理法院的要求,出具函件将查封、扣押、冻结财产的处置权交破产受理法院。破产受理法院可以持执行法院的移送处置函件进行续行查封、扣押、冻结,解除查封、扣押、冻结,或者予以处置。

执行法院收到破产受理裁定拒不解除查封、扣押、冻结措施的,破产受理法院可以请求执行法院的上级法院依法予以纠正。

43. 破产审判部门与执行部门的信息共享。破产受理法院可以利用执行查控系统查控债务人财产,提高破产审判工作效率,执行部门应予以配合。

各地法院要树立线上线下法律程序同步化的观念,逐步实现符合移送条件的执行案件网上移送,提升移送工作的透明度,提高案件移送、通知、送达、沟通协调等相关工作的效率。

44. 强化执行转破产工作的考核与管理。各级法院要结合工作实际建立执行转破产工作考核机制,科学设置考核指标,推动执行转破产工作开展。对应当征询当事人意见不征询、应当提交移送审查不提交、受移送法院违反相关规定拒不接收执行转破产材料或者拒绝立案的,除应当纳入绩效考核和业绩考评体系外,还应当公开通报和严肃追究相关人员的责任。

八、破产信息化建设

会议认为,全国法院要进一步加强破产审判的信息化建设,提升破产案件审理的透明度和公信力,增进破产案件审理质效,促进企业重整再生。

45. 充分发挥破产重整案件信息平台对破产审判工作的推动作用。各级法院要按照最高人民法院相关规定,通过破产重整案件信息平台规范破产案件审理,全程公开、步步留痕。要进一步强化信息网的数据统计、数据检索等功能,分析研判企业破产案件情况,及时发现新情况,解决新问题,提升破产案件审判水平。

46. 不断加大破产重整案件的信息公开力度。要增加对债务人企业信息的公开内容,吸引潜在投资者,促进资本、技术、管理能力等要素自由流动和有效配置,帮助企业重整再生。要确保债权人等利害关系人及时、充分了解案件进程和债务人相关财务、重整计划草案、重整计划执行等情况,维护债权人等利害关系人的知情权、程序参与权。

47. 运用信息化手段提高破产案件处理的质量与效率。要适应信息化发展趋势,积极引导以网络拍卖方式处置破产财产,提升破产财产处置效益。鼓励和规范通过网络方式召开债权人会议,提高效率,降低破产费用,确保债权人等主体参与破产程序的权利。

48. 进一步发挥人民法院破产重整案件信息网的枢纽作用。要不断完善和推广使用破产重整案件信息网,在确保增量数据及时录入信息网的同时,加快填充有关存量数据,确立信息网在企业破产大数据方面的枢纽地位,发挥信息网的宣传、交流功能,扩大各方运用信息网的积极性。

九、跨境破产

49. 对跨境破产与互惠原则。人民法院在处理跨境破产案件时,要妥善解决跨境破产中的法律冲突与矛盾,合理确定跨境破产案件中的管辖权。在坚持同类债权平等保护的原则下,协调好外国债权人利益与我国债权人利益的平衡,合理保护我国境内职工债权、税收债权等优先权的清偿利益。积极参与、推动跨境破产国际条约的协商与签订,探索互惠原则适用的新方式,加强我国法院和管理人在跨境破产领域的合作,推进国际投资健康有序发展。

50.跨境破产案件中的权利保护与利益平衡。依照企业破产法第五条的规定,开展跨境破产协作。人民法院认可外国法院作出的破产案件的判决、裁定后,债务人在中华人民共和国境内的财产在全额清偿境内的担保权人、职工债权和社会保险费用、所欠税款等优先权后,剩余财产可以按照该外国法院的规定进行分配。

最高人民法院关于审理上市公司破产重整案件工作座谈会纪要

(2012年10月29日印发　法〔2012〕261号)

《企业破产法》施行以来,人民法院依法审理了部分上市公司破产重整案件,最大限度地减少了因上市公司破产清算给社会造成的不良影响,实现了法律效果和社会效果的统一。上市公司破产重整案件的审理不仅涉及到《企业破产法》、《证券法》、《公司法》等法律的适用,还涉及司法程序与行政程序的衔接问题,有必要进一步明确该类案件的审理原则,细化有关程序和实体规定,更好地规范相关主体的权利义务,以充分保护债权人、广大投资者和上市公司的合法权益,优化配置社会资源,促进资本市场健康发展。为此,最高人民法院会同中国证券监督管理委员会,于2012年3月22日在海南省万宁市召开了审理上市公司破产重整案件工作座谈会。与会同志通过认真讨论,就审理上市公司破产重整案件的若干重要问题取得了共识。现纪要如下:

一、关于上市公司破产重整案件的审理原则

会议认为,上市公司破产重整案件事关资本市场的健康发展,事关广大投资者的利益保护,事关职工权益保障和社会稳定。因此,人民法院应

当高度重视此类案件，并在审理中注意坚持以下原则：

（一）依法公正审理原则。上市公司破产重整案件参与主体众多，涉及利益关系复杂，人民法院审理上市公司破产重整案件，既要有利于化解上市公司的债务和经营危机，提高上市公司质量，保护债权人和投资者的合法权益，维护证券市场和社会的稳定，又要防止没有再生希望的上市公司利用破产重整程序逃废债务，滥用司法资源和社会资源；既要保护债权人利益，又要兼顾职工利益、出资人利益和社会利益，妥善处理好各方利益的冲突。上市公司重整计划草案未获批准或重整计划执行不能的，人民法院应当及时宣告债务人破产清算。

（二）挽救危困企业原则。充分发挥上市公司破产重整制度的作用，为尚有挽救希望的危困企业提供获得新生的机会，有利于上市公司、债权人、出资人、关联企业等各方主体实现共赢，有利于社会资源的有效利用。对于具有重整可能的企业，努力推动重整成功，可以促进就业，优化资源配置，促进产业结构的调整和升级换代，减少上市公司破产清算对社会带来的不利影响。

（三）维护社会稳定原则。上市公司进入破产重整程序后，因涉及债权人、上市公司、出资人、企业职工等相关当事人的利益，各方矛盾比较集中和突出，如果处理不当，极易引发群体性、突发性事件，影响社会稳定。人民法院审理上市公司破产重整案件，要充分发挥地方政府的风险预警、部门联动、资金保障等协调机制的作用，积极配合政府做好上市公司重整中的维稳工作，并根据上市公司的特点，加强与证券监管机构的沟通协调。

二、关于上市公司破产重整案件的管辖

会议认为，上市公司破产重整案件应当由上市公司住所地的人民法院，即上市公司主要办事机构所在地法院管辖；上市公司主要办事机构所在地不明确、存在争议的，由上市公司注册登记地人民法院管辖。由于上市公司破产重整案件涉及法律关系复杂，影响面广，对专业知识和综合能力要求较高，人力物力投入较多，上市公司破产重整案件一般应由中级人民法院管辖。

三、关于上市公司破产重整的申请

会议认为，上市公司不能清偿到期债务，并且资产不足以清偿全部债务或者明显缺乏清偿能力，或者有明显丧失清偿能力可能的，上市公司或者上市公司的债权人、出资额占上市公司注册资本十分之一以上的出资人可以向人民法院申请对上市公司进行破产重整。

申请人申请上市公司破产重整的，除提交《企业破产法》第八条规定的材料外，还应当提交关于上市公司具有重整可行性的报告、上市公司住所地省级人民政府向证券监督管理部门的通报情况材料以及证券监督管理部门的意见、上市公司住所地人民政府出具的维稳预案等。上市公司自行申请破产重整的，还应当提交切实可行的职工安置方案。

四、关于对上市公司破产重整申请的审查

会议认为，债权人提出重整申请，上市公司在法律规定的时间内提出异议，或者债权人、上市公司、出资人分别向人民法院提出破产清算申请和重整申请的，人民法院应当组织召开听证会。

人民法院召开听证会的，应当于听证会召开前通知申请人、被申请人，并送达相关申请材料。公司债权人、出资人、实际控制人等利害关系人申请参加听证的，人民法院应当予以准许。人民法院应当就申请人是否具备申请资格、上市公司是否已经发生重整事由、上市公司是否具有重整可行性等内容进行听证。

鉴于上市公司破产重整案件较为敏感，不仅涉及企业职工和二级市场众多投资者的利益安排，还涉及与地方政府和证券监管机构的沟通协调。因此，目前人民法院在裁定受理上市公司破产重整申请前，应当将相关材料逐级报送最高人民法院审查。

五、关于对破产重整上市公司的信息保密和披露

会议认为,对于股票仍在正常交易的上市公司,在上市公司破产重整申请相关信息披露前,上市公司及其债权人、出资人等利害关系人应当按照法律、行政法规、证券监管机构的部门规章及证券交易所上市规则做好信息保密工作。

上市公司的债权人提出破产重整申请的,人民法院应当要求债权人提供其已就此告知上市公司的有关证据。上市公司应当按照相关规则及时履行信息披露义务。

上市公司进入破产重整程序后,由管理人履行相关法律、行政法规、部门规章和公司章程规定的原上市公司董事会、董事和高级管理人员承担的职责和义务,上市公司自行管理财产和营业事务的除外。管理人在上市公司破产重整程序中存在信息披露违法违规行为的,应当依法承担相应的责任。

六、关于上市公司破产重整计划草案的制定

会议认为,上市公司或者管理人制定的上市公司重整计划草案应当包括详细的经营方案。有关经营方案涉及并购重组等行政许可审批事项的,上市公司或管理人应当聘请经证券监管机构核准的财务顾问机构、律师事务所以及具有证券期货业务资格的会计师事务所、资产评估机构等证券服务机构按照证券监管机构的有关要求及格式编制相关材料,并作为重整计划草案及其经营方案的必备文件。

控股股东、实际控制人及其关联方在上市公司破产重整程序前因违规占用、担保等行为对上市公司造成损害的,制定重整计划草案时应当根据其过错对控股股东及实际控制人支配的股东的股权作相应调整。

七、关于上市公司破产重整中出资人组的表决

会议认为,出资人组对重整计划草案中涉及出资人权益调整事项的表决,经参与表决的出资人所持表决权三分之二以上通过的,即为该组通过重整计划草案。

考虑到出席表决会议需要耗费一定的人力物力,一些中小投资者可能放弃参加表决会议的权利。为最大限度地保护中小投资者的合法权益,上市公司或者管理人应当提供网络表决的方式,为出资人行使表决权提供便利。关于网络表决权行使的具体方式,可以参照适用中国证券监督管理委员会发布的有关规定。

八、关于上市公司重整计划草案的会商机制

会议认为,重整计划草案涉及证券监管机构行政许可事项的,受理案件的人民法院应当通过最高人民法院,启动与中国证券监督管理委员会的会商机制。即由最高人民法院将有关材料函送中国证券监督管理委员会,中国证券监督管理委员会安排并购重组专家咨询委员会对会商案件进行研究。并购重组专家咨询委员会应当按照与并购重组审核委员会相同的审核标准,对提起会商的行政许可事项进行研究并出具专家咨询意见。人民法院应当参考专家咨询意见,作出是否批准重整计划草案的裁定。

九、关于上市公司重整计划涉及行政许可部分的执行

会议认为,人民法院裁定批准重整计划后,重整计划内容涉及证券监管机构并购重组行政许可事项的,上市公司应当按照相关规定履行行政许可核准程序。重整计划草案提交出资人组表决且经人民法院裁定批准后,上市公司无须再行召开股东大会,可以直接向证券监管机构提交出资人组表决结果及人民法院裁定书,以申请并购重组许可申请。并购重组审核委员会审核工作应当充分考虑并购重组专家咨询委员会提交的专家咨询意见。并购重组申请事项获得证券监管机构行政许可后,应当在重整计划的执行期限内实施完成。

会议还认为,鉴于上市公司破产重整案件涉及的法律关系复杂,利益主体众多,社会影响较大,人民法院对于审判实践中发现的新情况、新问题,要及时上报。上级人民法院要加强对此类案件的监督指导,加强调查研究,及时总结审判经验,确保依法妥善审理好此类案件。

全国法院民商事审判工作会议纪要(节录 107 ~ 118)

(2019 年 11 月 8 日印发　法〔2019〕254 号)

107.【继续推动破产案件的及时受理】充分发挥破产重整案件信息网的线上预约登记功能,提高破产案件的受理效率。当事人提出破产申请的,人民法院不得以非法定理由拒绝接收破产申请材料。如果可能影响社会稳定的,要加强府院协调,制定相应预案,但不应当以"影响社会稳定"之名,行消极不作为之实。破产申请材料不完备的,立案部门应当告知当事人在指定期限内补充材料,待材料齐备后以"破申"作为案件类型代字编制案号登记立案,并及时将案件移送破产审判部门进行破产审查。

注重发挥破产和解制度简便快速清理债权债务关系的功能,债务人根据《企业破产法》第 95 条的规定,直接提出和解申请,或者在破产申请受理后宣告破产前申请和解的,人民法院应当依法受理并及时作出是否批准的裁定。

108.【破产申请的不予受理和撤回】人民法院裁定受理破产申请前,提出破产申请的债权人的债权因清偿或者其他原因消灭的,因申请人不再具备申请资格,人民法院应当裁定不予受理。但该裁定不影响其他符合条件的主体再次提出破产申请。破产申请受理后,管理人以上述清偿符合《企业破产法》第 31 条、第 32 条为由请求撤销的,人民法院查实后应当予以支持。

人民法院裁定受理破产申请系对债务人具有破产原因的初步认可，破产申请受理后，申请人请求撤回破产申请的，人民法院不予准许。除非存在《企业破产法》第12条第2款规定的情形，人民法院不得裁定驳回破产申请。

109.【受理后债务人财产保全措施的处理】要切实落实破产案件受理后相关保全措施应予解除、相关执行措施应当中止、债务人财产应当及时交付管理人等规定，充分运用信息化技术手段，通过信息共享与整合，维护债务人财产的完整性。相关人民法院拒不解除保全措施或者拒不中止执行的，破产受理人民法院可以请求该法院的上级人民法院依法予以纠正。对债务人财产采取保全措施或者执行措施的人民法院未依法及时解除保全措施、移交处置权，或者中止执行程序并移交有关财产的，上级人民法院应当依法予以纠正。相关人员违反上述规定造成严重后果的，破产受理人民法院可以向人民法院纪检监察部门移送其违法审判责任线索。

人民法院审理企业破产案件时，有关债务人财产被其他具有强制执行权力的国家行政机关，包括税务机关、公安机关、海关等采取保全措施或者执行程序的，人民法院应当积极与上述机关进行协调和沟通，取得有关机关的配合，参照上述具体操作规程，解除有关保全措施，中止有关执行程序，以便保障破产程序顺利进行。

110.【受理后有关债务人诉讼的处理】人民法院受理破产申请后，已经开始而尚未终结的有关债务人的民事诉讼，在管理人接管债务人财产和诉讼事务后继续进行。债权人已经对债务人提起的给付之诉，破产申请受理后，人民法院应当继续审理，但是在判定相关当事人实体权利义务时，应当注意与企业破产法及其司法解释的规定相协调。

上述裁判作出并生效前，债权人可以同时向管理人申报债权，但其作为债权尚未确定的债权人，原则上不得行使表决权，除非人民法院临时确定其债权额。上述裁判生效后,债权人应当根据裁判认定的债权数额在破产程序中依法统一受偿,其对债务人享有的债权利息应当按照《企业破产法》第46条第2款的规定停止计算。

人民法院受理破产申请后,债权人新提起的要求债务人清偿的民事诉讼,人民法院不予受理,同时告知债权人应当向管理人申报债权。债权人申报债权后,对管理人编制的债权表记载有异议的,可以根据《企业破产法》第58条的规定提起债权确认之诉。

111.【债务人自行管理的条件】重整期间,债务人同时符合下列条件的,经申请,人民法院可以批准债务人在管理人的监督下自行管理财产和营业事务:

(1)债务人的内部治理机制仍正常运转;

(2)债务人自行管理有利于债务人继续经营;

(3)债务人不存在隐匿、转移财产的行为;

(4)债务人不存在其他严重损害债权人利益的行为。

债务人提出重整申请时可以一并提出自行管理的申请。经人民法院批准由债务人自行管理财产和营业事务的,企业破产法规定的管理人职权中有关财产管理和营业经营的职权应当由债务人行使。

管理人应当对债务人的自行管理行为进行监督。管理人发现债务人存在严重损害债权人利益的行为或者有其他不适宜自行管理情形的,可以申请人民法院作出终止债务人自行管理的决定。人民法院决定终止的,应当通知管理人接管债务人财产和营业事务。债务人有上述行为而管理人未申请人民法院作出终止决定的,债权人等利害关系人可以向人民法院提出申请。

112.【重整中担保物权的恢复行使】重整程序中,要依法平衡保护担保物权人的合法权益和企业重整价值。重整申请受理后,管理人或者自行管理的债务人应当及时确定设定有担保物权的债务人财产是否为重整所必需。如果认为担保物不是重整所必需,管理人或者自行管理的债务人应当及时对担保物进行拍卖或者变卖,拍卖或者变卖担保物所得价款在支付拍卖、变卖费用后优先清偿担保物权人的债权。

在担保物权暂停行使期间,担保物权人根据《企业破产法》第75条的规定向人民法院请求恢复行使担保物权的,人民法院应当自收到恢复行使担保物权申请之日起三十日内作出裁定。经审查,担保物权人的申请不符合第75条的规定,或者虽然符合该条规定但管理人或者自行管理的债务人有证据证明担保物是重整所必需,并且提供与减少价值相应担保或者补偿的,人民法院应当裁定不予批准恢复行使担保物权。担保物权人不服该裁定的,可以自收到裁定书之日起十日内,向作出裁定的人民法院申请复议。人民法院裁定批准行使担保物权的,管理人或者自行管理的债务人应当自收到裁定书之日起十五日内启动对担保物的拍卖或者变卖,拍卖或者变卖担保物所得价款在支付拍卖、变卖费用后优先清偿担保物权人的债权。

113.【重整计划监督期间的管理人报酬及诉讼管辖】要依法确保重整计划的执行和有效监督。重整计划的执行期间和监督期间原则上应当一致。二者不一致的,人民法院在确定和调整重整程序中的管理人报酬方案时,应当根据重整期间和重整计划监督期间管理人工作量的不同予以区别对待。其中,重整期间的管理人报酬应当根据管理人对重整发挥的实际作用等因素予以确定和支付;重整计划监督期间管理人报酬的支付比例和支付时间,应当根据管理人监督职责的履行情况,与债权人按照重整计划实际受偿比例和受偿时间相匹配。

重整计划执行期间,因重整程序终止后新发生的事实或者事件引发的有关债务人的民事诉讼,不适用《企业破产法》第21条有关集中管辖的规定。除重整计划有明确约定外，上述纠纷引发的诉讼，不再由管理人代表债务人进行。

114.【重整程序与破产清算程序的衔接】重整期间或者重整计划执行期间，债务人因法定事由被宣告破产的，人民法院不再另立新的案号，原重整程序的管理人原则上应当继续履行破产清算程序中的职责。原重整程序的管理人不能继续履行职责或者不适宜继续担任管理人的，人民法院应当依法重新指定管理人。

重整程序转破产清算案件中的管理人报酬，应当综合管理人为重整工作和清算工作分别发挥的实际作用等因素合理确定。重整期间因法定事由转入破产清算程序的，应当按照破产清算案件确定管理人报酬。重整计划执行期间因法定事由转入破产清算程序的，后续破产清算阶段的管理人报酬应当根据管理人实际工作量予以确定，不能简单根据债务人最终清偿的财产价值总额计算。

重整程序因人民法院裁定批准重整计划草案而终止的，重整案件可作结案处理。重整计划执行完毕后，人民法院可以根据管理人等利害关系人申请，作出重整程序终结的裁定。

115.【庭外重组协议效力在重整程序中的延伸】继续完善庭外重组与庭内重整的衔接机制，降低制度性成本，提高破产制度效率。人民法院受理重整申请前，债务人和部分债权人已经达成的有关协议与重整程序中制作的重整计划草案内容一致的，有关债权人对该协议的同意视为对该重整计划草案表决的同意。但重整计划草案对协议内容进行了修改并对有关债权人有不利影响，或者与有关债权人重大利益相关的，受到影响的债权人有权按照企业破产法的规定对重整计划草案重新进行表决。

116.【审计、评估等中介机构的确定及责任】要合理区分人民法院和管理人在委托审计、评估等财产管理工作中的职责。破产程序中确实需要聘请中介机构对债务人财产进行审计、评估的,根据《企业破产法》第 28 条的规定,经人民法院许可后,管理人可以自行公开聘请,但是应当对其聘请的中介机构的相关行为进行监督。上述中介机构因不当履行职责给债务人、债权人或者第三人造成损害的,应当承担赔偿责任。管理人在聘用过程中存在过错的,应当在其过错范围内承担相应的补充赔偿责任。

117.【公司解散清算与破产清算的衔接】要依法区分公司解散清算与破产清算的不同功能和不同适用条件。债务人同时符合破产清算条件和强制清算条件的,应当及时适用破产清算程序实现对债权人利益的公平保护。债权人对符合破产清算条件的债务人提起公司强制清算申请,经人民法院释明,债权人仍然坚持申请对债务人强制清算的,人民法院应当裁定不予受理。

118.【无法清算案件的审理与责任承担】人民法院在审理债务人相关人员下落不明或者财产状况不清的破产案件时,应当充分贯彻债权人利益保护原则,避免债务人通过破产程序不当损害债权人利益,同时也要避免不当突破股东有限责任原则。

人民法院在适用《最高人民法院关于债权人对人员下落不明或者财产状况不清的债务人申请破产清算案件如何处理的批复》第 3 款的规定,判定债务人相关人员承担责任时,应当依照企业破产法的相关规定来确定相关主体的义务内容和责任范围,不得根据公司法司法解释(二)第 18 条第 2 款的规定来判定相关主体的责任。

上述批复第 3 款规定的"债务人的有关人员不履行法定义务,人民法院可依据有关法律规定追究其相应法律责任",系指债务人的法定代表人、财务管理人员和其他经营管理人员不履行《企业破产法》第 15 条规定的配合清算义务,人民法院可以根据《企业破产法》第 126 条、第 127 条追究其相应法律责任，或者参照《民事诉讼法》第 111 条的规定，依法拘留，构成犯罪的，依法追究刑事责任；债务人的法定代表人或者实际控制人不配合清算的，人民法院可以依据《出境入境管理法》第 12 条的规定，对其作出不准出境的决定，以确保破产程序顺利进行。

上述批复第 3 款规定的"其行为导致无法清算或者造成损失"，系指债务人的有关人员不配合清算的行为导致债务人财产状况不明，或者依法负有清算责任的人未依照《企业破产法》第 7 条第 3 款的规定及时履行破产申请义务，导致债务人主要财产、账册、重要文件等灭失，致使管理人无法执行清算职务，给债权人利益造成损害。"有关权利人起诉请求其承担相应民事责任"，系指管理人请求上述主体承担相应损害赔偿责任并将因此获得的赔偿归入债务人财产。管理人未主张上述赔偿，个别债权人可以代表全体债权人提起上述诉讼。

上述破产清算案件被裁定终结后，相关主体以债务人主要财产、账册、重要文件等重新出现为由，申请对破产清算程序启动审判监督的，人民法院不予受理，但符合《企业破产法》第 123 条规定的，债权人可以请求人民法院追加分配。

最高人民法院关于依法开展破产案件审理积极稳妥推进破产企业救治和清算工作的通知

（2016 年 5 月 6 日发布　法〔2016〕169 号）

各省、自治区、直辖市高级人民法院，解放军军事法院，新疆维吾尔自治区高级人民法院生产建设兵团分院：

为认真贯彻党的十八届五中全会"更加注重运用市场机制、经济手段、法治办法化解产能过剩,加大政策引导力度,完善企业退出机制”精神,落实中央经济工作会议推进供给侧结构性改革要求,现就人民法院依法开展破产案件审理、积极稳妥推进破产企业救治和清算工作通知如下:

一、深刻认识依法开展破产案件审理、积极稳妥推进破产企业救治和清算工作的重要意义。社会主义市场主体救治和退出机制是否建立,是衡量社会主义市场经济体制完善的标志之一。依法开展破产案件审理、积极稳妥推进破产企业救治和清算工作,既是供给侧结构性改革的客观需要,又是提升市场主体竞争力的客观需要,也是建立完善社会主义市场主体救治和退出机制的客观需要。各级人民法院要深刻认识破产案件审理对优化资源配置、规范市场秩序的重要意义,推动破产案件审理工作常态化、规范化、法治化。对符合破产受理条件但仍可能适应市场需要的企业,要运用破产和解和破产重整的方式进行救治,使其能够通过救治重返市场;对救治无效或者根本不能适应市场需要的企业,要进行破产清算,促进及时退出市场。依法开展破产案件审理,是解决执行难的重要途径。对执行中符合《企业破产法》规定的破产条件的企业,要依法启动破产程序,通过破产和解化解一批、破产重整处置一批、破产清算消除一批,使企业破产制度成为解决执行难的配套制度。

二、加快建立专门清算与破产审判庭。各高级人民法院要按照最高人民法院的要求首先在省会城市、副省级城市所在地中级人民法院建立清算与破产审判庭。破产案件数量多的中级人民法院,要积极协商地方编办建立专门审判庭。其他中级人民法院要根据本地实际情况适时开展专门审判庭的建立工作。今年12月31日前,各高级人民法院要将辖区内专门审判庭建立情况报告最高人民法院。同时,人民法院要推进破产审判法官和司法辅助人员专业化建设,为破产审判岗位配备优秀人才,并通过培训等多种方式,切实提升破产审判队伍整体素质。

清算与破产审判庭承担以下职责：1. 企业破产和强制清算案件的立案、审理；2. 依法处理企业强制清算和破产案件的善后事宜；3. 调研企业破产和强制清算案件审理工作情况；4. 对下级法院企业破产和强制清算案件审理进行业务指导；5. 与有关法院协调解决企业破产案件审理中的问题；6. 与地方党委、政府及有关部门协调解决企业破产案件审理中的问题；7. 管理和培训破产管理人。

三、切实建立健全破产案件审理工作机制。一要健全破产重整企业识别机制。各地法院要围绕让人民法院成为“生病企业”医院目标，对虽符合破产受理条件但具有运营价值的企业，要以市场化为导向，积极开展破产和解和重整，有效利用各种资源，使企业恢复生机。对救治无效或者其他不能适应市场需要的企业，要加快破产清算、及时释放生产要素，实现市场出清。二要在地方党委领导下，积极与政府建立“府院企业破产工作统一协调机制”。协调机制要统筹企业破产重整和清算相关工作，妥善解决企业破产过程中出现的各种问题。三要建立全国企业破产重整案件信息平台机制。各地法院要按照最高人民法院全国企业破产重整案件信息平台建设工作要求，做好破产案件前期信息整理工作，确保信息平台上线后顺畅运行。实现重整企业信息公开、破产程序公开、化解破产受理难问题的目标。四要建立合法有序的利益衡平机制。各地法院要依法处理职工工资、国家税收、担保债权、普通债权的实现顺序和实现方式，审慎协调各方利益。

四、积极完善管理人制度。各地法院要根据《企业破产法》的规定积极完善管理人制度，在现有管理人结构的基础上吸收适应企业重整需要的管理人才参加，积极发挥企业家、经营者、管理者乃至科技人员的作用。要加强对管理人的监督、指导和管理，要着手建立管理人分级管理、升级降级、增补淘汰等制度。要强化管理人的责任，督促管理人依法履职。

五、认真做好执行程序与破产程序的衔接。各地法院要按照《企业破产法》和《最高人民法院关于适用〈中华人民共和国民事诉讼法〉的解释》有关规定,做好执行程序转入破产程序的衔接工作。执行法院要充分利用执行信息平台和相关信息资源,及时汇集针对同一企业的执行案件信息,依法推进符合破产条件的企业转入破产程序,坚决反对在案件处理上相互推诿。破产案件审理中,其他法院要依法中止对破产企业的执行,依法解除相关保全措施。对于不依法解除保全措施和违法执行的相关人员,各地法院要依法依规严厉追究责任。

依法开展破产案件审理、积极稳妥推进破产企业救治和清算工作,是人民法院围绕中心、服务大局的重要任务。各地法院要强化责任意识,迅速行动,充分发挥破产审理职能,积极探索总结破产审理经验,为经济持续健康发展提供有力司法保障。对于在工作中发现的新情况、新问题,各地法院要及时层报最高人民法院。

关于印发《加快完善市场主体退出制度改革方案》的通知

(发改财金〔2019〕1104 号)

各省、自治区、直辖市人民政府,国务院各部委、各直属机构:

为深入学习习近平新时代中国特色社会主义思想,全面贯彻党的十九大和十九届二中、三中全会精神,畅通市场主体退出渠道,降低市场主体退出成本,激发市场主体竞争活力,完善优胜劣汰的市场机制,推动经济高质量发展,经国务院同意,现将《加快完善市场主体退出制度改革方案》印发你们,请认真组织实施,抓好任务落实。

国家发展改革委

最高人民法院

工业和信息化部

民政部

司法部

财政部

人力资源社会保障部

人民银行

国资委

税务总局

市场监管总局

银保监会

证监会

2019 年 6 月 22 日

市场主体退出制度是现代化经济体系的重要组成部分。为进一步畅通市场主体退出渠道,降低市场主体退出成本,激发市场主体竞争活力,完善优胜劣汰的市场机制,推动经济高质量发展,经国务院同意,现就加快完善市场主体退出制度提出如下改革方案。

一、总体要求

(一)指导思想

以习近平新时代中国特色社会主义思想为指导,全面贯彻党的十九大和十九届二中、三中全会精神,统筹推进“五位一体”总体布局,协调推进“四个全面”战略布局,坚持稳中求进工作总基调,坚持新发展理念,坚持推动高质量发展,坚持以供给侧结构性改革为主线,以促进资源优化配置和提高资源使用效率为目标,按照市场化、法治化原则,建立健全市场主体退出制度,提高市场重组、出清的质量和效率,促进市场主体优胜劣汰和资源优化配置,推动经济高质量发展和现代化经济体系建设。

(二)基本原则

——坚持市场化改革。充分发挥市场配置资源的决定性作用,规范市场竞争秩序,减少市场扭曲,完善优胜劣汰的市场机制,促进生产要素和资源由无效低效市场主体向高效市场主体流动,最大程度发挥各类要素和资源潜力。更好发挥政府作用,创新调控、监管、服务方式,为市场主体依法退出营造良好的制度环境。

——坚持法治化方向。加快完善市场主体退出的法律法规,尊重和保障市场主体自主经营权利。有效衔接各类法律法规和相关政策,有效降低市场主体退出交易成本。在市场机制不能有效发挥作用的领域,通过合理运用公共政策,引导或强制低效无效市场主体依法有序退出,同时畅通退出权利救济途径。

——坚持约束与激励并举。强化市场纪律,促进市场主体审慎经营,防止盲目激进经营和过度负债。对经营失败的诚实市场主体给予适当宽容,使退出市场主体承担合理有限责任,保留再创业机会,保护创新创业的积极性。

——坚持保护各方合理权益。处理好企业职工、各类债权人、股东以及其他利益相关方之间的权利义务关系,切实防范逃废债等道德风险,确保各方依法公平合理分担退出成本,保障市场主体退出稳妥有序、风险可控。同时着眼全局和长期利益,提高退出效率,防止因利益纠葛久拖不决导致多输局面。

(三)总体目标

逐步建立起与现代化经济体系相适应,覆盖企业等营利法人、非营利法人、非法人组织、农民专业合作社、个体工商户、自然人等各类市场主体的便利、高效、有序的退出制度,市场主体退出渠道进一步畅通,市场主体退出成本明显下降,无效低效市场主体加快退出,为构建市场机制有效、微观主体有活力、宏观调控有度的经济体制提供有力支撑。

二、规范市场主体退出方式

按照市场化法治化原则,进一步明确市场主体退出方式,完善规范退出的条件、标准和具体程序,使各类市场主体均有适当的退出方式和渠道。

(一)规范自愿解散退出。企业等营利法人、非营利法人和非法人组织在其设立章程中应按照意思自治原则依法对解散事由作出约定,当解散事由出现时,除法律另有规定外,由市场主体按照治理程序决议解散,自愿退出市场。

(二)建立健全破产退出渠道。在进一步完善企业破产制度的基础上,研究建立非营利法人、非法人组织、个体工商户、自然人等市场主体的破产制度,扩大破产制度覆盖面,畅通存在债权债务关系的市场主体退出渠道。

(三)稳妥实施强制解散退出。严格限定市场主体因政府公共政策规定而强制解散退出的条件,稳妥处置退出后相关事宜,依法保护市场主体产权。统一市场主体强制解散退出的标准和程序。对强制解散退出应设定救济程序,依法保障退出市场主体和利益相关方的合法权益。

(四)明确特定领域退出规则。因公共安全、产业调控、区域发展、技术标准、环境保护等公共利益需要,有关机关可以依法强制或引导市场主体从特定生产领域、业务领域退出。研究在相关法规和政策中进一步明确特定领域退出的触发条件、补偿机制。

三、健全清算注销制度

市场主体出现解散事由,应按程序依法组织清算组开展清算。市场主体无法就自行清算达成一致或相关责任主体怠于履行清算义务的，企业等市场主体的股东或债权人可以依法申请法院指定清算组进行强制清算。清算结束后，清算组应依法及时申请注销登记。清算过程中符合破产条件的，应依法及时转入破产程序。

（一）完善市场主体清算机制

强化市场主体履行清算义务的责任，根据市场主体不同性质和类型，明确清算程序的启动条件和清算期限、清算义务人的权利义务。建立清算义务人怠于履行清算义务时的法律责任追究机制。完善公司解散清算与破产清算程序的衔接机制。（最高人民法院、国家发展改革委、司法部、市场监管总局等按职责分工负责）

（二）完善注销登记制度

提高注销登记制度的便利程度，加大技术平台投入，利用现代信息技术减少或取消现场办理环节，大幅降低市场主体退出的交易成本。进一步探索简化普通注销程序，研究通过改革清算公告发布渠道、减少公告等待时间、对符合条件的市场主体豁免提交清算报告等方式，进一步完善普通注销制度。研究探索在法律法规中增加关于企业简易注销登记程序等相关规定的必要性和可行性。研究建立市场主体强制退出制度，完善相关法律法规，对因经营异常、违法失信而被吊销营业执照、责令关闭的企业和个体工商户等市场主体，依照法定程序实施强制退出。（市场监管总局牵头负责）

四、完善破产法律制度

市场主体达到法定破产条件，应当依法通过破产程序进行清理，或推动利益相关方庭外协议重组，以尽快盘活存量资产，释放资源要素。对陷入财务困境但仍具有经营价值和再生希望的企业，支持债权人、债务人及利益相关方利用破产重整或庭外协议重组等方式，推动企业债务、股权结构和业务重组，恢复生产经营。对丧失经营价值和再生无望的企业，要及时通过破产程序实现市场出清。

（一）完善企业破产制度

完善企业破产启动与审理程序。完善破产程序启动制度，厘清政府、法院、债务人、债权人和破产管理人在破产程序中的权利义务。企业符合破产条件时，应依法及时启动破产程序，不得设定超出法律规定的条件和程序。研究规定企业和企业高级管理人员等相关责任主体在企业陷入财务困境时负有及时申请破产清算或重整义务的必要性和可行性。总结执行转破产实践经验，明确执行转破产制度的法律地位。完善破产程序中债权清偿顺位规则。建立破产简易审理程序，实行破产案件繁简分流。完善跨境破产和关联企业破产规则，推动解决跨境破产、复杂主体破产难题。完善破产企业有关人员法律责任制度，严厉打击恶意逃废债等违法违规行为。（最高人民法院、国家发展改革委、司法部、中国银保监会等按职责分工负责）

研究建立预重整和庭外重组制度。完善金融机构债权人委员会制度，明确金融机构债权人委员会制度和庭内债权人委员会制度的程序转换和决议效力认可机制。研究建立预重整制度，实现庭外重组制度、预重整制度与破产重整制度的有效衔接，强化庭外重组的公信力和约束力，明确预重整的法律地位和制度内容。（最高人民法院、国家发展改革委、司法部、中国人民银行、中国银保监会、中国证监会等按职责分工负责）

完善企业破产重整制度。倡导积极重建的破产重整理念，切实解决企业破产污名化问题，充分利用破产重整制度促进企业重组重生。细化完善重整程序实施规则，明确强制批准重整计划的审查标准和法律依据，规范法院对重整计划的强制批准权。完善重整程序中的分组表决机制。优化管理人制度和管理模式，明确管理人与债务人、债权人之间的权利界限，合理发挥债务人在重整程序中的作用。建立吸收具备专业资质能力的人员参与重整企业经营管理的机制，促进重整企业保持经营价值。（最高人民法院、国家发展改革委、司法部、中国人民银行、中国银保监会、中国证监会等按职责分工负责）

（二）分步推进建立自然人破产制度

研究建立个人破产制度，重点解决企业破产产生的自然人连带责任担保债务问题。明确自然人因担保等原因而承担与生产经营活动相关的负债可依法合理免责。逐步推进建立自然人符合条件的消费负债可依法合理免责，最终建立全面的个人破产制度。（国家发展改革委、司法部、中国人民银行、中国银保监会等按职责分工负责）

（三）加强司法与行政协调配合

完善司法与行政协调机制。地方各级人民政府应积极支持陷入财务困境、符合破产条件的企业进行重整或破产清算。鼓励地方各级人民政府建立常态化的司法与行政协调机制，依法发挥政府在企业破产程序中的作用，协调解决破产过程中维护社会稳定、经费保障、信用修复、企业注销等问题，同时避免对破产司法事务的不当干预。（各地方人民政府负责）

明确政府部门破产行政管理职能。在总结完善司法与行政协调机制实践经验的基础上，进一步明确政府部门承担破产管理人监督管理、政府各相关部门协调、债权人利益保护、特殊破产案件清算以及防范恶意逃废债等破产行政管理职责。（各地方人民政府负责）

（四）加强司法能力及中介机构建设

加强破产审判能力建设。深化破产审判机制改革，根据各地审判实践需要，在条件成熟的中级人民法院积极推动组建破产案件专业审判团队，优化破产案件专业审判团队的职责和内部管理体系。加强对破产审判专业人员的培训和专业队伍的建设，完善对破产审判法官的考核机制。（各

省级人民政府、最高人民法院等按职责分工负责）

大力培育破产管理人队伍。进一步细化完善管理人职责，明确管理人履职过程中发现恶意逃废债等违法行为时依法提请法院移送侦查的职责，进一步优化破产管理人名册制度、管理人选任机制和管理人报酬制度，积极开展管理人履职能力培训工作，支持和推动管理人行业自律组织建设，强化对管理人的履职考核和动态监督管理，督促管理人提高责任意识和履职能力。（国家发展改革委、最高人民法院等按职责分工负责）

五、完善特殊类型市场主体退出和特定领域退出制度

（一）建立健全金融机构市场化退出机制

完善金融机构市场化退出的程序和路径。完善相关法律法规，明确对问题金融机构退出过程中接管、重组、撤销、破产处置程序和机制，探索建立金融机构主体依法自主退出机制和多层次退出路径。及时有效发挥存款保险制度和相关行业保障基金的作用。（财政部、中国人民银行、中国银保监会、中国证监会等按职责分工负责）

完善金融机构资产、负债、业务的概括转移制度。依托存款保险制度和保险保障基金、证券投资者保障基金、信托业保障基金等相关行业保障基金，进一步完善金融机构强制退出时的储蓄存款合同、保险合同、证券业务合同、资产管理业务合同、信托财产和信托事务等各类合同和业务的转移接续。（中国人民银行、中国银保监会、中国证监会等按职责分工负责）

建立金融机构风险预警及处置机制。明确风险处置的触发条件，制定退出风险处置预案，丰富风险处置工具箱，建立健全信息共享机制。完善金融机构市场化退出损失分担机制，明确股东和无担保债权人应先于公共资金承担损失。（财政部、中国人民银行、中国银保监会、中国证监会等按职责分工负责）

（二）完善国有企业退出机制

推动国有"僵尸企业"破产退出。对符合破产等退出条件的国有企业，各相关方不得以任何方式阻碍其退出，防止形成"僵尸企业"。不得通过违规提供政府补贴、贷款等方式维系"僵尸企业"生存，有效解决国有"僵尸企业"不愿退出的问题。国有企业退出时，金融机构等债权人不得要求政府承担超出出资额之外的债务清偿责任。（各地方人民政府、最高人民法院、国家发展改革委、财政部、中国人民银行、国务院国资委、中国银保监会等按职责分工负责）

完善特殊类型国有企业退出制度。针对全民所有制企业、厂办集体企业存在的出资人已注销、工商登记出资人与实际控制人不符、账务账册资料严重缺失等问题，明确市场退出相关规定，加快推动符合条件企业退出市场，必要时通过强制清算等方式实行强制退出。（国务院国资委、国家发展改革委牵头，有关部门按职责分工负责）

（三）健全非营利法人和非法人组织等退出机制

进一步细化非营利法人、非法人组织解散清算制度，推动非营利法人、非法人组织及时注销。参考企业法人破产制度，推动建立非营利法人、农民专业合作社、合伙企业等非法人组织破产制度。（最高人民法院、市场监管总局、民政部等按职责分工负责）

（四）完善特定领域退出机制

规范特定领域退出程序。建立政策成本效益和成本有效性分析制度，审慎评估因公共利益而要求经营者退出特定生产或业务领域的必要性，按照比例原则以成本最小化的方式达成政策目标，尽量避免影响市场主体正常生产经营活动。（国家发展改革委、工业和信息化部、中国人民银行、中国银保监会等按职责分工负责）

完善特定领域依法退出机制。对竞争性领域，审慎使用强制退出方式,主要通过激励性措施引导实现特定领域退出;因公共利益确需强制退出的,应依法建立补偿机制,保障退出市场主体和其利益相关方的合法权益。对垄断性行业和其他实行许可管理的行业,应在行业监管规则中明确经营者退出标准,并定期开展审查,经营者达到退出标准的,应依法退出特定生产或业务领域;行业监管规则中应同时明确因公共利益需退出的事由、程序和补偿标准,作为经营者准入条件,当事由出现时,应按法定程序退出并按标准进行补偿。(国家发展改革委、工业和信息化部、中国人民银行、中国银保监会等按职责分工负责)

六、健全市场主体退出甄别和预警机制

(一)完善市场主体优劣甄别机制

加强社会信用体系建设。大力弘扬诚信文化,使市场主体树立守法诚实经营理念,自觉遵守商业道德,加强守信联合激励和失信联合惩戒等机制建设,使守信者处处畅通、失信者寸步难行。(国家发展改革委、中国人民银行牵头负责)

完善竞争政策。加强对实施垄断、开展不正当竞争行为的监管,严格依法查处各类垄断行为和滥用行政权力排除、限制竞争行为,提高市场竞争的充分性与公平性。(市场监管总局牵头负责)

规范产业政策。针对市场不能有效发挥作用的领域制定有关政策规定,突出功能性、预测性,审慎使用可能造成市场扭曲的政策工具,对出台涉及市场主体经济活动的政策措施,严格进行公平竞争审查,完善市场竞争环境和营商环境,防止由政府越位和过度干预造成逆向选择。(国家发展改革委、工业和信息化部、市场监管总局等按职责分工负责)

(二)建立市场主体退出预警机制

强化企业信息披露义务。提高企业财务和经营信息透明度,强化信息披露义务主体对信息披露真实性、准确性、完整性的责任要求。公众公司应依法向公众披露财务和经营信息。非公众公司应及时向股东和债权人披露财务和经营信息。鼓励非公众公司特别是大型企业集团、国有企业参照公众公司要求公开相关信息。强化企业在陷入财务困境时及时向股东、债权人等利益相关方的信息披露义务。（各地方人民政府、国家发展改革委、中国人民银行、市场监管总局、国务院国资委、中国银保监会、中国证监会等按职责分工负责）

建立企业信用综合评价机制。推动信用评级行业规范健康发展，支持信用评级机构开展企业综合信用评价。鼓励引导有关行业主管部门、行业协会商会、高等院校、科研机构以及信息中介机构研究建立反映市场主体财务状况和经营效率的评价指标。（国家发展改革委、中国人民银行牵头负责）

建立企业债务风险监测预警机制。依托全国信用信息共享平台、国家企业信用信息公示系统和金融信用信息基础数据库、失信被执行人数据库等信用信息平台，整合相关数据信息，加强对一定债务规模以上企业债务风险的监测，加快一定债务规模以上企业的负债、担保、涉诉等信息在一定范围内依法公开和部门间共享，鼓励企业自主对外披露更多利于债务风险判断的信息。（国家发展改革委牵头，最高人民法院、中国人民银行、市场监管总局、中国银保监会等按职责分工负责）

建立自然人债务风险监测预警机制。加强对居民部门债务水平和债务结构的分析监测，完善自然人债务风险评价指标和预警机制，建立社会公众财务风险管理及理财能力教育培训机制，防范自然人过度负债风险，处理好债权人权益保护与债务人生存权保护之间的关系。（国家发展改革委、中国人民银行、中国银保监会等按职责分工负责）

七、完善市场主体退出关联权益保障机制

(一)建立健全社会安全网

指导退出企业做好劳动关系处理,积极稳妥解决社会保险关系转移接续、拖欠职工工资等问题,切实保障退出企业职工的合法权益。(各地方人民政府、人力资源和社会保障部等按职责分工负责)

(二)依法保护金融债权人利益

明确金融债权人委员会法律地位。推动银行、证券、保险、信托等领域的金融债权人组建相对统一的金融债权人委员会。明确金融债权人委员会的法律地位、议事规则和程序,通过统一的金融债权人委员会加强与债务人的沟通协调,避免金融债务过度累积,防范恶意逃废债,有效监控债务风险,维护金融债权人合法权益。(中国银保监会牵头,中国人民银行、国家发展改革委、中国证监会等按职责分工负责)

促进金融债权人积极推动市场主体退出。鼓励银行、证券、保险、信托等领域的金融债权人积极参与破产程序,支持金融债权人加强对企业等市场主体债务风险的监测,推动金融债权人积极化解市场主体债务风险,促进市场主体及时出清。(中国银保监会牵头,中国人民银行、国家发展改革委、中国证监会等按职责分工负责)

(三)切实防范国有资产流失

按照市场化法治化原则,完善国有资产价值发现和监督机制,进一步健全完善国有资产流失责任认定及追究制度,规范国有资产登记、转让、清算、退出等程序和交易行为,发挥专业化中介机构作用,涉及资产评估的,应当依法履行资产评估程序。在市场主体退出过程中,坚持国有资产市场化定价原则,鼓励通过产权、股权、证券市场发现和合理确定资产价格,促进国有资产保值增值。优化国有资产退出审批机制和程序,提高审批效率,强化信息公开,加强社会监督,防止因内部人控制、利益输送等造成国有资产流失。

（各地方人民政府、财政部、国务院国资委等按职责分工负责）

八、完善市场主体退出配套政策

（一）完善信用记录与信用修复制度

完善重整企业信用修复机制。进一步健全和完善相关制度，使重整成功的企业不再被纳入金融、税务、市场监管、司法等系统的黑名单，实现企业信用重建。（国家发展改革委、中国人民银行牵头负责，最高人民法院、市场监管总局、税务总局等按职责分工负责）

完善市场主体退出责任人信用记录机制。对市场主体退出过程中恶意逃废债特别是恶意逃废职工债务、过失导致国有资产流失、未按规定及时履行清算义务等违法违规行为责任人，建立信用记录，纳入全国信用信息共享平台、国家企业信用信息公示系统和金融信用信息基础数据库。建立直接责任人员失信行为联合惩戒机制。结合自然人破产制度建设，建立健全自然人破产信用记录及信用修复制度，形成以信用为核心的自然人市场行为正向激励约束机制。（国家发展改革委、中国人民银行牵头，最高人民法院、市场监管总局、税务总局、中国银保监会等按职责分工负责）

（二）完善市场主体退出相关财政税收政策

优化企业破产重整税收政策环境。梳理企业破产重整税收支持政策，做好政策宣传解读工作，落实好亏损弥补和特殊性税务处理等税收政策，为企业破产重整营造良好环境。（财政部牵头，税务总局按职责分工负责）

探索研究破产经费筹措机制。鼓励有条件的地方探索建立破产经费筹措机制，对破产财产不足以支付破产费用的市场主体，可通过筹措经费帮助支付有关费用。（各地方人民政府牵头负责）

（三）完善市场主体退出资产资源优化利用制度

构建多元化资产流转平台。引导各类资产进入产权交易市场，充分发挥产权交易市场的价格发现、价值实现功能，为市场主体退出过程中资产

流转和变现创造良好市场基础。（各地方人民政府、国家发展改革委、国务院国资委、中国证监会等按职责分工负责）

完善市场主体退出涉及的市场交易制度。依法支持上市公司通过并购重组实现退出。依法支持重整上市公司通过重大资产交易安排、股份发行等方式开展融资，规范上市公司股东减持行为。完善上市公司退市监管制度，畅通市场主体的上市和退市渠道。（中国证监会、最高人民法院牵头负责）

（四）健全社会公示和监督制度

健全社会公示。依托全国信用信息共享平台、国家企业信用信息公示系统，建立健全市场主体主动注销和强制退出的公告、异议等制度。推进部门共享市场主体退出相关信息，完善市场主体退出公示制度和退出后相关责任人失信惩戒记录公示制度。（国家发展改革委、市场监管总局牵头负责）

推动社会监督。对不依法办理注销登记的市场主体、被吊销营业执照的市场主体以及不依法清算的市场主体，依法及时向社会公示，接受社会监督。（国家发展改革委、民政部、市场监管总局等按职责分工负责）

九、组织实施

（一）加强党的领导。各地区、各部门要充分认识完善市场主体退出制度的重要意义，增强“四个意识”，坚定“四个自信”，做到“两个维护”，认真落实党中央、国务院有关决策部署，加快完善市场主体退出制度，促进市场主体优胜劣汰和资源优化配置。

（二）完善法律体系。市场主体退出制度体系涉及多领域法律法规，要及时启动各相关领域法律法规的立法修订程序，切实形成协同一致、相互支撑的法律体系，为市场主体依法退出提供充分的法律保障。

（三）落实工作责任。国家发展改革委要做好统筹协调工作，各地区、各部门要按照职能划分，抓紧落实改革方案，拟定工作计划，确保相关改革事项按时完成。

优化营商环境条例

（2019年10月22日国务院令第722号公布
自2020年1月1日起施行）

第一章 总 则

第一条 为了持续优化营商环境，不断解放和发展社会生产力，加快建设现代化经济体系，推动高质量发展，制定本条例。

第二条 本条例所称营商环境，是指企业等市场主体在市场经济活动中所涉及的体制机制性因素和条件。

第三条 国家持续深化简政放权、放管结合、优化服务改革，最大限度减少政府对市场资源的直接配置，最大限度减少政府对市场活动的直接干预，加强和规范事中事后监管，着力提升政务服务能力和水平，切实降低制度性交易成本，更大激发市场活力和社会创造力，增强发展动力。

各级人民政府及其部门应当坚持政务公开透明，以公开为常态、不公开为例外，全面推进决策、执行、管理、服务、结果公开。

第四条 优化营商环境应当坚持市场化、法治化、国际化原则，以市场主体需求为导向，以深刻转变政府职能为核心，创新体制机制、强化协同联动、完善法治保障，对标国际先进水平，为各类市场主体投资兴业营造稳定、公平、透明、可预期的良好环境。

第五条 国家加快建立统一开放、竞争有序的现代市场体系，依法促进各类生产要素自由流动，保障各类市场主体公平参与市场竞争。

第六条 国家鼓励、支持、引导非公有制经济发展，激发非公有制经济活力和创造力。

国家进一步扩大对外开放，积极促进外商投资，平等对待内资企业、外商投资企业等各类市场主体。

第七条 各级人民政府应当加强对优化营商环境工作的组织领导，完善优化营商环境的政策措施，建立健全统筹推进、督促落实优化营商环境工作的相关机制，及时协调、解决优化营商环境工作中的重大问题。

县级以上人民政府有关部门应当按照职责分工，做好优化营商环境的相关工作。县级以上地方人民政府根据实际情况，可以明确优化营商环境工作的主管部门。

国家鼓励和支持各地区、各部门结合实际情况，在法治框架内积极探索原创性、差异化的优化营商环境具体措施；对探索中出现失误或者偏差，符合规定条件的，可以予以免责或者减轻责任。

第八条 国家建立和完善以市场主体和社会公众满意度为导向的营商环境评价体系，发挥营商环境评价对优化营商环境的引领和督促作用。

开展营商环境评价，不得影响各地区、各部门正常工作，不得影响市场主体正常生产经营活动或者增加市场主体负担。

任何单位不得利用营商环境评价谋取利益。

第九条 市场主体应当遵守法律法规，恪守社会公德和商业道德，诚实守信、公平竞争，履行安全、质量、劳动者权益保护、消费者权益保护等方面的法定义务，在国际经贸活动中遵循国际通行规则。

第二章 市场主体保护

第十条 国家坚持权利平等、机会平等、规则平等，保障各种所有制经济平等受到法律保护。

第十一条 市场主体依法享有经营自主权。对依法应当由市场主体自主决策的各类事项，任何单位和个人不得干预。

第十二条 国家保障各类市场主体依法平等使用资金、技术、人力资源、土地使用权及其他自然资源等各类生产要素和公共服务资源。

各类市场主体依法平等适用国家支持发展的政策。政府及其有关部门在政府资金安排、土地供应、税费减免、资质许可、标准制定、项目申报、职称评定、人力资源政策等方面，应当依法平等对待各类市场主体，不得制定或者实施歧视性政策措施。

第十三条 招标投标和政府采购应当公开透明、公平公正，依法平等对待各类所有制和不同地区的市场主体，不得以不合理条件或者产品产地来源等进行限制或者排斥。

政府有关部门应当加强招标投标和政府采购监管，依法纠正和查处违法违规行为。

第十四条 国家依法保护市场主体的财产权和其他合法权益，保护企业经营者人身和财产安全。

严禁违反法定权限、条件、程序对市场主体的财产和企业经营者个人财产实施查封、冻结和扣押等行政强制措施；依法确需实施前述行政强制措施的，应当限定在所必需的范围内。

禁止在法律、法规规定之外要求市场主体提供财力、物力或者人力的摊派行为。市场主体有权拒绝任何形式的摊派。

第十五条 国家建立知识产权侵权惩罚性赔偿制度,推动建立知识产权快速协同保护机制,健全知识产权纠纷多元化解决机制和知识产权维权援助机制,加大对知识产权的保护力度。

国家持续深化商标注册、专利申请便利化改革,提高商标注册、专利申请审查效率。

第十六条 国家加大中小投资者权益保护力度,完善中小投资者权益保护机制,保障中小投资者的知情权、参与权,提升中小投资者维护合法权益的便利度。

第十七条 除法律、法规另有规定外,市场主体有权自主决定加入或者退出行业协会商会等社会组织,任何单位和个人不得干预。

除法律、法规另有规定外,任何单位和个人不得强制或者变相强制市场主体参加评比、达标、表彰、培训、考核、考试以及类似活动,不得借前述活动向市场主体收费或者变相收费。

第十八条 国家推动建立全国统一的市场主体维权服务平台,为市场主体提供高效、便捷的维权服务。

第三章 市场环境

第十九条 国家持续深化商事制度改革,统一企业登记业务规范,统一数据标准和平台服务接口,采用统一社会信用代码进行登记管理。

国家推进"证照分离"改革,持续精简涉企经营许可事项,依法采取直接取消审批、审批改为备案、实行告知承诺、优化审批服务等方式,对所有涉企经营许可事项进行分类管理,为企业取得营业执照后开展相关经营活动提供便利。除法律、行政法规规定的特定领域外,涉企经营许可事项不得作为企业登记的前置条件。

政府有关部门应当按照国家有关规定,简化企业从申请设立到具备一般性经营条件所需办理的手续。在国家规定的企业开办时限内,各地区应当确定并公开具体办理时间。

企业申请办理住所等相关变更登记的,有关部门应当依法及时办理,不得限制。除法律、法规、规章另有规定外,企业迁移后其持有的有效许可证件不再重复办理。

第二十条 国家持续放宽市场准入,并实行全国统一的市场准入负面清单制度。市场准入负面清单以外的领域,各类市场主体均可以依法平等进入。

各地区、各部门不得另行制定市场准入性质的负面清单。

第二十一条 政府有关部门应当加大反垄断和反不正当竞争执法力度,有效预防和制止市场经济活动中的垄断行为、不正当竞争行为以及滥用行政权力排除、限制竞争的行为,营造公平竞争的市场环境。

第二十二条 国家建立健全统一开放、竞争有序的人力资源市场体系,打破城乡、地区、行业分割和身份、性别等歧视,促进人力资源有序社会性流动和合理配置。

第二十三条 政府及其有关部门应当完善政策措施、强化创新服务,鼓励和支持市场主体拓展创新空间,持续推进产品、技术、商业模式、管理等创新,充分发挥市场主体在推动科技成果转化中的作用。

第二十四条 政府及其有关部门应当严格落实国家各项减税降费政策,及时研究解决政策落实中的具体问题,确保减税降费政策全面、及时惠及市场主体。

第二十五条 设立政府性基金、涉企行政事业性收费、涉企保证金,应当有法律、行政法规依据或者经国务院批准。对政府性基金、涉企行政事业性收费、涉企保证金以及实行政府定价的经营服务性收费,实行目录清单管理并向社会公开,目录清单之外的前述收费和保证金一律不得执行。推广以金融机构保函替代现金缴纳涉企保证金。

第二十六条 国家鼓励和支持金融机构加大对民营企业、中小企业的支持力度,降低民营企业、中小企业综合融资成本。

金融监督管理部门应当完善对商业银行等金融机构的监管考核和激励机制,鼓励、引导其增加对民营企业、中小企业的信贷投放,并合理增加中长期贷款和信用贷款支持,提高贷款审批效率。

商业银行等金融机构在授信中不得设置不合理条件,不得对民营企业、中小企业设置歧视性要求。商业银行等金融机构应当按照国家有关规定规范收费行为,不得违规向服务对象收取不合理费用。商业银行应当向社会公开开设企业账户的服务标准、资费标准和办理时限。

第二十七条 国家促进多层次资本市场规范健康发展,拓宽市场主体融资渠道,支持符合条件的民营企业、中小企业依法发行股票、债券以及其他融资工具,扩大直接融资规模。

第二十八条 供水、供电、供气、供热等公用企事业单位应当向社会公开服务标准、资费标准等信息,为市场主体提供安全、便捷、稳定和价格合理的服务,不得强迫市场主体接受不合理的服务条件,不得以任何名义收取不合理费用。各地区应当优化报装流程,在国家规定的报装办理时限内确定并公开具体办理时间。

政府有关部门应当加强对公用企事业单位运营的监督管理。

第二十九条 行业协会商会应当依照法律、法规和章程,加强行业自律,及时反映行业诉求,为市场主体提供信息咨询、宣传培训、市场拓展、权益保护、纠纷处理等方面的服务。

国家依法严格规范行业协会商会的收费、评比、认证等行为。

第三十条 国家加强社会信用体系建设,持续推进政务诚信、商务诚信、社会诚信和司法公信建设,提高全社会诚信意识和信用水平,维护信用信息安全,严格保护商业秘密和个人隐私。

第三十一条　地方各级人民政府及其有关部门应当履行向市场主体依法作出的政策承诺以及依法订立的各类合同,不得以行政区划调整、政府换届、机构或者职能调整以及相关责任人更替等为由违约毁约。因国家利益、社会公共利益需要改变政策承诺、合同约定的,应当依照法定权限和程序进行,并依法对市场主体因此受到的损失予以补偿。

第三十二条　国家机关、事业单位不得违约拖欠市场主体的货物、工程、服务等账款,大型企业不得利用优势地位拖欠中小企业账款。

县级以上人民政府及其有关部门应当加大对国家机关、事业单位拖欠市场主体账款的清理力度,并通过加强预算管理、严格责任追究等措施,建立防范和治理国家机关、事业单位拖欠市场主体账款的长效机制。

第三十三条　政府有关部门应当优化市场主体注销办理流程,精简申请材料、压缩办理时间、降低注销成本。对设立后未开展生产经营活动或者无债权债务的市场主体,可以按照简易程序办理注销。对有债权债务的市场主体,在债权债务依法解决后及时办理注销。

县级以上地方人民政府应当根据需要建立企业破产工作协调机制,协调解决企业破产过程中涉及的有关问题。

第四章　政务服务

第三十四条　政府及其有关部门应当进一步增强服务意识,切实转变工作作风,为市场主体提供规范、便利、高效的政务服务。

第三十五条　政府及其有关部门应当推进政务服务标准化,按照减环节、减材料、减时限的要求,编制并向社会公开政务服务事项(包括行政权力事项和公共服务事项,下同)标准化工作流程和办事指南,细化量化政务服务标准,压缩自由裁量权,推进同一事项实行无差别受理、同标准办理。没有法律、法规、规章依据,不得增设政务服务事项的办理条件和环节。

第三十六条 政府及其有关部门办理政务服务事项,应当根据实际情况,推行当场办结、一次办结、限时办结等制度,实现集中办理、就近办理、网上办理、异地可办。需要市场主体补正有关材料、手续的,应当一次性告知需要补正的内容;需要进行现场踏勘、现场核查、技术审查、听证论证的,应当及时安排、限时办结。

法律、法规、规章以及国家有关规定对政务服务事项办理时限有规定的,应当在规定的时限内尽快办结;没有规定的,应当按照合理、高效的原则确定办理时限并按时办结。各地区可以在国家规定的政务服务事项办理时限内进一步压减时间,并应当向社会公开;超过办理时间的,办理单位应当公开说明理由。

地方各级人民政府已设立政务服务大厅的,本行政区域内各类政务服务事项一般应当进驻政务服务大厅统一办理。对政务服务大厅中部门分设的服务窗口,应当创造条件整合为综合窗口,提供一站式服务。

第三十七条 国家加快建设全国一体化在线政务服务平台(以下称一体化在线平台),推动政务服务事项在全国范围内实现“一网通办”。除法律、法规另有规定或者涉及国家秘密等情形外,政务服务事项应当按照国务院确定的步骤,纳入一体化在线平台办理。

国家依托一体化在线平台,推动政务信息系统整合,优化政务流程,促进政务服务跨地区、跨部门、跨层级数据共享和业务协同。政府及其有关部门应当按照国家有关规定,提供数据共享服务,及时将有关政务服务数据上传至一体化在线平台,加强共享数据使用全过程管理,确保共享数据安全。

国家建立电子证照共享服务系统,实现电子证照跨地区、跨部门共享和全国范围内互信互认。各地区、各部门应当加强电子证照的推广应用。

各地区、各部门应当推动政务服务大厅与政务服务平台全面对接融合。市场主体有权自主选择政务服务办理渠道,行政机关不得限定办理渠道。

第三十八条 政府及其有关部门应当通过政府网站、一体化在线平台,集中公布涉及市场主体的法律、法规、规章、行政规范性文件和各类政策措施,并通过多种途径和方式加强宣传解读。

第三十九条 国家严格控制新设行政许可。新设行政许可应当按照行政许可法和国务院的规定严格设定标准,并进行合法性、必要性和合理性审查论证。对通过事中事后监管或者市场机制能够解决以及行政许可法和国务院规定不得设立行政许可的事项,一律不得设立行政许可,严禁以备案、登记、注册、目录、规划、年检、年报、监制、认定、认证、审定以及其他任何形式变相设定或者实施行政许可。

法律、行政法规和国务院决定对相关管理事项已作出规定,但未采取行政许可管理方式的,地方不得就该事项设定行政许可。对相关管理事项尚未制定法律、行政法规的,地方可以依法就该事项设定行政许可。

第四十条 国家实行行政许可清单管理制度,适时调整行政许可清单并向社会公布,清单之外不得违法实施行政许可。

国家大力精简已有行政许可。对已取消的行政许可,行政机关不得继续实施或者变相实施,不得转由行业协会商会或者其他组织实施。

对实行行政许可管理的事项,行政机关应当通过整合实施、下放审批层级等多种方式,优化审批服务,提高审批效率,减轻市场主体负担。符合相关条件和要求的,可以按照有关规定采取告知承诺的方式办理。

第四十一条 县级以上地方人民政府应当深化投资审批制度改革,根据项目性质、投资规模等分类规范投资审批程序,精简审批要件,简化技术审查事项,强化项目决策与用地、规划等建设条件落实的协同,实行与相关审批在线并联办理。

第四十二条 设区的市级以上地方人民政府应当按照国家有关规定,优化工程建设项目(不包括特殊工程和交通、水利、能源等领域的重大工程)审批流程,推行并联审批、多图联审、联合竣工验收等方式,简化审批手续,提高审批效能。

在依法设立的开发区、新区和其他有条件的区域,按照国家有关规定推行区域评估,由设区的市级以上地方人民政府组织对一定区域内压覆重要矿产资源、地质灾害危险性等事项进行统一评估,不再对区域内的市场主体单独提出评估要求。区域评估的费用不得由市场主体承担。

第四十三条 作为办理行政审批条件的中介服务事项(以下称法定行政审批中介服务)应当有法律、法规或者国务院决定依据;没有依据的,不得作为办理行政审批的条件。中介服务机构应当明确办理法定行政审批中介服务的条件、流程、时限、收费标准,并向社会公开。

国家加快推进中介服务机构与行政机关脱钩。行政机关不得为市场主体指定或者变相指定中介服务机构;除法定行政审批中介服务外,不得强制或者变相强制市场主体接受中介服务。行政机关所属事业单位、主管的社会组织及其举办的企业不得开展与本机关所负责行政审批相关的中介服务,法律、行政法规另有规定的除外。

行政机关在行政审批过程中需要委托中介服务机构开展技术性服务的,应当通过竞争性方式选择中介服务机构,并自行承担服务费用,不得转嫁给市场主体承担。

第四十四条 证明事项应当有法律、法规或者国务院决定依据。

设定证明事项,应当坚持确有必要、从严控制的原则。对通过法定证照、法定文书、书面告知承诺、政府部门内部核查和部门间核查、网络核验、合同凭证等能够办理,能够被其他材料涵盖或者替代,以及开具单位无法调查核实的,不得设定证明事项。

政府有关部门应当公布证明事项清单,逐项列明设定依据、索要单位、开具单位、办理指南等。清单之外,政府部门、公用企事业单位和服务机构不得索要证明。各地区、各部门之间应当加强证明的互认共享,避免重复索要证明。

第四十五条　政府及其有关部门应当按照国家促进跨境贸易便利化的有关要求,依法削减进出口环节审批事项,取消不必要的监管要求,优化简化通关流程,提高通关效率,清理规范口岸收费,降低通关成本,推动口岸和国际贸易领域相关业务统一通过国际贸易“单一窗口”办理。

第四十六条　税务机关应当精简办税资料和流程,简并申报缴税次数,公开涉税事项办理时限,压减办税时间,加大推广使用电子发票的力度,逐步实现全程网上办税,持续优化纳税服务。

第四十七条　不动产登记机构应当按照国家有关规定,加强部门协作,实行不动产登记、交易和缴税一窗受理、并行办理,压缩办理时间,降低办理成本。在国家规定的不动产登记时限内,各地区应当确定并公开具体办理时间。

国家推动建立统一的动产和权利担保登记公示系统,逐步实现市场主体在一个平台上办理动产和权利担保登记。纳入统一登记公示系统的动产和权利范围另行规定。

第四十八条　政府及其有关部门应当按照构建亲清新型政商关系的要求,建立畅通有效的政企沟通机制,采取多种方式及时听取市场主体的反映和诉求,了解市场主体生产经营中遇到的困难和问题,并依法帮助其解决。

建立政企沟通机制，应当充分尊重市场主体意愿，增强针对性和有效性，不得干扰市场主体正常生产经营活动，不得增加市场主体负担。

第四十九条 政府及其有关部门应当建立便利、畅通的渠道，受理有关营商环境的投诉和举报。

第五十条 新闻媒体应当及时、准确宣传优化营商环境的措施和成效，为优化营商环境创造良好舆论氛围。

国家鼓励对营商环境进行舆论监督，但禁止捏造虚假信息或者歪曲事实进行不实报道。

第五章 监管执法

第五十一条 政府有关部门应当严格按照法律法规和职责，落实监管责任，明确监管对象和范围、厘清监管事权，依法对市场主体进行监管，实现监管全覆盖。

第五十二条 国家健全公开透明的监管规则和标准体系。国务院有关部门应当分领域制定全国统一、简明易行的监管规则和标准，并向社会公开。

第五十三条 政府及其有关部门应当按照国家关于加快构建以信用为基础的新型监管机制的要求，创新和完善信用监管，强化信用监管的支撑保障，加强信用监管的组织实施，不断提升信用监管效能。

第五十四条 国家推行"双随机、一公开"监管，除直接涉及公共安全和人民群众生命健康等特殊行业、重点领域外，市场监管领域的行政检查应当通过随机抽取检查对象、随机选派执法检查人员、抽查事项及查处结果及时向社会公开的方式进行。针对同一检查对象的多个检查事项，应当尽可能合并或者纳入跨部门联合抽查范围。

对直接涉及公共安全和人民群众生命健康等特殊行业、重点领域,依法依规实行全覆盖的重点监管,并严格规范重点监管的程序;对通过投诉举报、转办交办、数据监测等发现的问题,应当有针对性地进行检查并依法依规处理。

第五十五条 政府及其有关部门应当按照鼓励创新的原则,对新技术、新产业、新业态、新模式等实行包容审慎监管,针对其性质、特点分类制定和实行相应的监管规则和标准,留足发展空间,同时确保质量和安全,不得简单化予以禁止或者不予监管。

第五十六条 政府及其有关部门应当充分运用互联网、大数据等技术手段,依托国家统一建立的在线监管系统,加强监管信息归集共享和关联整合,推行以远程监管、移动监管、预警防控为特征的非现场监管,提升监管的精准化、智能化水平。

第五十七条 国家建立健全跨部门、跨区域行政执法联动响应和协作机制,实现违法线索互联、监管标准互通、处理结果互认。

国家统筹配置行政执法职能和执法资源,在相关领域推行综合行政执法,整合精简执法队伍,减少执法主体和执法层级,提高基层执法能力。

第五十八条 行政执法机关应当按照国家有关规定,全面落实行政执法公示、行政执法全过程记录和重大行政执法决定法制审核制度,实现行政执法信息及时准确公示、行政执法全过程留痕和可回溯管理、重大行政执法决定法制审核全覆盖。

第五十九条 行政执法中应当推广运用说服教育、劝导示范、行政指导等非强制性手段,依法慎重实施行政强制。采用非强制性手段能够达到行政管理目的的,不得实施行政强制;违法行为情节轻微或者社会危害较小的,可以不实施行政强制;确需实施行政强制的,应当尽可能减少对市场主体正常生产经营活动的影响。

开展清理整顿、专项整治等活动,应当严格依法进行,除涉及人民群众生命安全、发生重特大事故或者举办国家重大活动,并报经有权机关批准外,不得在相关区域采取要求相关行业、领域的市场主体普遍停产、停业的措施。

禁止将罚没收入与行政执法机关利益挂钩。

第六十条 国家健全行政执法自由裁量基准制度,合理确定裁量范围、种类和幅度,规范行政执法自由裁量权的行使。

第六章 法 治 保 障

第六十一条 国家根据优化营商环境需要,依照法定权限和程序及时制定或者修改、废止有关法律、法规、规章、行政规范性文件。

优化营商环境的改革措施涉及调整实施现行法律、行政法规等有关规定的,依照法定程序经有权机关授权后,可以先行先试。

第六十二条 制定与市场主体生产经营活动密切相关的行政法规、规章、行政规范性文件,应当按照国务院的规定,充分听取市场主体、行业协会商会的意见。

除依法需要保密外,制定与市场主体生产经营活动密切相关的行政法规、规章、行政规范性文件,应当通过报纸、网络等向社会公开征求意见,并建立健全意见采纳情况反馈机制。向社会公开征求意见的期限一般不少于30日。

第六十三条 制定与市场主体生产经营活动密切相关的行政法规、规章、行政规范性文件,应当按照国务院的规定进行公平竞争审查。

制定涉及市场主体权利义务的行政规范性文件,应当按照国务院的规定进行合法性审核。

市场主体认为地方性法规同行政法规相抵触，或者认为规章同法律、行政法规相抵触的，可以向国务院书面提出审查建议，由有关机关按照规定程序处理。

第六十四条 没有法律、法规或者国务院决定和命令依据的，行政规范性文件不得减损市场主体合法权益或者增加其义务，不得设置市场准入和退出条件，不得干预市场主体正常生产经营活动。

涉及市场主体权利义务的行政规范性文件应当按照法定要求和程序予以公布，未经公布的不得作为行政管理依据。

第六十五条 制定与市场主体生产经营活动密切相关的行政法规、规章、行政规范性文件，应当结合实际，确定是否为市场主体留出必要的适应调整期。

政府及其有关部门应当统筹协调、合理把握规章、行政规范性文件等的出台节奏，全面评估政策效果，避免因政策叠加或者相互不协调对市场主体正常生产经营活动造成不利影响。

第六十六条 国家完善调解、仲裁、行政裁决、行政复议、诉讼等有机衔接、相互协调的多元化纠纷解决机制，为市场主体提供高效、便捷的纠纷解决途径。

第六十七条 国家加强法治宣传教育，落实国家机关普法责任制，提高国家工作人员依法履职能力，引导市场主体合法经营、依法维护自身合法权益，不断增强全社会的法治意识，为营造法治化营商环境提供基础性支撑。

第六十八条 政府及其有关部门应当整合律师、公证、司法鉴定、调解、仲裁等公共法律服务资源，加快推进公共法律服务体系建设，全面提升公共法律服务能力和水平，为优化营商环境提供全方位法律服务。

第六十九条 政府和有关部门及其工作人员有下列情形之一的，依法

依规追究责任:

(一)违法干预应当由市场主体自主决策的事项;

(二)制定或者实施政策措施不依法平等对待各类市场主体;

(三)违反法定权限、条件、程序对市场主体的财产和企业经营者个人财产实施查封、冻结和扣押等行政强制措施;

(四)在法律、法规规定之外要求市场主体提供财力、物力或者人力;

(五)没有法律、法规依据,强制或者变相强制市场主体参加评比、达标、表彰、培训、考核、考试以及类似活动,或者借前述活动向市场主体收费或者变相收费;

(六)违法设立或者在目录清单之外执行政府性基金、涉企行政事业性收费、涉企保证金;

(七)不履行向市场主体依法作出的政策承诺以及依法订立的各类合同,或者违约拖欠市场主体的货物、工程、服务等账款;

(八)变相设定或者实施行政许可,继续实施或者变相实施已取消的行政许可,或者转由行业协会商会或者其他组织实施已取消的行政许可;

(九)为市场主体指定或者变相指定中介服务机构,或者违法强制市场主体接受中介服务;

(十)制定与市场主体生产经营活动密切相关的行政法规、规章、行政规范性文件时,不按照规定听取市场主体、行业协会商会的意见;

(十一)其他不履行优化营商环境职责或者损害营商环境的情形。

第七十条 公用企事业单位有下列情形之一的,由有关部门责令改正,依法追究法律责任:

(一)不向社会公开服务标准、资费标准、办理时限等信息;

(二)强迫市场主体接受不合理的服务条件;

(三)向市场主体收取不合理费用。

第七十一条　行业协会商会、中介服务机构有下列情形之一的，由有关部门责令改正，依法追究法律责任：

（一）违法开展收费、评比、认证等行为；

（二）违法干预市场主体加入或者退出行业协会商会等社会组织；

（三）没有法律、法规依据，强制或者变相强制市场主体参加评比、达标、表彰、培训、考核、考试以及类似活动，或者借前述活动向市场主体收费或者变相收费；

（四）不向社会公开办理法定行政审批中介服务的条件、流程、时限、收费标准；

（五）违法强制或者变相强制市场主体接受中介服务。

第七章　附　　则

第七十二条　本条例自2020年1月1日起施行。

国务院关于开展营商环境创新试点工作的意见

（国发〔2021〕24号）

各省、自治区、直辖市人民政府，国务院各部委、各直属机构：

党中央、国务院高度重视优化营商环境工作。近年来，我国营商环境持续改善，特别是部分地方主动对标国际先进率先加大营商环境改革力度，取得明显成效，对推动全国营商环境整体优化、培育和激发市场主体活力发挥了较好的示范带动作用。为鼓励有条件的地方进一步瞄准最高标准、最高水平开展先行先试,加快构建与国际通行规则相衔接的营商环境制度体系,持续优化市场化法治化国际化营商环境,现提出以下意见。

一、总体要求

(一)指导思想。以习近平新时代中国特色社会主义思想为指导,全面贯彻党的十九大和十九届二中、三中、四中、五中全会精神,立足新发展阶段,完整、准确、全面贯彻新发展理念,构建新发展格局,以推动高质量发展为主题,统筹发展和安全,以制度创新为核心,赋予有条件的地方更大改革自主权,对标国际一流水平,聚焦市场主体关切,进一步转变政府职能,一体推进简政放权、放管结合、优化服务改革,推进全链条优化审批、全过程公正监管、全周期提升服务,推动有效市场和有为政府更好结合,促进营商环境迈向更高水平,更大激发市场活力和社会创造力,更好稳定市场预期,保持经济平稳运行。

(二)试点范围。综合考虑经济体量、市场主体数量、改革基础条件等,选择部分城市开展营商环境创新试点工作。首批试点城市为北京、上海、重庆、杭州、广州、深圳6个城市。强化创新试点同全国优化营商环境工作的联动,具备条件的创新试点举措经主管部门和单位同意后在全国范围推开。

(三)主要目标。经过三至五年的创新试点,试点城市营商环境国际竞争力跃居全球前列,政府治理效能全面提升,在全球范围内集聚和配置各类资源要素能力明显增强,市场主体活跃度和发展质量显著提高,率先建成市场化法治化国际化的一流营商环境,形成一系列可复制可推广的制度创新成果,为全国营商环境建设作出重要示范。

二、重点任务

(四)进一步破除区域分割和地方保护等不合理限制。加快破除妨碍生产要素市场化配置和商品服务流通的体制机制障碍。在不直接涉及公共安全和人民群众生命健康的领域，推进“一照多址”、“一证多址”等改革，便利企业扩大经营规模。清理对企业跨区域经营、迁移设置的不合理条件，全面取消没有法律法规依据的要求企业在特定区域注册的规定。着力破除招投标、政府采购等领域对外地企业设置的隐性门槛和壁垒。探索企业生产经营高频办理的许可证件、资质资格等跨区域互认通用。

（五）健全更加开放透明、规范高效的市场主体准入和退出机制。进一步提升市场主体名称登记、信息变更、银行开户等便利度。建立健全市场准入评估制度，定期排查和清理在市场准入方面对市场主体资质、资金、股比、人员、场所等设置的不合理条件。推行企业年报“多报合一”改革。完善市场主体退出机制，全面实施简易注销，建立市场主体强制退出制度。推行破产预重整制度，建立健全企业破产重整信用修复机制，允许债权人等推荐选任破产管理人。建立健全司法重整的府院联动机制，提高市场重组、出清的质量和效率。

（六）持续提升投资和建设便利度。深化投资审批制度改革。推进社会投资项目“用地清单制”改革，在土地供应前开展相关评估工作和现状普查，形成评估结果和普查意见清单，在土地供应时一并交付用地单位。推进产业园区规划环评与项目环评联动，避免重复评价。在确保工程质量安全的前提下，持续推进工程建设项目审批制度改革，清理审批中存在的“体外循环”、“隐性审批”等行为。推动分阶段整合规划、土地、房产、交通、绿化、人防等测绘测量事项，优化联合验收实施方式。建立健全市政接入工程信息共享机制。探索在民用建筑工程领域推进和完善建筑师负责制。

（七）更好支持市场主体创新发展。完善创新资源配置方式和管理机制，探索适应新业态新模式发展需要的准入准营标准，提升市场主体创新力。在确保安全的前提下，探索高精度地图面向智能网联汽车开放使用。推进区块链技术在政务服务、民生服务、物流、会计等领域探索应用。探索对食品自动制售设备等新业态发放经营许可。完善知识产权市场化定价和交易机制,开展知识产权证券化试点。深化科技成果使用权、处置权和收益权改革,赋予科研人员职务科技成果所有权或长期使用权,探索完善科研人员职务发明成果权益分享机制。

(八)持续提升跨境贸易便利化水平。高标准建设国际贸易"单一窗口",加快推动"单一窗口"服务功能由口岸通关向口岸物流、贸易服务等全链条拓展,推进全流程作业无纸化。在确保数据安全的前提下,推动与东亚地区主要贸易伙伴口岸间相关单证联网核查。推进区域通关便利化协作,探索开展粤港澳大湾区"组合港"、"一港通"等改革。推进铁路、公路、水路、航空等运输环节信息对接共享,实现运力信息可查、货物全程实时追踪,提升多式联运便利化水平。在有条件的港口推进进口货物"船边直提"和出口货物"抵港直装"。探索开展科研设备、耗材跨境自由流动,简化研发用途设备和样本样品进出口手续。

(九)优化外商投资和国际人才服务管理。加强涉外商事法律服务,建设涉外商事一站式多元解纷中心,为国际商事纠纷提供多元、高效、便捷解纷渠道。探索制定外籍"高精尖缺"人才地方认定标准。在不直接涉及公共安全和人民群众生命健康、风险可控的领域,探索建立国际职业资格证书认可清单制度,对部分需持证上岗的职业,允许取得境外相应职业资格或公认的国际专业组织认证的国际人才,经能力水平认定或有关部门备案后上岗,并加强执业行为监管。研究建立与国际接轨的人才评价体系。持续提升政府门户网站国际版服务水平,方便外籍人员及时准确了解投资、工作、生活等政策信息,将更多涉外审批服务事项纳入"一网通办"。

(十)维护公平竞争秩序。坚持对各类市场主体一视同仁、同等对待,稳定市场主体预期。强化公平竞争审查刚性约束,建立举报处理和回应机制,定期公布审查结果。着力清理取消企业在资质资格获取、招投标、政府采购、权益保护等方面存在的差别化待遇，防止滥用行政权力通过划分企业等级、增设证明事项、设立项目库、注册、认证、认定等形式排除和限制竞争的行为。建立招标计划提前发布制度，推进招投标全流程电子化改革。加强和改进反垄断与反不正当竞争执法。清理规范涉企收费，健全遏制乱收费、乱摊派的长效机制，着力纠正各类中介垄断经营、强制服务等行为。

（十一）进一步加强和创新监管。坚持放管结合、并重，夯实监管责任，健全事前事中事后全链条全流程的监管机制。完善公开透明、简明易行的监管规则和标准，加强政策解读。在直接涉及公共安全和人民群众生命财产安全的领域，探索实行惩罚性赔偿等制度。深化"互联网＋监管"，加快构建全国一体化在线监管平台，积极运用大数据、物联网、人工智能等技术为监管赋能，探索形成市场主体全生命周期监管链。推动"双随机、一公开"监管和信用监管深度融合，完善按风险分级分类管理模式。在医疗、教育、工程建设等领域探索建立完善执业诚信体系。对新产业新业态实行包容审慎监管，建立健全平台经济治理体系。推动行业协会商会等建立健全行业经营自律规范，更好发挥社会监督作用。

（十二）依法保护各类市场主体产权和合法权益。构建亲清政商关系，健全政府守信践诺机制，建立政府承诺合法性审查制度和政府失信补偿、赔偿与追究制度，重点治理债务融资、政府采购、招投标、招商引资等领域的政府失信行为，畅通政府失信投诉举报渠道，健全治理"新官不理旧账"的长效机制。完善产权保护制度，强化知识产权保护，开展商标专利巡回评审和远程评审，完善对商标恶意注册和非正常专利申请的快速处置联动机制，加强海外知识产权维权协作。规范罚款行为，全面清理取消违反法定权限和程序设定的罚款事项，从源头上杜绝乱罚款。严格落实重大行政决策程序，增强公众参与实效。全面建立重大政策事前评估和事后评价制度，推进评估评价标准化、制度化、规范化。

（十三）优化经常性涉企服务。加快建立健全高效便捷、优质普惠的市场主体全生命周期服务体系，健全常态化政企沟通机制和营商环境投诉处理机制。完善动产和权利担保统一登记制度，有针对性地逐步整合各类动产和权利担保登记系统，提升企业动产和权利融资便利度。持续优化企业办税服务，深化"多税合一"申报改革，试行代征税款电子缴税并开具电子完税证明。进一步提升不动产登记涉税、继承等业务办理便利度。推进水电气暖等"一站式"便捷服务，加快实现报装、查询、缴费等业务全程网办。推进电子证照、电子签章在银行开户、贷款、货物报关、项目申报、招投标等领域全面应用和互通互认。推进公安服务"一窗通办"。推行涉企事项"一网通办"、"一照通办"，全面实行惠企政策"免申即享"、快速兑现。

三、组织保障

（十四）加强组织领导和统筹协调。国务院办公厅要统筹推进营商环境创新试点工作，牵头制定改革事项清单，做好协调督促、总结评估、复制推广等工作。司法部要做好改革的法治保障工作。国务院有关部门要结合自身职责，协调指导试点城市推进相关改革，为试点城市先行先试创造良好条件。有关省份人民政府要加大对试点城市的支持力度，加强政策措施衔接配套，依法依规赋予试点城市相关权限。各试点城市人民政府要制定本地区试点实施方案，坚持稳步实施，在风险总体可控前提下，科学把握改革的时序、节奏和步骤，推动创新试点工作走深走实，实施方案应报国务院办公厅备案并向社会公布。试点城市辖区内开发区具备较好改革基础的，可研究进一步加大改革力度，为创新试点工作探索更多有益经验。

（十五）强化法治保障。按照重大改革于法有据的要求，依照法定程序开展营商环境创新试点工作。国务院决定，根据《全国人民代表大会常务委员会关于授权国务院在营商环境创新试点城市暂时调整适用〈中华人民共和国计量法〉有关规定的决定》，3 年内在营商环境创新试点城市暂时调整适用《中华人民共和国计量法》有关规定；同时，在营商环境创新试点城市暂时调整适用《植物检疫条例》等7部行政法规有关规定。国务院有关部门和有关地方人民政府要根据法律、行政法规的调整情况，及时对本部门和本地区制定的规章、规范性文件作相应调整，建立与试点要求相适应的管理制度。对试点成效明显的改革举措，要及时推动有关法律、法规、规章的立改废释，固化改革成果。

（十六）加强数据共享和电子证照应用支撑。加快打破信息孤岛，扩大部门和地方间系统互联互通和数据共享范围。优化数据资源授权模式，探索实施政务数据、电子证照地域授权和场景授权，将产生于地方但目前由国家统一管理的相关领域数据和电子证照回流试点城市；对试点城市需使用的中央部门和单位、外地的数据和电子证照，由主管部门和单位通过数据落地或数据核验等方式统一提供给试点城市使用。优化全国一体化政务服务平台功能，推动更多数据资源依托平台实现安全高效优质的互通共享。

（十七）做好滚动试点和评估推广。国务院办公厅会同有关方面根据试点情况，结合改革需要，适时扩大试点城市范围。同时，建立改革事项动态更新机制，分批次研究制定改革事项清单，按照批量授权方式，按程序报批后推进实施，定期对营商环境创新试点工作进行评估，对实践证明行之有效、市场主体欢迎的改革措施要及时在更大范围复制推广，对出现问题和风险的要及时调整或停止实施。试点中的重要情况，有关地方和部门要及时向国务院请示报告。

附件：1. 首批营商环境创新试点改革事项清单

2. 国务院决定在营商环境创新试点城市暂时调整适用有关行政法规规定目录

国务院

2021年10月31日

市场监督管理信用修复管理办法

（国市监信规〔2021〕3 号）

第一条 为了规范市场监督管理部门信用修复管理工作，鼓励违法失信当事人（以下简称当事人）主动纠正违法失信行为、消除不良影响、重塑良好信用，保障当事人合法权益，优化营商环境，依据《国务院办公厅关于进一步完善失信约束制度构建诚信建设长效机制的指导意见》（国办发〔2020〕49 号）、《市场监督管理严重违法失信名单管理办法》《市场监督管理行政处罚信息公示规定》等，制定本办法。

第二条 本办法所称信用修复管理，是指市场监督管理部门按照规定的程序，将符合条件的当事人依法移出经营异常名录、恢复个体工商户正常记载状态、提前移出严重违法失信名单、提前停止通过国家企业信用信息公示系统（以下简称公示系统）公示行政处罚等相关信息，并依法解除相关管理措施，按照规定及时将信用修复信息与有关部门共享。

第三条 国家市场监督管理总局负责组织、指导全国的信用修复管理工作。

县级以上地方市场监督管理部门依据本办法规定负责信用修复管理工作。

第四条 经营异常名录、严重违法失信名单信用修复管理工作由作出列入决定的市场监督管理部门负责。

个体工商户经营异常状态信用修复管理工作由作出标记的市场监督管理部门负责。

行政处罚信息信用修复管理工作由作出行政处罚决定的市场监督管

理部门负责。

作出决定或者标记的市场监督管理部门和当事人登记地(住所地)不属于同一省、自治区、直辖市的,应当自作出决定之日起三个工作日内,将相关信息交换至登记地(住所地)市场监督管理部门,由其协助停止公示相关信息。

第五条　被列入经营异常名录或者被标记为经营异常状态的当事人,符合下列情形之一的,可以依照本办法规定申请信用修复:

(一)补报未报年份年度报告并公示;

(二)已经履行即时信息公示义务;

(三)已经更正其隐瞒真实情况、弄虚作假的公示信息;

(四)依法办理住所或者经营场所变更登记,或者当事人提出通过登记的住所或者经营场所可以重新取得联系。

第六条　除《市场监督管理行政处罚信息公示规定》第十四条第三款规定的行政处罚,或者仅受到警告、通报批评和较低数额罚款外,其他行政处罚信息公示期满六个月,其中食品、药品、特种设备领域行政处罚信息公示期满一年,且符合下列情形的当事人,可以申请信用修复:

(一)已经自觉履行行政处罚决定中规定的义务;

(二)已经主动消除危害后果和不良影响;

(三)未因同一类违法行为再次受到市场监督管理部门行政处罚;

(四)未在经营异常名录和严重违法失信名单中。

第七条　当事人被列入严重违法失信名单满一年,且符合下列情形的,可以依照本办法规定申请信用修复:

(一)已经自觉履行行政处罚决定中规定的义务;

(二)已经主动消除危害后果和不良影响;

(三)未再受到市场监督管理部门较重行政处罚。

依照法律、行政法规规定,实施相应管理措施期限尚未届满的,不得申请提前移出。

第八条 当事人申请信用修复,应当提交以下材料:

(一)信用修复申请书;

(二)守信承诺书;

(三)履行法定义务、纠正违法行为的相关材料;

(四)国家市场监督管理总局要求提交的其他材料。

当事人可以到市场监督管理部门,或者通过公示系统向市场监督管理部门提出申请。

市场监督管理部门应当自收到申请之日起二个工作日内作出是否受理的决定。申请材料齐全、符合法定形式的,应当予以受理,并告知当事人。不予受理的,应当告知当事人,并说明理由。

第九条 市场监督管理部门可以采取网上核实、书面核实、实地核实等方式,对当事人履行法定义务、纠正违法行为等情况进行核实。

第十条 当事人按照本办法第五条(一)、(二)项规定申请移出经营异常名录或者申请恢复个体工商户正常记载状态的,市场监督管理部门应当自收到申请之日起五个工作日内作出决定,移出经营异常名录,或者恢复个体工商户正常记载状态。

当事人按照本办法第五条(三)、(四)项规定申请移出经营异常名录或者申请恢复个体工商户正常记载状态的,市场监督管理部门应当自查实之日起五个工作日内作出决定,移出经营异常名录,或者恢复个体工商户正常记载状态。

当事人按照本办法第六条、第七条规定申请信用修复的,市场监督管理部门应当自受理之日起十五个工作日内作出决定。准予提前停止公示行政处罚信息或者移出严重违法失信名单的,应当自作出决定之日起三个工作日内,停止公示相关信息,并依法解除相关管理措施。不予提前停止公示行政处罚信息或者移出严重违法失信名单的,应当告知当事人,并说明理由。

依照法律、行政法规规定,实施相应管理措施期限尚未届满的除外。

第十一条　市场监督管理部门应当自移出经营异常名录、严重违法失信名单,恢复个体工商户正常记载状态,或者停止公示行政处罚等相关信息后三个工作日内,将相关信息推送至其他部门。

第十二条　按照“谁认定、谁修复”原则,登记地(住所地)市场监督管理部门应当自收到其他部门提供的信用修复信息之日起五个工作日内,配合在公示系统中停止公示、标注失信信息。

第十三条　当事人故意隐瞒真实情况、弄虚作假,情节严重的,由市场监督管理部门撤销准予信用修复的决定,恢复之前状态。市场监督管理部门行政处罚信息、严重违法失信名单公示期重新计算。

第十四条　市场监督管理部门可以通过纸质、电子邮件、手机短信、网络等方式告知当事人。

第十五条　法律、法规和党中央、国务院政策文件明确规定不可信用修复的,市场监督管理部门不予信用修复。

第十六条　当事人对市场监督管理部门信用修复的决定,可以依法申请行政复议或者提起行政诉讼。

第十七条　市场监督管理部门未依照本办法规定履行职责的,上级市场监督管理部门应当责令改正。对负有责任的主管人员和其他直接责任人员依照《市场监督管理行政执法责任制规定》等予以处理。

严禁在信用修复管理中收取任何费用。

第十八条　药品监督管理部门、知识产权管理部门实施信用修复管理,适用本办法。

第十九条 市场监督管理部门信用修复管理文书格式范本由国家市场监督管理总局统一制定。

第二十条 本办法自 2021 年 9 月 1 日起施行。

国家税务总局关于纳税信用评价与修复有关事项的公告

(国家税务总局公告 2021 年第 31 号)

为贯彻落实中办、国办印发的《关于进一步深化税收征管改革的意见》,深入开展 2021 年“我为纳税人缴费人办实事暨便民办税春风行动”,推进税务领域“放管服”改革,优化税收营商环境,引导纳税人及时纠正违规失信行为、消除不良影响,根据《国务院办公厅关于进一步完善失信约束制度 构建诚信建设长效机制的指导意见》(国办发〔2020〕49 号)等文件要求,现就纳税信用评价与修复有关事项公告如下:

一、符合下列条件之一的纳税人,可向主管税务机关申请纳税信用修复:

(一)破产企业或其管理人在重整或和解程序中,已依法缴纳税款、滞纳金、罚款,并纠正相关纳税信用失信行为的。

(二)因确定为重大税收违法失信主体,纳税信用直接判为 D 级的纳税人,失信主体信息已按照国家税务总局相关规定不予公布或停止公布,申请前连续 12 个月没有新增纳税信用失信行为记录的。

(三)由纳税信用 D 级纳税人的直接责任人员注册登记或者负责经营,纳税信用关联评价为 D 级的纳税人,申请前连续 6 个月没有新增纳税信用失信行为记录的。

（四）因其他失信行为纳税信用直接判为D级的纳税人，已纠正纳税信用失信行为、履行税收法律责任，申请前连续12个月没有新增纳税信用失信行为记录的。

（五）因上一年度纳税信用直接判为D级，本年度纳税信用保留为D级的纳税人，已纠正纳税信用失信行为、履行税收法律责任或失信主体信息已按照国家税务总局相关规定不予公布或停止公布，申请前连续12个月没有新增纳税信用失信行为记录的。

二、符合《国家税务总局关于纳税信用修复有关事项的公告》（2019年第37号）所列条件的纳税人，其纳税信用级别及失信行为的修复仍从其规定。

三、符合本公告所列条件的纳税人，可填写《纳税信用修复申请表》（附件1），对当前的纳税信用评价结果向主管税务机关申请纳税信用修复。税务机关核实纳税人纳税信用状况，按照《纳税信用修复范围及标准》（附件2）调整相应纳税信用评价指标状态，根据纳税信用评价相关规定，重新评价纳税人的纳税信用级别。

申请破产重整企业纳税信用修复的，应同步提供人民法院批准的重整计划或认可的和解协议，其破产重整前发生的相关失信行为，可按照《纳税信用修复范围及标准》中破产重整企业适用的修复标准开展修复。

四、自2021年度纳税信用评价起，税务机关按照“首违不罚”相关规定对纳税人不予行政处罚的，相关记录不纳入纳税信用评价。

五、本公告自2022年1月1日起施行。《国家税务总局关于明确纳税信用管理若干业务口径的公告》（2015年第85号，2018年第31号修改）第六条第（十）项、《国家税务总局关于纳税信用修复有关事项的公告》（2019年第37号）所附《纳税信用修复申请表》《纳税信用修复范围及标准》同时废止。

特此公告。

后 记

由于工作关系，我有机会从事企业并购、城市开发、商业保理、资产重组等方面的事务，接触了很多陷入困境的企业。对于这些陷入困境的企业，他们普遍认为，似乎只要有了资金，就会扭转企业困局；而对企业陷入困境的根源、潜在风险的认识、企业管理的合规、控制权益的让渡、企业发展的定位等方面缺乏正确的认识、合理的评估和准确的判断，以至于企业的自救行动难以取得预期的效果，多半处于僵局状态，甚至走向破产清算出场的境遇。针对这样的局面，引起了我的深入思考，萌生了再写一本书的想法。其间，我有幸成为联合国和平大学中国中心“领导力与可持续发展”博士班的首期学员，在这样一个“国际化、多元素、创新型、互动式、不脱产”的学术交流平台上，经过了系统的学科教育和企业管理课程，并近距离接触了更多的业界精英，对企业的可持续发展有了全新的理解。恰逢又主导并参与了多起债务重组案例，心有感悟，便搜集和整理了相关资料和案例，并以“企业重塑和可持续发展”为主线，形成了书稿提纲。在联合国和平大学校董张笑宇先生、联合国和平大学中国中心总干事张馨元女士的指导下，在北京市盈科律师事务所破产与不良资产法律事务部主任侯晓宇律师、副主任刘延俊律师、李亚辉律师等支持下，为本书提供了大量的案例和参考资料,并对有争议的法律观点进行了讨论和修正,对相关法条及专业词汇的理解做了诠释,最终得以形成本书稿;更有团队成员和其他朋友们为本书的成稿也给予了不同形式的支持。在此,一并表示感谢!

包君生

2021 年 12 月 1 日